方言の研究
Studies in Dialects

3

特集　ことばのひろがり

日本方言研究会　編

ひつじ書房

目次

特集 ことばのひろがり

方言形成論序説　　　　　　　　　　　　　　大西拓一郎　　005
　——言語地理学の再興——

『日本言語地図』と　　　　　　　　　　　　熊谷康雄　　　029
『日本言語地図』データベース
　——データベース化（LAJDB）による多角的分析に向けて——

方言分布の総合と比較から見る　　　　　　　福嶋秩子　　　053
方言の地域差と変化

談話からみた挨拶の定型性　　　　　　　　　小林隆　　　　077
　——「おはよう」の地域差をめぐって——

首都圏若年層の言語に地域差をもたらすもの　三井はるみ　　103
　　　　　　　　　　　　　　　　　　　　　鑓水兼貴

広域グロットグラムの試み　　　　　　　　　都染直也　　　129
　——近畿・北陸西部〜中国中・東部の調査資料をもとに——

近代台湾における漢語方言の変化　　　　　　李仲民　　　　155
　——台湾西部沿岸の郷鎮を例として——

語彙変化に関わる言語地理学的要因の再検討　岩田礼　　　　185

談話論からみた松本方言の 判断終助詞と通知終助詞	沖裕子	217
瀬戸内海域方言における コピュラ形式の分布と変化	峪口有香子	239
子守歌詞章における 評価に関わる表現の地域差 ——子どもをほめる表現とけなす表現に注目して——	椎名渉子	263
シャル敬語の地理的・世代的分布 ——長崎街道グロットグラム調査を通じて——	塩川奈々美	291
日本方言研究会創立50周年 記念企画をふり返る	日高貢一郎	317
編集後記		333

方言形成論序説
——言語地理学の再興——

大西拓一郎

　言語史に目的を特化した従来の言語地理学（古典言語地理学）は，方言周圏論・隣接分布の原則・周辺分布の原則ならびにそれらに対する異論である孤立変遷論も含め，中心性連続伝播理論を基盤とする。また，方言の地理空間上のあり方を扱う点で共通の立場にありながら，方言区画論とは相容れない関係にある。中心性連続伝播理論は，方言区画論の想定を汲みつつ言語の基本的機能と言語変化を考慮した上で構築した方言形成理論と適合しない。実時間上で得られたデータをもとに方言分布の経年比較を実施すると，中心性も連続伝播も確認されず，方言形成理論の想定に適った結果が得られることから，古典言語地理学は見直しが求められる。言語地理学は，言語史に特化する必要はなく，広く方言の空間性を扱う分野に開放されることで，再興をはかることができる。

キーワード：古典言語地理学，方言区画論，方言分布の経年比較，中心性連続伝播理論，方言形成理論，領域形成

1. はじめに

　方言分布を対象とする研究は，言語史解明を標榜する言語地理学として展開してきた。20世紀後半に大量の言語地図と研究文献を産出してきた日本の言語地理学は，世界をリードする位置に立っていた。しかしながら，20世紀末以降，徐々に勢いを弱め，かつての大きな潮流は保持されていない。

　言語地理学とは相容れない関係にある方言区画論もまた，方言の地理空間上のありかたを対象とする。20世紀半ばまで，方言学の本流は，むしろこちらにあった。ところが，言語地理学の隆盛の陰で方言区画論は衰退した。

　このような従来の言語地理学の考え方を異論も含め古典言語地理学として位置付けた上で，その中核的基盤をなす中心性連続伝播理論について検討する。その上で，方言区画論の想定も汲んだ方言形成理論を新たに提示する。

　これらの理論の検証にあたっては，方言分布を経年的に比較することが有効であり，比較を通して，分布の変化・不変化に基づく実際の方言形成の様子が確認できる。このことを中心課題とした方言分布調査が，2010年代前半に全国ならびに狭小地域を対象に実施された。この調査から得られたデータを用いて，過去の方言分布データとの経年比較を行う。その結果は，古典言語地理学の中核的理論には適合せず，本稿で提示する方言形成理論に沿うものであった。このことに鑑みるなら，古典言語地理学により特化された目的と基盤の緊縛から解き放ち，方言分布を対象とする研究に広く門戸を開くことで，言語地理学が再興されるだろうと見通される。

2. 検証に用いる調査データ

　理論の検証にあたり，具体的な調査データをもとに方言分布の経年比較を行う。ここでは本稿で用いる調査データについて説明する。

2.1 全国方言分布データ

　全国を対象としたデータとして，2010〜2015年に全国554地点を対象に実施した全国方言分布調査（以下，FPJD）[1]とその約50年前にあたる『日本言語地図』（国立国語研究所1966-1974，以下，LAJ: 1957〜1965年調査），約30年前の『方言文法全国地図』（国立国語研究所1989-2006，以下，GAJ: 1979〜1982年調査）のデータを用いる。FPJDにおける各地点の話者は，LAJ・GAJと同様に原則として調査時に70歳以上で長期にわたりそれぞれの場所から移動していないことを条件としている。FPJDは経年比較を強く意識して設計されており，調査地点や調査項目もLAJならびにGAJとの重複が多く含まれている。

2.2 狭域方言分布データ

　論者は共同研究により長野県伊那諏訪地方や富山県庄川流域といった比較的狭い地域でも，理論の検証をおもなねらいとした方言分布調査を実施したが，本稿では長野県伊那諏訪地方のデータを用いる。

　この地方では，1968〜1974年に信州大学（当時）の馬瀬良雄教授のグループが調査を実施し，その成果は馬瀬良雄（1980）により地図集として公刊されている。2010〜2015年に論者と信州大学の澤木幹栄教授のグループは同じ地域を調査し，約40年を隔てた方言分布データを取得した（大西拓一郎 2016a 参照）。このデータと馬瀬良雄（1980）で示された分布を比較する。

3. 古典言語地理学

　共通する発想のもとで研究・議論が進められてきた従来からの言語地理学を，異論も含め「古典言語地理学」と呼ぶことにする。「古典」と冠するのは，すでに十分な理解が得られていること，その一方でそれとは異なる視点から方言分布に取り組むとともに，古典言語地理学の束縛から離れ，広く方言分布研究を言語地理学に位置付ける意図による。

3.1 方言周圏論

周知のとおり，柳田国男（1930）は「蝸牛」を表す方言形が歴史的中央である畿内を中心に同心円状に分布しており，この分布は歴史的中央の変化が徐々に周辺部に広がった結果を反映するものであると考えた。そして，このように歴史と方言分布の関係を想定する理論を「方言周圏論」と呼んだ。その上で，柳田は方言学の中心課題は，方言周圏論にあることを主張し，方言区画論を牽引する東條操と対立する。

空間（地理的分布）と時間（歴史）という異なる次元を結びつける方言周圏論は，知的魅力に溢れている。ただし，柳田はその後も方言分布の求め方，地図化手続き，分析手法など，具体的な研究方法を示すことはなかった。そのため，方言周圏論の理念は広く認められながらも，論文や著書などの形で学術的成果を生産する大きな原動力となるには，まだ不十分であった。

3.2 隣接分布の原則・周辺分布の原則

方言周圏論的発想に立ちながら，方言分布の研究を大きく展開させたのは，柴田武（1969）であり，新潟県糸魚川地方でのフィールドワークをもとに，調査の方法，地図化の方法，分布解釈の方法などを実践的に提示した。同じ頃，国立国語研究所では全国を対象としたLAJの刊行が進められた。研究を具体的に進める基盤が整備されたことになる。このことにより，1970年代以降，20世紀の末まで，日本の言語地理学は，約30,000枚の言語地図（地図集では約400冊）と約1,000本の論文を生み出し，方言学における主流の地位を得ることになった。

柴田武（1969）が示した考え方の中で，とりわけ大きな影響を与え続けたのは，「隣接分布の原則」と「周辺分布の原則」である。方言分布における「中央」は，全国的な中心地である畿内に限られるものではなく，それぞれの地域の中心地も中央として扱うことができる。したがって，新潟県糸魚川地方のような，ローカルな対象であっても，その中に中央（この場合の中心地は，糸魚川市の市街地）が認められる。

中心地の言語変化は，連続的に周辺に向かって（最低，一次元的に）伝播し，ここから線状に言語史が再構される。これを「隣接分布の原則」とする。また，

それは広がりをもって伝播し，分布を形成することから，二次元空間的にも言語史が再構できる。こちらを「周辺分布の原則」とした。したがって，周辺分布の原則は，隣接分布の原則を前提とすることになる。

理解されるように，柴田による隣接分布の原則・周辺分布の原則は，方言周圏論と基本的に同じである。柳田の段階では，さまざまな点で未整理だった方言周圏論を近代的にモデル化し，一般性をもった研究ツールに磨き上げたのが，隣接分布の原則・周辺分布の原則とみなすことができる。

さらに柴田武（1969: 11, 27）は，言語地理学の目的が言語史の解明にあることを2箇所にわたって明言した。このことで，「言語地理学」という名称があたえる曖昧なイメージを払拭させた。

以上のように柴田武（1969）は，研究の目的と方法を明示することで，学界に大きな影響を及ぼし，隣接分布の原則・周辺分布の原則は，多くの研究者に受け継がれていくことになった。

3.3 孤立変遷論

方言周圏論は，手放しで受容されてきたわけではない。分布を拠り所にせず，言語自体のありかたから言語変化を解明してきた立場から異論が提示された。それらは，方言周圏論そのものを否定するものではないが，方言周圏論ですべてが説明できるわけではないとして，批判が加えられた。

金田一春彦（1953）や楳垣実（1953）はその代表であり，楳垣実（1953）に従って，「孤立変遷論」と呼ばれることが多い。孤立変遷論では，音韻や文法は，しばしば周辺部で変化が先行することが指摘され，それを映し出す方言分布のタイプは逆周圏分布と呼ばれる。

周圏状の分布は方言周圏論を反映するという考え方は，中央の言語変化が先行する語彙分野では成り立つが，音韻や文法分野では周辺部で言語変化が起こりやすいために，それが成立しないことになる。見方を変えると，語彙においては中央が言語変化の中心であるが，音韻や文法では，周辺部が言語変化の中心という発想に立つことになる。つまり，中心性（中心性については4.1節参照）は（語彙・音韻・文法などの）分野に依拠し，語彙では中央が中心，音韻・文法では周辺部が中心になると考えるわけである。その点で，

方言周圏論・隣接分布の原則・周辺分布の原則を汎用型中心性理論とするなら，それへの異論である孤立変遷論も中心性を考慮するものであり，分野依拠型中心性理論と見なすことができる。

3.4 多元的発生仮説について

一方，長尾勇（1956）は，語彙でも中央に限らず，地方で言語変化が発生することを「多元的発生仮説」として提示した。多元的発生仮説は，不明な点もあるが，基本的に中心性を限定しない。その点で，中心性を有する場所について，方言周圏論と分野による棲み分けを想定する孤立変遷論とは異なる点に留意が求められ，古典言語地理学からは切り分けておく。

4. 中心性連続伝播理論としての古典言語地理学

ここで古典言語地理学の理論的基盤について整理する。古典言語地理学は，中央であることを想定する地点の「中心性」と，空間上の「連続的伝播」という二つのことを前提とする。このことから，中心性連続伝播理論と呼ぶことができる。

4.1 中心性

古典言語地理学は，言語変化が固定した場所としての中央（中心地）で発生することを想定している。中心地は，日本全国を見わたした場合は，畿内であるが，ローカルな地域にもそれぞれの中央としての中心地があるとする（小林隆 2004: 649-668）。そのような定まった中心地で言語変化が率先して起こり，周辺部はそれを受け入れると考えるわけである。このように古典言語地理学が想定する，特定の場所や地域が言語変化の固定的・継続的発生地として有する性質を「中心性」と呼ぶことにする。したがって，中心地は中心性を帯びた場所を指す。

4.2 連続伝播

　古典言語地理学は，中心地で発生した言語変化が，地理空間上の隣接地を連続して波紋状に伝播することで，放射拡散すると考える。そのことは，しばしば使われてきた「地を這うように」というフレーズのほか，連続性から外れるようなケースは「飛び火（的伝播）」として（佐藤亮一 1977・1982，徳川宗賢 1972），例外的扱いに位置付けられていることにも反映されている。

　なお，東條操は，方言周圏論とは相容れない方言区画論を方言学の目的として主張したが，方言周圏論の考え方自体を否定したわけではない。東條操（1957: 18）による次の解説の中に「中心性」と「連続伝播」がよく表されている。

　「文化の中心地にはよく語の改新が起こる。いま，ある事物を表す名称に新語が発生したとすると，やがて，それまでに使われていた旧名称は中心地から駆逐され，その外側地帯に押し出される場合が少なくない。かような改新が中央で数回行われると，池に小石を投げた時起こる波紋のように，中心地の新語を囲んで，いくつかの同心円的な前代語の層ができる。この場合，より古い発生のものが，中心地よりより遠い距離に広がるわけである。」

5. 方言区画論

　日本における方言分布への本格的な取り組みは，国語調査委員会による『音韻分布図』『音韻調査報告書』（国語調査委員会 1905）と『口語法分布図』『口語法調査報告書』（国語調査委員会 1906）に始まる。これらは，標準語制定の基礎資料を求めることを目的に行われた全国を対象とした調査に基づく。

　この調査の最大の成果は，東西対立が示す東と西の境界線の発見にあった。このことは『口語法調査報告書』の「口語法分布図概観」第 2 項に記載されている。また，その道程とも見られる，国語調査委員会のメンバーだった新村出の自筆による境界線を示す地図も残されている（新村出 1993）。

　この発見は，「方言」がいくつあり，境界がどこにあるかということへの関

心を高め、その解明を目指す方言区画論を生み出す原動力になった。その後、方言区画論は、東條操を中心に推進されていく。

5.1 方言区画論の目標

　方言区画論は単なる分類学ではない。区画されたそれぞれの方言の言語記述を行い、それをもとに各方言の系統と変遷を解明することを最終目標とする。そのことは、次に引用する東條操（1954: 14）に明らかである。

　「全国の各方言について、まず体系的な研究を行うのであるから、各方言の記述がほぼ終つた暁には、これらの方言を比較して、その体系の差異を調べ、その相互関係をただし、その分裂の順序を推論し、国語の全貌を地理的区画によって明示し得るようにならなければならない。これが方言区画論である。」

5.2 方言区画論の衰退

　しかし、方言区画論の実践はなかなか困難であった。境界を明らかにするといっても、さまざまな現象の分布は一致しない。分布が明瞭に分かれる東西対立型であっても、個別の境界は一致しない。このことは、現実に区画を設けるにあたって、どのように境界を設定すればよいのかという問題を生じさせる。東條操（1954: 9）は、境界は線ではなく、幅のある帯として現れるという説明で概念的に応じるが、それだけでは実践的な解決になるものではなかった。さらに、東條が示したような言語的総体としての方言どうしを較べて相互の歴史を解明するということは、理想としては理解できないこともないが、実際にはどのように実行すればよいのか、具体的な進め方がわからない。皮肉なことに、理念先行という点において、方言学における主導権をめぐり、ライバル関係にあった「蝸牛考」にはじまる方言周圏論と同じ轍を踏んでいたのだった。

　方言周圏論は、後に柴田武（1969）が受け皿となって、息を吹き返すことができた。一方、方言区画論は、最大の成果である日本方言研究会（1964）を最後に、受け継がれることなく衰退した。

6. 方言形成理論

　7節以降で批判するように論者は，古典言語地理学が基盤とする中心性連続伝播理論を認めない。それではどのような理論に立つのか。論者の考えるところを方言形成理論として提示する[2]。

6.1 言語としての方言と言語変化

　方言は，特定言語の中の地理空間的バリエーションであるが，それは他方言との関係において成立する見方であり，方言は言語にほかならない。したがって，方言の第一義的機能は伝達道具としての通用性にある。

　言語は，伝達道具であるゆえにシステムとしての性格を強く有している。その機能向上のため，合理的かつ経済的な状態を目指す性質を内包している。それが言語変化を引き起こすことになる。そのような合理化のための変化が，システムの別の箇所の不具合を引き起こし，さらなる合理化を継起させることがある。このようなことを繰り返すことで終わりなき修正が加え続けられるのが言語であり，方言である。したがって，言語（方言）は必ず変化する。

　ただし，言語（方言）は，システムであり，かつ，伝達道具であるため，使用者どうしの齟齬は，望ましいことではなく，それを引き起こす可能性のある言語変化は，言語（方言）の本質に照らせば，避けるべき事態である。したがって，個別の事項（特定の語彙，特定の文法要素など）が永続的に，連綿と変化するというような不安定な状態に一般性は認められない。

　ところで，人間は，孤立無援で生きていくことはできず，何らかの共同体の一員として，ことをなしながら生きる。同時に人間には生身の身体がある。そのため，人間は現実の三次元空間の中で生きることになる。この両者が相俟って，共同体は一定の空間的範囲＝「領域」を持つのが一般的である。

　共同体の中で，人間は意思疎通を行うことが必定である。その際に最も利便性の高い伝達道具が言語である。伝達道具である以上，共同体内の言語は，共通していることが望まれる。

6.2 方言形成の基本

　ところが，言語は必ず変化する性質をその本質として有している。そのために変化が起こることは避けられないが，伝達道具である以上，共同体内で差異のあることは，望ましい状態ではない。この矛盾した性質を克服するため，発生した言語変化は共同体内に広がって，共有化されることになる。

　言語変化は，共同体内で共有されれば，目的を達成したわけであるから，それ以上に広がる必要はない。したがって，空間的に見た場合，言語変化がどこまでも拡大する必然性はなく，共同体の「領域」を範囲とする変化の完了で十分である。

　言語変化は隣接する共同体であっても，同時に発生するわけではない。一方に変化が発生し，もう一方には起こらないことは通常である。このことにより地理空間上のことばの異なり＝方言が成立するものと考えられる。

6.3 区画・領域・共同体

　このように考えるなら，（共同体をもとに）言語変化が及ぶ範囲を一定の「領域」と想定する点において，方言区画と類似していることに気付くだろう。

　これまで言語地図が多く描かれてきた。その中で，個々の分布＝語ごとの分布＝項目ごとの分布は異なり，完全な一致はないことがわかっている。その一方で，相互に類似性のあることが，「分布類型」などの呼び方の下，しばしば指摘されてきた。見方を変えると，それらの類似性をもとに境界の線引きを行おうとしても，相互の位置はやはり異なるゆえに，一定の（＝追試可能な客観的根拠をもった）観点に基づく境界線の設定は困難に陥り，結果的にそのことが，方言区画論の衰退をまねいたのであった。

　結局のところ，個々の分布の「領域」を生み出し，かつ支えるのは共同体と考えられるが，その共同体とは何かということが問題なのである。共同体は，実に多様である。国家に及ぶような大規模なものから，家族やカップルのような小規模なものまでサイズもさまざまである。内容も，仕事，地域社会，趣味，育児，教育…等々，分類も困難なくらいに多岐にわたる。同時に，個々の人間は，ひとつの共同体のみではなく，いくつもの共同体に所属する。

　このようなことから，共同体の空間領域は閉じられたものではないものの，

同時に人間は限られた空間領域内でしか生きられないため，その広がりには一定の限界があると想定される。共同体は人どうしのつながりを前提とするものであるから，その解明のためには，ネットワーク論などの成果（クリスタキス，ニコラス・A ほか 2010，安田雪 1997，ワッツ，ダンカン 2004 など）を援用することが求められる。同時に，方言分布から得られた成果は，ネットワーク論等にフィードバックすることで，総合的・学際的に展開していく可能性が広がる。

なお，人どうしのつながりが地域（日本・中国・アジア）や時代（古代・中世・近代）を問わず，多様で複雑であったことについては，本田毅彦編（2015）に事例が示される。

6.4 言語要素と空間領域

このように本理論が依存する共同体は多様であり，それにともない空間上の範囲も一意に定められないのは確かであるが，方言分布の空間領域（変化が広がる範囲）の広さをある程度，想定することは，可能である。

おそらく言語にとって，根幹にあたるようなところ，例えば，基本的な文法要素等の場合は，空間領域が広い範囲に及ぶのに対し，個々の単語など枝葉的なところ，例えば，特定の野草名等の場合は，空間領域が狭いだろう[3]。この程度に留まるものではあるが，おおまかな見通しは立てられそうだ。

6.5 中心性連続伝播理論との異なり

以上の方言形成理論には，中心の概念や地理的連続性に依存する伝播は含まない。すなわち，古典言語地理学が基盤とする中心性連続伝播理論には，依拠しないものである。

なお，古典言語地理学では，しばしば，AB 分布，ABC 分布，ABA 分布，ABCBA 分布といった名称で，分布を類型的に扱ってきた。中心性と連続的拡大を想定しない方言形成理論では，ABC 分布や ABCBA 分布というパターンに一般性を持たせない。それらは，よほど条件がそろえば，歴史と分布の対応が成立することがあるかもしれないが，極めて稀であろうと考えることによる。

一方で，中心性を設定しないことにともない，固定した中心地も認めないことになるが，言語変化の発生にともないABやABAのような分布は当然形成される。AAだったところの一方で言語変化が発生すればABになり，AAAだったところの一箇所で言語変化が起これば ABAになることがあるのはあたりまえで，方言形成理論はその場所を固定しないだけである。

　中心性を設定しないというのは，言語項目一般において，特定の場所が，A→B→C→D…のように，繰り返し言語変化を発信することに一般性を与えないことを意味する。中心性を設定しないことは，言語変化の発生場所を限定しないことにほかならない。したがって，一回性のA→Bはどこでも起こりえることになる。

7. 中心性の検証[4]

　ここでは全国を対象とするFPJDのデータを使って過去のデータと経年比較を量的に行い，中心性を検証する。

　2節に述べたように，FPJDは，LAJ・GAJとの経年比較を念頭に置いており，それらとの共通項目・共通地点を多く含ませている。ここでは量的に比較するため，対象項目として，音韻1項目，語彙18項目，文法31項目（計50項目）を選んだ。このことで，語彙や文法といった分野間の異なりも扱えるようにした。次に，地点として，市町村名に基づく行政区画が（LAJ・GAJ・FPJDの3資料を通して単地点として）重複する106地点を対象とする。同じ場所どうしを比較することで，その場所・項目で変化があったかどうかを見る。変化の有無を機械的に判定することは不可能なので。5,300件（50項目×106地点）のデータを一件ずつ，LAJ→FPJD，GAJ→FPJDで変化があったかどうかを確認することになる。各地点の（不調査等を除く）有効項目全体の中で，言語変化が確認された項目が占める割合（％）を言語変化率と呼ぶ。

7.1 方言周圏論的中心性

　古典言語地理学においては，中央的性格が強いところほど，中心性が高いと考えられる。中央的性格は都市性に対応し，一般に都市性は人口密度で定量化できるはずである。また，古典言語地理学では，中央ほど言語変化が率先して発生し，変化を牽引すると考えるわけであるから，人口密度の高いところは言語変化率も高いという正の相関（グラフでは右上がり）が期待される。しかし，実際には【図1】のようにばらばらであり，相関は見られない。つまり，方言周圏論，隣接分布の原則・周辺分布の原則の想定する中心性は確認されない。

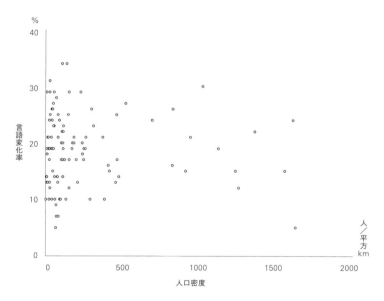

【図1】言語変化と人口密度

7.2 孤立変遷論的中心性

　それでは分野による異なりはないか。分野依拠型中心性理論の孤立変遷論では，語彙は中央で，音韻・文法は周辺部で，それぞれ変化が先行すると考える。そうすると変化率を求めたデータについて，分野を切り分けると定量的にそれが把握できると期待される。すなわち，語彙では人口密度と言語変化率の間に正の相関（グラフでは右上がり）が，文法ではそれらの間に負の

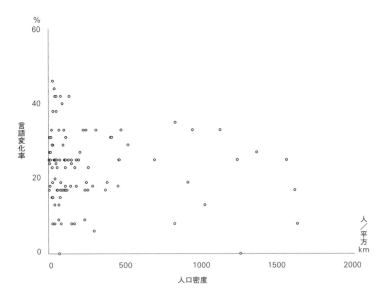

【図2】語彙の言語変化と人口密度

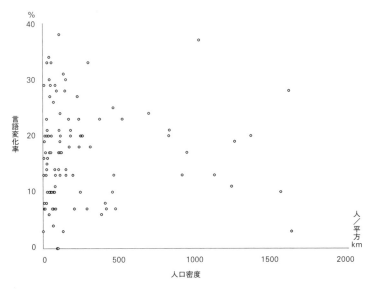

【図3】文法の言語変化と人口密度

相関（グラフでは右下がり）が現れることになる。【図2】には語彙のグラフ，【図3】には文法のグラフを挙げたが，予測されるような相関は見られない。つまり，孤立変遷論が想定した分野依拠型の中心性もやはり確認されない。

　以上のように，古典言語地理学が想定した中心性は，確認されない。ここから導き出せるのは，「言語変化は，中央や周辺といった中央的性格（＝都市性）を問わずに発生する」ということである。中心性を肯定する属性が今後見いだされる可能性まで否定するものではないが，少なくとも人口密度により定量化可能な都市性に基づく中央的性格に応じた中心性は，全体を見渡した場合においても分野を限定した場合においても，言語変化にそれが関与することは確認されない。つまり，古典言語地理学が依存してきた一つの柱，すなわち中心性の存在は実証されなかった（より明瞭な表現では，否定された）ことになる。

8. 連続伝播の検証と領域形成[5]

　分布の上では言語変化はどのように現れるだろうか。古典言語地理学の想定するように，波紋状の連続的変化が見られるのか。また，言語変化にともなう新たな分布領域はどのように形成されるのか。地図を通して，検証する。

8.1 方言分布の経年比較
　ここでは4項目（語彙2項目，文法2項目）を対象にいくつかの地域に分けながら，方言分布の経年比較を地図上で見ていくことにする。

8.1.1 長野県伊那諏訪地方の「桑の実」「ひっつきむし」
　【図4】は，伊那諏訪地方における「桑の実」を表すクワグミの分布の変化をとらえている。この地域では「小さい果実」を表すグミという方言形があり，これを用いた語形のクワグミが，40年前は複数の離れた箇所で使用されていたが，現在はこの地域一帯を覆うように広く分布するようになった。40年前

は，クワズミが広く見られたが，形態的意味が明確ではないズミを棄て，意味がより明瞭かつ形式も類似した（類音の）グミを採用したと考えられる。

　伊那諏訪地方の北部に位置する諏訪地方の茅野市では，40年前は「ひっつきむし」（衣類に付着する野草の種子）をベベバサミと言っていた。この地域では衣類をベベと言い，衣類にしつこく付くことに基づく語形であった。ところが，この地域でベベは女性器と同音であった。そこで，民間語源が働き，対となる男性器を表すチンコロを取り込み，40年前にはなかったチンコロバサミが生み出された【図5】。新語形のチンコロバサミは，同等の標高域（900m程度）で使われている。この地域では，婚姻圏が標高に対応すると言われ，そのような共同体域と新語形の使用領域が平行する点が注目される。

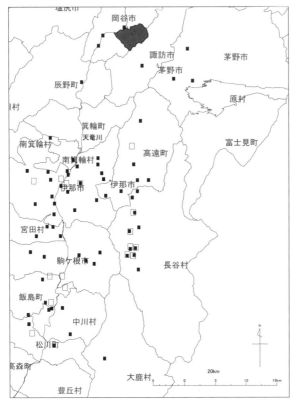

【図4】クワグミ（桑の実）の40年（長野県伊那諏訪地方）

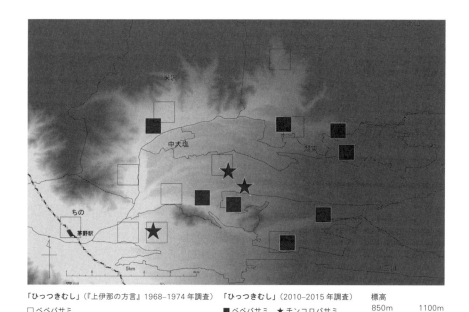

「ひっつきむし」(『上伊那の方言』1968–1974 年調査)　「ひっつきむし」(2010–2015 年調査)　標高
□ ベベバサミ　　　　　　　　　　　　　　　　■ ベベバサミ　★ チンコロバサミ　850m　1100m

【図5】ベベバサミとチンコロバサミ（ひっつきむし）の 40 年（長野県茅野市）

8.1.2 動詞否定辞過去形

　動詞否定辞過去形は，文献では中世以降にナンダという形が標準的な地位を獲得し，現在の口頭語（方言）でも西日本を中心に広く用いられている。ところが，ナンダは語源が未詳であり，それに関連して，形態上，否定と過去を表す箇所の分節が不分明な形である。そこで，動詞の否定が状態性の意味を帯びることから，典型的な状態性の品詞である形容詞の過去形の末尾形式カッタを取り込み，否定辞ンと組み合わせたンカッタという形が，複数の地域で新たに生み出された。

　30 年前（GAJ）の近畿地方では，大阪府の周辺でしか使われていなかったンカッタが，【図 6】が示すように，現在ではおもに大阪府の全域で広く使われるようになっている。

　一方，新潟県では，ンカッタの領域は，30 年前とほとんど変化が見られない【図 7】。実は，20 世紀初頭の『口語法分布図』（1906 年）においてすでに新潟県にはンカッタが分布していることが確認される。日本全体でンカッタ

を最も早く導入したのは新潟県であった。そして、下越（北東部）を除く地方（上越・中越）で100年前には、地理空間上の分布領域を確定させ、その状態を現在まで保持している。

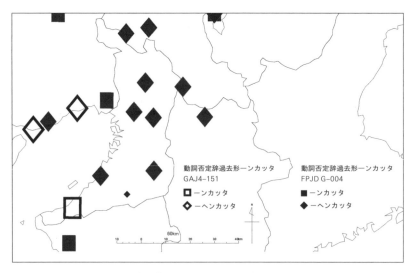

【図6】ンカッタの30年（近畿地方）

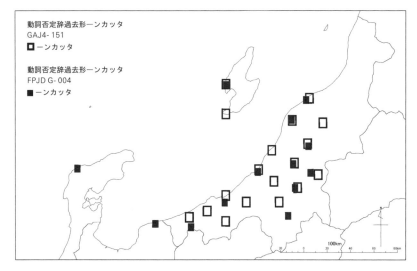

【図7】ンカッタの30年（新潟県）

8.1.3 受身の動作主マーカーの格助詞サ

　格助詞サは，東北地方において，移動方向，存在場所，動作目的など，かなり広い意味をカバーすることがGAJで確認される。ただし，「犬に追いかけられる」のような，受動態の動作主マーカーとしては用いられることは，GAJでは見られなかった。ところが，現在ではその用法が発生し，青森県内で広く用いられるようになっている【図8】。

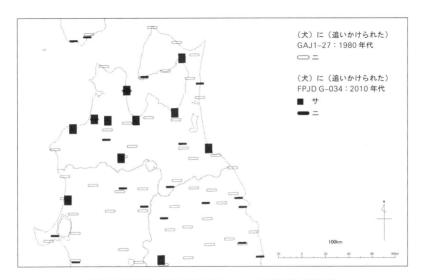

【図8】格助詞サ（受身の動作主マーカー）の分布形成（青森県）

8.2 分布領域の意味

　方言分布の経年比較で確認されたことは，古典言語地理学が（中心性のほかに）もう一端で立脚している基盤，すなわち連続伝播の持つ問題点を表面化させるとともに，6節で提示した方言形成理論の妥当性を裏付ける。

8.2.1 連続伝播の否定

　古典言語地理学は，言語変化の波紋状の連続伝播により方言分布が形成されることを想定していた。しかし，経年比較の結果が示すように，漸次的・連続的な分布の拡大は見られない。とりわけ，新潟県におけるンカッタ「動詞否定辞過去形」【図7】のように固有の領域を形成すると，長期（この場合

は100年以上）にわたって変動しないことがわかる。

8.2.2 領域と共同体

　方言分布の領域は中央から拡大するのではなく，その領域を点描で埋めるように形成されるものと考えられる。それは，6.1・6.2節で述べたように共同体内で通用することが，伝達道具としての言語には必須だからである。

　伊那諏訪地方のクワグミ「桑の実」【図4】や近畿地方のンカッタ「動詞否定辞過去形」【図6】は，30～40年前に変化の初期段階をとらえており，そこでは点描画が完成していない[6]。8.1節で示した各図の現在の状態は（正確を期するためにはさらに継続した研究が求められるものの），各事象の分布変化の最終段階にあたり，固有の領域を形成するに至ったものと考えられる。それらの分布領域には，次のように人間活動の領域との関係が見出せる。

　　　婚姻圏：チンコロバサミ「ひっつきむし」【図4】
　　　特定の地方：クワグミ「桑の実」＝上伊那地方【図5】
　　　　　　　　　ンカッタ「動詞否定辞過去形」＝上越・中越地方【図8】
　　　府県[7]：ンカッタ「動詞否定辞過去形」＝大阪府【図6】
　　　　　　　格助詞サ「受身の動作主マーカー」＝青森県【図9】

　いずれにおいても6.3節で述べた方言分布領域と共同体の関係を相当程度に反映していると見てよいだろう。ただし，その関係は厳密なものではない。したがって，いずれの図においても「ずれ」が見られる。ここに共同体の多様性と複雑性が現れている。

8.2.3 領域の広さ

　言語要素と分布領域の範囲の間に一定の関係があることを6.4節で予測した。それは，文法のような根幹的な要素にかかわる対象は形成される領域が広く，個別の語彙的な要素ではそれが狭いだろうというものであった。

　語彙のクワグミ「桑の実」（【図4】：約20km圏）・チンコロバサミ「ひっつきむし」（【図5】：約4km圏）と，文法のンカッタ「動詞否定辞過去形」

【図6】～7：約60～120km圏）・格助詞サ「受身の動作主マーカー」（【図8】：約140km圏）を較べるなら，その違いは顕著であり，予測と適合していることがわかる。

9. むすび

　方言分布をめぐって，中心性連続伝播理論を基盤とする古典言語地理学（方言周圏論，隣接分布の原則・周辺分布の原則，孤立変遷論）を批判するとともに，方言分布の形成に関する論者の基本的な理論ならびにその妥当性を具体的なデータをもとに提示した。

　古典言語地理学を否定することは，3.2節で言及した柴田武（1969）が主張した言語史研究を言語地理学の中心課題に据えることも同時に否定することになる。古典言語地理学は，本稿が明らかにしたような保証されない基盤に立ちながら，あまりに目的を特化した研究であった。方言分布が方言学の中心対象であることに疑いを持つ余地はなく，目的を限定せず，方言分布を対象とする研究を広く言語地理学として再出発し，その再興をはかりたい。

　方言分布の背景には，人間のさまざまな活動にまつわる共同体がある。方言が意思伝達の道具である以上，そのような共同体と方言の分布領域の間には何らかの相関があると考えられる。その解明のためには，歴史・社会・人口などのさまざまな事象やデータと方言の分布の関係を追究することが必要だ（大西拓一郎2016b）。このように，方言分布は言語史に限定せず，多様な観点からアプローチできる対象なのである。

　柴田武（1969）からすでに半世紀になろうとしている。多数の言語地図を産出させるなど，その意義は十分に果たしてきた。言語地理学は，その蓄積を活かしつつ，方言区画論が区画として注目してきた「領域」を新たな視点で見つめ直すことで，地理空間上のことばのありかたを広く取り扱う学問領域として，これからも展開し続けることが可能なはずだ。ここで示した方言形成理論が，その一助になれば幸いである。

注
1 調査結果は，データをウェブで公開するとともに大西拓一郎編（2016）で地図化した。
2 大西拓一郎（2016b）第8章，大西拓一郎（2017a）2節も参照。
3 特定の語彙範疇（例えば職業用語や祭祀用語など）が共同体の特性を反映し，共同体の範囲に対応することなどもその背景のひとつとして考えられる。
4 7節で行う作業の対象項目と対象地点ならびに変化の判定の詳細については，大西拓一郎（2017b）を参照のこと。また，【図1】～【図3】では対象地域の中で人口密度が2,000人/平方kmを越える地点は2地点のみなので省略し，2,000人/平方km以下のデータを提示している。
5 8節の内容は，大西拓一郎（2017a）の対象を抄出するとともに，観点も簡略化して提示している。
6 それら初期の発生地点が，その地域の「中央」と相関していない点にも注目したい。
7 府県は政府が恣意的に定めたものという意見があるかもしれないが，すでに1世紀以上にわたって，公共性の高い人的交流を固定化してきたことを重視したい。

引用文献

楳垣実（1953）「方言孤立変遷論をめぐって」『言語生活』24, 44–48.
大西拓一郎（2016a）『長野県伊那諏訪地方言語地図』, 私家版.
大西拓一郎（2016b）『ことばの地理学—方言はなぜそこにあるのか—』, 東京：大修館書店.
大西拓一郎（2017a）「言語変化と方言分布—方言分布形成の理論と経年比較に基づく検証—」大西拓一郎編『空間と時間の中の方言』1–20, 東京：朝倉書店.
大西拓一郎（2017b）「言語変化と中心性—経年比較に基づく中心性の検証—」大西拓一郎編『空間と時間の中の方言』323–341, 東京：朝倉書店.
大西拓一郎編（2016）『新日本言語地図』, 東京：朝倉書店.
金田一春彦（1953）「辺境地方の言葉は果して古いか」『言語生活』17, 27–35.
クリスタキス，ニコラス・A，ファウラー，ジェームズ・H（2010）『つながり』, 東京：講談社.
国語調査委員会（1905）『音韻調査報告書』『音韻分布図』, 東京：日本書籍.
国語調査委員会（1906）『口語法分布図』『口語法調査報告書』, 東京：国定

教科書共同販売所.
国立国語研究所（1966–1974）『日本言語地図』1～6, 東京：大蔵省印刷局.
国立国語研究所（1989–2006）『方言文法全国地図』1～6, 東京：大蔵省印刷局・財務省印刷局・国立印刷局.
小林隆（2004）『方言学的日本語史の方法』, 東京：ひつじ書房.
佐藤亮一（1977）「物の伝来と名称の伝播―渡来作物名をめぐって―」『言語生活』312, 40–48.
佐藤亮一（1982）「方言語彙の分布―「日本言語地図」に見る―」佐藤喜代治編『講座日本語の語彙8 方言の語彙』57–82, 東京：明治書院.
柴田武（1969）『言語地理学の方法』, 東京：筑摩書房.
新村出（1993）『新村出自筆「東西語法境界線概略」』, 京都市：新村出記念財団.
徳川宗賢（1972）「ことばの地理的伝播速度など」服部四郎先生定年退官記念論文集編集委員会編『現代言語学』667–687, 東京：三省堂.
東條操（1954）「序説」東條操編『日本方言学』3–86, 東京：吉川弘文館.
東條操（1957）『方言学の話』, 東京：明治書院.
長尾勇（1956）「俚語に関する多元的発生の仮説」『国語学』27, 1–12.
日本方言研究会編（1964）『日本の方言区画』, 東京：東京堂出版.
本田毅彦編（2015）『つながりの歴史学』, 東京：北樹出版.
馬瀬良雄（1980）『上伊那の方言』, 伊那市：上伊那誌刊行会.
安田雪（1997）『ネットワーク分析』, 東京：新曜社.
柳田国男（1930）『蝸牛考』, 東京：刀江書院.
ワッツ, ダンカン（2004）『スモールワールド・ネットワーク』, 東京：阪急コミュニケーションズ.

付記　本稿は，国立国語研究所共同研究プロジェクト「方言の形成過程解明のための全国方言調査」「大規模方言データの多角的分析」，日本学術振興会科学研究費（課題番号23242024，16K13232，16H03415）の成果を活用している。また，2016年8月に賀州学院（中国，賀州市）と陝西師範大学（中国，西安市）で行った講演をもとにする。

（おおにし・たくいちろう　国立国語研究所教授）

Dialect Formation Theory

—For the Restoration of Geolinguistics—

Onishi, Takuichiro

   The former geolinguistics (the classical geolinguistics), including the dialect radiation theory (*hôgen shûkenron*), the principle of adjoining distributions (*rinsetu bunpu no gensoku*), the principle of outskirts distributions (*syûhen bunpu no gensoku*) and the isolated changing theory (*koritsu hensenron*), was based on the centrality continued diffusion theory. It opposed the theory of the division of dialects (*hôgen kukakuron*) despite commonly treating the spatial feature of dialects. The dialect formation theory presented in this paper, which is constructed on the basic function of language and language change and adopts the idea of the theory of the division of dialects, does not conform to the centrality continued diffusion theory. The result of comparison of interval data of dialectal distributions does not show the existence of centrality and continued diffusion; however it fits the dialect formation theory. I urge reconsideration of the centrality continued diffusion. Geolinguistics should not be specialized in historical study and can be restored by widely opening to fields studying the spatiality of dialects.

Keywords: classical geolinguistics, theory of the division of dialects, comparison of interval data of dialectal distributions, the centrality continued diffusion theory, dialect formation theory, territory formation

『日本言語地図』と『日本言語地図』データベース
―― データベース化（LAJDB）による多角的分析に向けて ――

熊谷康雄

　『日本言語地図』のデータベース化（Linguistic Atlas of Japan Database: LAJDB）に取り組んでいる。『日本言語地図』は本格的な言語地理学的調査方法を用いて作成された日本で初めての全国的な言語地図であり，昭和40年代に刊行された。『日本言語地図』データベース（LAJDB）の構築は，印刷，出版された言語地図上の語形の分布情報だけでなく，地図の元となった原資料と併せて，全体をデータベース化することにより，『日本言語地図』の利用，分析の高度化のみならず，新たな視点による地図の作成や分析，過去の分析の検証，資料批判などを可能とすることを目的とした。データの整備とデータの分析は相互に支え合って進展する。本稿では，LAJDBの構築と関連データの整備・発展が多角的な現象の発見，観察と分析の可能性につながることを，データベース化の概要と分析事例とともに述べる。

キーワード：日本言語地図, データベース, 言語外情報, 言語接触, データ解析, 現象解析

1. はじめに

『日本言語地図』(全6巻)(国立国語研究所1966-1974)は本格的な言語地理学的調査方法を用いて作成された日本で初めての全国的な言語地図である[1]。昭和40年代に編集・刊行された『日本言語地図』は,日本の方言研究における基礎資料のひとつであり,様々な研究に利用されている。

本稿では,この『日本言語地図』のデータベース化の取り組みとこれによって可能になった研究の事例を述べる(熊谷康雄2013a,b,c; Kumagai 2016 等の内容を含む)。『日本言語地図』データベース (Linguistic Atlas of Japan Database: LAJDB) の特徴,データベース化の方法とこのデータによる研究の展開について考えてみたい。

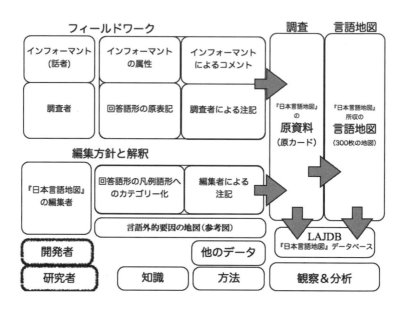

【図1】『日本言語地図』データベース(LAJDB)の開発と活用に関わる要素の概念図
(Kumagai 2016: 358 をもとに作成)

【図1】は,データの獲得から地図の編集,分析までの過程における主要な要素の関係や情報の流れを概念図的に描いたものである。調査によって得られた原資料とこれを基に編集,出版された言語地図という,二つの研究資

料を中心に，『日本言語地図』データベース（LAJDB）の開発と活用に関わる要素を整理した。これらの要素は，分析という観点からも，また，データベース構築上の実際の作業の過程においても重要な役割を果たしている。

2.『日本言語地図』とデータベース化

2.1『日本言語地図』の調査の時期と被調査者

　『日本言語地図』の調査期間は1957年（昭和32年）から1965年（昭和40年）である。この昭和30年代という時期は，テレビの急速な普及（昭和28年放送開始）などのマスコミュニケーションの発展や高度経済成長時代におけるモータリゼーションの発達，現代の交通網の急速な整備が始まる時期に当たる。このような時期に調査が行われた『日本言語地図』は，全国的な移動やコミュニケーションの手段が現在のように広く発達した社会（もちろん全国隅々まで同じではない）になる以前の昭和30年代当時の日本全国の方言の姿（の一断面）を捉えている。被調査者の年齢は，1903年（明治36年）以前出生の男子という条件を設けて実施された。結果として，1903年から1879年までの25年間に生まれた被調査者が合計2320名（現実的な問題で28地点はこの条件から外れ，また，8地点は女性），全体の97％である（国立国語研究所1966: 24–25）。ほとんどの被調査者が明治生まれである。現代は過去の歴史的集積の上にある。今の姿を今のものとして捉えるためには，過去の資料（過去の姿）が必要である。『日本言語地図』は半世紀ほど（50年ないし60年）前の調査資料であり，「今」の資料ではないが，今につながる近い過去の資料であり，また，それ以前の明治，江戸に接続する資料である。

2.2『日本言語地図』の調査方法，調査資料とデータベース（LAJDB）

　『日本言語地図』の調査は65人の研究者による隣地調査によって行われた（国立国語研究所1966: 1, 20）。研究者が調査地を訪ね，面接して調査した。

調査は語彙項目を主とし，285項目（地図化されたのは240項目），日本全国2400地点で行われた。調査の内容は，調査票に記入され，調査者自身によって地点毎の調査項目別のカードに一枚一枚転記された。このカードが調査本部である国立国語研究所に送られた。このようにして集められた全部で54万枚（国立国語研究所1966: 31）と言われるカードが『日本言語地図』の原資料である（以下，この原資料のカードを原カードと呼ぶ）。編集を担当した当時の研究所員達は，この原カードに基づき『日本言語地図』を編集した。なお，記入済みの調査票は調査者のもとに残された。これは万が一のことで資料のすべてが消失することを恐れてのことと伝え聞いている。

　紙のカードである『日本言語地図』の原資料の保存と印刷物である『日本言語地図』の一層の活用と新しい研究を目指して，1999年，『日本言語地図』データベース（Linguistic Atlas of Japan Database: LAJDB）の構築を開始した[2]（熊谷康雄2007, 2013a, 2013c 等）。現在，試験的に部分公開をしつつ，完成に向け，作業を続けている。データベース化にあたっては，単に言語地図上に表された語形の分布情報をデータ化するだけではなく，言語地図作成の元となった，原資料である回答語形を個々の調査者が記録したカード（原カード）と地図編集の結果として言語地図上に表現された語形の分布情報をつないで，その全体をデータベース化することとした。言語地図の地点毎の語形は文字情報として，原カードは画像情報としてデータ化した。これは，研究資料として編集された『日本言語地図』に，資料の検証可能性と多様な観点からの新たな分析の可能性をもたらすことも意図している。

　データベース化の作業では，原資料と言語地図とをつき合わせながら，仕事を進めている。原資料を確認しながらの日々の作業過程では，様々な事に直面する。調査を設計し，現場で調査し，資料を得，研究資料を整理し，言語地図を編集し，データを作り，分析し，と様々な局面が浮かび上がる。データベース化は，調査や調査資料は様々な条件下で行われたものとして，地図や原資料を相対化して捉えるプロセスでもあり，資料批判にも通じる。

2.3 『日本言語地図』の編集と凡例語形，原カード，『日本言語地図資料』

　『日本言語地図』の調査では，調査者が被調査者のところを訪ね，調査票

に従って，質問し，回答を得，その回答を調査票に記録した。この回答が原カードには転記されている。『日本言語地図』の一枚一枚の地図はこのカードに示されたインフォーマントの回答語形が，編集者により分類整理され，地図化されたものである。調査項目毎に，個々の回答は，分類，整理されて凡例語形に統合され，地図上には凡例語形の記号が示された。この分類，統合は編集者の分析，解釈や意図，編集方針に依存する。『日本言語地図』の各地図の凡例にある語形は，このような編集の結果として示されているものである。そして，この分類の基準や細かさなどは，地図毎に設定され，一定している訳ではない。

『日本言語地図』第1集の解説の「資料の性格と整理の方針」の章（国立国語研究所 1966: 31-32）には，分類の「細かさの段階は，その項目の情報の複雑さや，地理的分布のありさまなどの観点から決定したもので，各図一様でない」（国立国語研究所 1966: 32）とあり，『日本言語地図』の各巻に付属の解説中では，各所で，『日本言語地図資料』の参照に言及している。

この『日本言語地図資料』は，手書きの資料で，国立国語研究所に1部が保管されている（国立国語研究所 1966: 32, 33）。この資料には原カード上に記入されたインフォーマントのコメントや調査者や注記，編集者の判断などを書き写した『注記一覧』と凡例語形の中に含まれる語形のバリエーションを記録した『語形一覧』がある。これらの資料は『日本言語地図』の後，別途の出版を予定していた（国立国語研究所 1966: 44）。W.A. グロータース（1975: 21）にも『日本言語地図資料』の出版についての言及があり，この出版は『日本言語地図』の価値を高めるであろうと記している。しかし，この出版は実現には至らなかった（『注記一覧』は，画像データを作成し，現在，公開している）[3]。この『日本言語地図』資料は原カードから手で書き写して作成されたもので，校正する必要がある段階であると聞いているが，『日本言語地図』データベースではそのオリジナルの情報にアクセスできる。

なお，『日本言語地図』の関連資料として，『日本言語地図語形索引』（国立国語研究所 1980）がある。これは『日本言語地図』全6巻に載っている凡例語形の索引であるが，ここでは『日本言語地図』の出版の後に見つかった凡例語形の誤植の正誤訂正の情報も索引の中に組み込まれている。（『日本言

語地図』の縮刷版ではそれまでに見つかった正誤訂正がなされている。)

2.4 『日本言語地図』の地図画像の作成

印刷物としての『日本言語地図』は，基本的な研究資料として，これに基づいて研究が行われてきたものであり，出版された地図自体も，そのままの形で参照できる必要がある。このため，そのまま画像として参照できるよう，地図をスキャンし，画像データを作成した。また，この地図画像は『日本言語地図』データベースの構築作業を進める上でも，常に参照する必要不可欠な役割を果たしている。『日本言語地図』地図画像として公開している[4]。

2.5 『日本言語地図』データベースの構築

【図2】は，『日本言語地図』データベースの画面の例である。原カードを見ることのできる画像データベースと，項目毎の各地点の回答語形（凡例上の語形）をデータ化した文字データのエクセルファイルからなる。

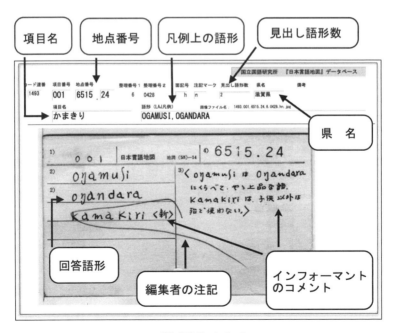

(1) 画像データベース

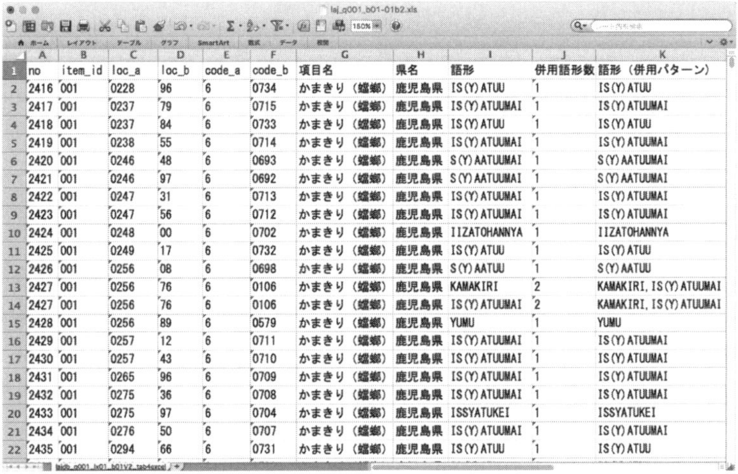

	A	B	C	D	E	F	G	H	I	J	K
1	no	item_id	loc_a	loc_b	code_a	code_b	項目名	県名	語形	併用語形数	語形（併用パターン）
2	2416	001	0228	96	6	0734	かまきり（蟷螂）	鹿児島県	IS(Y)ATUU	1	IS(Y)ATUU
3	2417	001	0237	79	6	0715	かまきり（蟷螂）	鹿児島県	IS(Y)ATUUMAI	1	IS(Y)ATUUMAI
4	2418	001	0237	84	6	0733	かまきり（蟷螂）	鹿児島県	IS(Y)ATUU	1	IS(Y)ATUU
5	2419	001	0238	55	6	0714	かまきり（蟷螂）	鹿児島県	IS(Y)ATUUMAI	1	IS(Y)ATUUMAI
6	2420	001	0246	48	6	0693	かまきり（蟷螂）	鹿児島県	S(Y)AATUUMAI	1	S(Y)AATUUMAI
7	2421	001	0246	97	6	0692	かまきり（蟷螂）	鹿児島県	S(Y)AATUUMAI	1	S(Y)AATUUMAI
8	2422	001	0247	31	6	0713	かまきり（蟷螂）	鹿児島県	IS(Y)ATUUMAI	1	IS(Y)ATUUMAI
9	2423	001	0247	56	6	0712	かまきり（蟷螂）	鹿児島県	IS(Y)ATUUMAI	1	IS(Y)ATUUMAI
10	2424	001	0248	00	6	0702	かまきり（蟷螂）	鹿児島県	IIZATOHANNYA	1	IIZATOHANNYA
11	2425	001	0249	17	6	0732	かまきり（蟷螂）	鹿児島県	IS(Y)ATUU	1	IS(Y)ATUU
12	2426	001	0256	08	6	0698	かまきり（蟷螂）	鹿児島県	S(Y)AATUU	1	S(Y)AATUU
13	2427	001	0256	76	6	0106	かまきり（蟷螂）	鹿児島県	KAMAKIRI	2	KAMAKIRI,IS(Y)ATUUMAI
14	2427	001	0256	76	6	0106	かまきり（蟷螂）	鹿児島県	IS(Y)ATUUMAI	2	KAMAKIRI,IS(Y)ATUUMAI
15	2428	001	0256	89	6	0579	かまきり（蟷螂）	鹿児島県	YUMU	1	YUMU
16	2429	001	0257	12	6	0711	かまきり（蟷螂）	鹿児島県	IS(Y)ATUUMAI	1	IS(Y)ATUUMAI
17	2430	001	0257	43	6	0710	かまきり（蟷螂）	鹿児島県	IS(Y)ATUUMAI	1	IS(Y)ATUUMAI
18	2431	001	0265	96	6	0709	かまきり（蟷螂）	鹿児島県	IS(Y)ATUUMAI	1	IS(Y)ATUUMAI
19	2432	001	0275	36	6	0708	かまきり（蟷螂）	鹿児島県	IS(Y)ATUUMAI	1	IS(Y)ATUUMAI
20	2433	001	0275	97	6	0704	かまきり（蟷螂）	鹿児島県	ISSYATUKEI	1	ISSYATUKEI
21	2434	001	0276	50	6	0707	かまきり（蟷螂）	鹿児島県	IS(Y)ATUUMAI	1	IS(Y)ATUUMAI
22	2435	001	0294	66	6	0731	かまきり（蟷螂）	鹿児島県	IS(Y)ATUU	1	IS(Y)ATUU

(2) エクセルファイル

【図 2】『日本言語地図』データベース（LAJDB）の画面の例

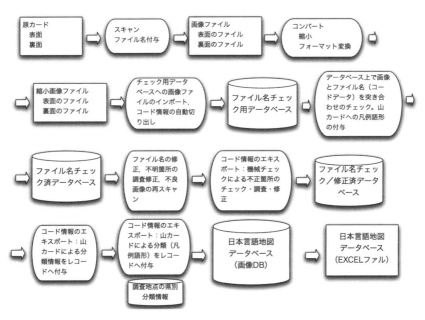

【図 3】『日本言語地図』のデータベース化の工程（概念図）

【図3】は，データベース化の工程の概念図である（熊谷康雄2007, 2013a）。『日本言語地図』データベースは，原カードのスキャンをするときに，原カード上の基本情報として，通し番号，項目番号，地点番号，整理番号（カード上に押印されている番号で，地図編集時の原カードの分類順を記録しており，凡例語形による分類が分かる仕組みになっている），面記号（カードの表裏）などを組み合わせてファイル名とし，ファイル名の中にカードの情報を埋め込んで個々の画像データを作成している（カードは，原則，表裏に情報が記載されており，両面をスキャンしている）。この画像ファイルを最初の出発点として，一連のデータベース化の工程における，点検や確認，修正や情報の付加などを経て，項目ごとのデータベースができる。

2.6 データベース構築段階における原カード画像の利用

『日本言語地図』データベースの構築の過程では，原カードと地図，その他の関連資料を相互に参照する必要がある。そこでは，チェック用の画像データベースを用い，編集時の情報が付加された状態の原カードと地図上の情報（凡例語形欄と各地点に押印された語形を表すスタンプ）とを突き合わせている。原カードをスキャンした画像データや，付与した凡例語形等のコードデータの点検などの作業には，言語地図の調査資料の整理から最終的な地図の作図にいたるすべての要因が関係するが，この作業には原資料のカードの画像と『日本言語地図』の全体にアクセスできる環境を構築していることが役立っている。この作業で利用している機能は，原カードを利用した分析や資料の検証などに活用できるものと本質的に同じである。

2.7 『日本言語地図』の凡例語形の分類と原カード画像

回答語形の分類に関しては『日本言語地図』にまとめられた分類より下位の分類の中に分布が認められるものもある。単に分布の有無のみならず，分析の目的により，分類の基準が地図化された『日本言語地図』の分類とは異なるものが必要になる場合もある。『日本言語地図』データベースを使えば原資料カードに戻って再分類することが研究者の手元のパソコンで可能となる。原カードの画像データベースを参照できることは，いつでも，原資料に

遡ってデータを確認できるということであり，また，原資料に書き込まれた地図には掲載されていない情報を参照することができるということである。これは『日本言語地図』を検証する手段でもあり，また，個々の研究者が独自の視点からの分析を行うために必要な情報源ともなる。

2.8 『日本言語地図』の調査と編集上の注記と原カード画像

原カードには，地図編集時の編集者の判断やメモが，編集者の注記として記入されている。『日本言語地図』の編集上の特徴のひとつとして，複数回答に対して「併用処理」が行われていることがある。『日本言語地図』は話者の日常生活の普段のことばを調査対象としており，このため「標準語」は省く処理をしたものである。この処理はインフォーマントの回答にあるコメント・内省を利用したもので，「同一地点から二個以上の回答があって，一方の標準語と一致する回答に，共通語的である・新しい・上品である・改まった場合に使う・まれにしか使わない，およびこれに準ずる説明がある限り，原則としてその回答を地図に記載しなかった」（国立国語研究所 1966: 33）というものである。併用処理されたものの実際はどうであったかは，『日本言語地図』からは分からず，原資料や『日本言語地図資料』に戻る必要があった。佐藤亮一（1986）に，「酸っぱい」の1項目を取り上げ，原カードに戻って併用処理で省かれた標準語形を復元し，地図を描いたものがある。

2.9 『日本言語地図』の参考地図等の言語外情報のデータ化

『日本言語地図』には参考図として（1）調査地点番号図，（2）地勢図，（3）人口図，（4）産業図，（5）近代道路図（明治 20 年前後），（6）近世藩領図の 6 枚の地図がある。参考図（1）は，地図上の調査地点の位置を示すものであるが，参考図（2）〜（6）は，言語地図を解釈，分析するために有用な情報として用意されたものである。このような参考地図を『日本言語地図』データベースの関連データとして，まず，「地勢図」，「近代道路図（明治 20 年前後）」，「近世藩領図」を電子地図化した（熊谷康雄 2013a）。さらに，被調査者の生年，性別，属性情報（国立国語研究所 1966: 47–118）のデータも入力した。言語外情報の利用はデータ化されることによって大きく進む。

また，関連する多様なデータとの結合も容易となる[5]。

3.『日本言語地図』データベースを利用した研究

『日本言語地図』データベースを用いた研究の試みとして，熊谷康雄 (2013a) の中に，熊谷康雄 (2013b)，小林隆・熊谷康雄 (2013)，沢木幹栄 (2013)，竹田晃子 (2013)，鑓水兼貴 (2013) などがあり，また，Kumagai (2013, 2016) がある。これらは『日本言語地図』データベースを活用してできる研究の多様な方向性の一端を示そうとしたものである。

3.1 新たな地図の作成

『日本言語地図』データベースのデータを用いて，目的にあった新たな地図を作ることができる。竹田晃子 (2013) は『日本言語地図』の地図だけでは分析の難しかった項目を取り上げ，『日本言語地図』データベースのデータを用いて新たに地図を描いている。中井精一 (2015)，大西拓一郎 (2017) にも，データを用いて新たに地図を作成し直したものが示されている。

3.2 全国的な広がりの計量的観察・分析

『日本言語地図』は，今から50年ほど前の出版であり，言語地図は紙の印刷物のみであった。『日本言語地図』を用いた計量的な研究は紙の印刷物である地図を目で見て語形の数を数えるところから始まっていた（高田誠 1969，本堂寛 1980，河西秀早子 1981，市井外喜子 1993，井上史雄 2001 等）。そして，印刷物である『日本言語地図』上のプロットされている記号を数えるという作業上の制約からも，これらの研究は，全国規模のものは県単位での集計，地点単位で見ているものは地域が限られているなど，制約があった。熊谷康雄 (2013b, c)，Kumagai (2013, 2016) は『日本言語地図』データベースを使って，計量的な観察を，全国的な広がりで，地点単位で行ったものである。

3.3 インフォーマントの内省情報の利用

　佐藤亮一（1986）の併用処理された標準語形の復元の試みは1枚の地図であったが，小林隆・熊谷康雄（2013）では，『日本言語地図』データベースを使って，併用処理を確認し，データを作成，併用処理された標準語形を復元して地図を描いた。原カードに戻って調べることは，一般には難しいことであるが，『日本言語地図』データベースを使えば，はるかに容易に原カードの利用ができる。小林隆・熊谷康雄（2013）には16項目の地図を示した。これは，被調査者の意識，内省情報を利用した分布の事例でもある。

3.4 面としての分布の対極の孤例などの周辺的な事象

　面としてのことばの分布とは対極にある孤例の分布を探っているものに沢木幹栄（2013）がある。沢木幹栄（1988）をさらに徹底しようとしているものである。インフォーマントの属性を分析に取り込む試みには鑓水兼貴（2013）がある。日本言地図データベースの関連情報として，インフォーマントの属性データがある。被調査者の生年に幅があるが，この差に着目し分布の中にことばの伝播の様子が捉えられないか探索したものである。『日本言語地図』データベースにより，『日本言語地図』への多角的なアプローチがより容易に行える。

3.5 言語地図が捉えている現象の総合的な把握

　徳川宗賢（1973）は沢木幹栄（1988）に先行する孤例の研究だが，徳川宗賢は「言語における泡沫的現象」（「渦流的現象」とも）といった観点の研究を考えていた（徳川宗賢1973: 150; 1993: 442 614）。『日本言語地図』データベースにより，この種の研究もより容易になり，これまでにも注目されてきた明瞭な分布領域を持つ事象も含め，言語地図が捉えている現象の総合的な把握につなげることができる。

3.6 『日本言語地図』データベースを用いた観察の事例

　以下では，観察の具体例の地図をいくつか見ていくことにする。

3.6.1 標準語形と併用処理の分布図

【図4】は，小林隆・熊谷康雄（2013）で，併用処理された標準語形の復元を試みた例である。佐藤亮一（1986）では1項目の試みであったが，16項目の分布図を示し，併用処理された標準語形の分布は全国的に空からばらまいたようなものでないことが多くの図で分かる。【図5】は，熊谷康雄（2013b:118）で，36項目について，併用処理された語数を地点ごとに集計したものである。多数の項目についての計量的な処理で地理的な分布パターンが観察される。

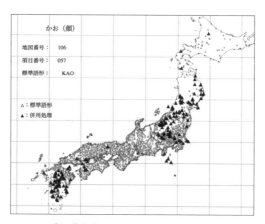

【図4】標準語形と併用処理の分布：かお

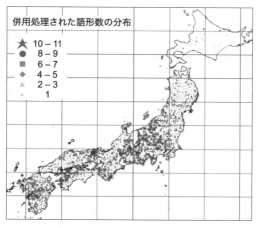

【図5】併用処理された語形数の分布

3.6.2 計量的な観察：標準語形の分布

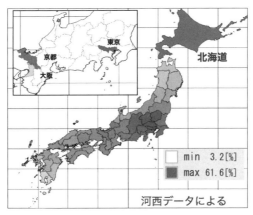

【図6】県別標準語形の分布

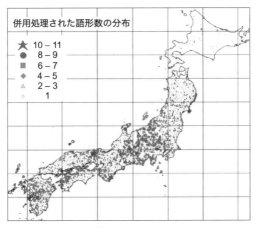

【図7】標準語形数の分布（LAJDB42）

　【図6】は河西秀早子（1981）が『日本言語地図』から標準語形（84項目）を県別に集計したものである。【図7】は『日本言語地図』データベース（42項目）により，河西と同様の基準で地点毎に集計したものである（熊谷康雄 2013b, Kumagai 2016）。県別では見えない詳細が観察でき（例えば，【図8】，【図9】），多様な現象解析が可能になる。

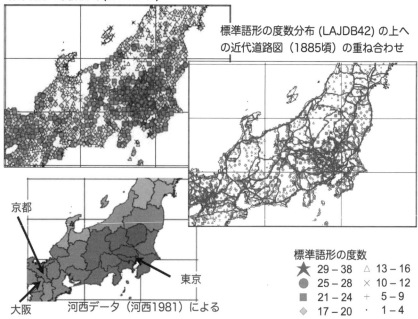

【図8】標準語形数の分布と近代道路図との重ね合わせ（本州中央部分）

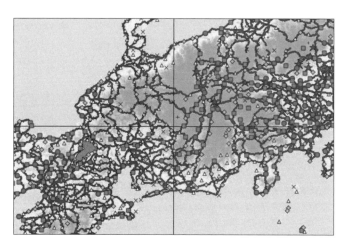

【図9】地形，道路網と標準語形の度数の分布（本州中央部分の拡大図）

3.6.3 計量的な観察：共有度の分布

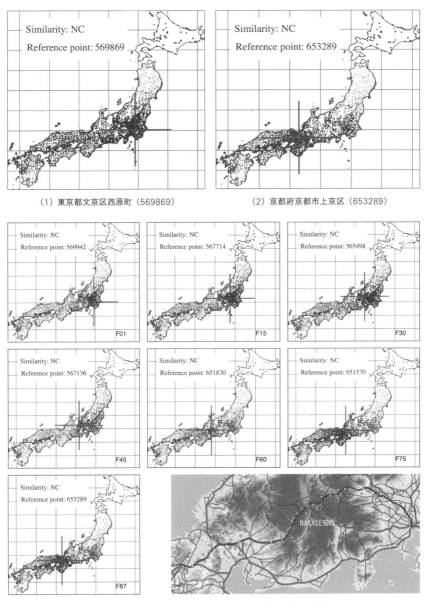

【図10】中山道沿いの共有度の分布図の推移（参照の中心は十字の位置。Fに続く数字は街道沿いに選択した地点の連続番号）

それぞれの調査地点から見て、他の地点はどの程度似ているものなのか、また、その類似の程度はどのように広がっているものなのか。これを地図に示した例が【図10】の(1)、(2)である。地点同士がどの程度似ているか(言語的類似度)を測るものとして、地点間で、いくつの語形を共有しているかを数えたものを共有度（NC）と呼ぶ(熊谷康雄1998, 2013b, Kumagai2016)。ある地点を参照の中心（reference point、図中の十字の位置）とし、その地点と他の地点との間の共有度を、それぞれの相手の地点の位置に示したものが共有度の地理的分布である。共有度の地理的分布は、それぞれの中心点近くの周辺は似ていて濃く、遠くなるにつれ似ていなくなる様子が予想されそうであるが、そう単純でもない広がりのパターンが見える。【図10】のF01からF87は中山道に沿って中心点を動かしながら共有度の分布の変化を見た図である。ある程度類似したパターンの連続と他のパターンへの変化が観察できる。【図11】は共有度の分布に近代道路図を重ねた図である。詳細は別項に譲るが、全国的なマクロの分布において、主要な道路網のあり様が分布パターンと関係している様子が観察できる。

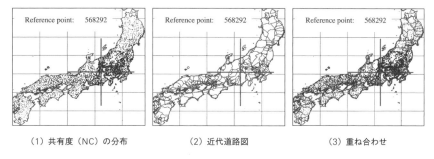

(1) 共有度（NC）の分布　　(2) 近代道路図　　(3) 重ね合わせ

【図11】共有度の分布と道路網の重ね合わせの例（参照の中心：568292、十字の位置）

3.7 言語外情報のデータ：地形、交通、人口

　言語地図として、地図の上にことばの分布として示されているものの背景には、もちろん、それぞれのことばを使っているひとりひとりの人がいる。そして、人々は社会の中で生活を営んでいる。その社会生活の中には、交通が不可欠の基盤としてあり、それは地形を含む自然の中にある。地上における人口の分布は社会の基礎をなす重要な部分である。人口の多寡、集中の度

合いなどが，様々な社会現象の基にある。『日本言語地図』の「参考図III 人口図」は，調査地点が日本の人口の分布（1960年国勢調査）に対して，どのように散在しているかを鳥瞰するために作られたものであった。

『日本言語地図』の人口図はそのままでは電子地図化は難しいが，熊谷康雄（1998）では1960年の市区町村別国勢調査人口データ（東洋経済新報社1985）を入力した。現在は，国勢調査の人口分布図画像の電子化，市区町村別国勢調査人口データ（1920年から1985年までの時系列）の入力などを済ませた（適切な人口移動のデータは調査中）。詳細は別項に譲るが，『日本言語地図』データベースと人口分布データとによる観察，分析を進めている。【図12】は国勢調査の市区町村別人口分布図（1960年）と市区町村役場（1985年時点），調査地点と道路網を重ね合わせた図である（東京近辺）。

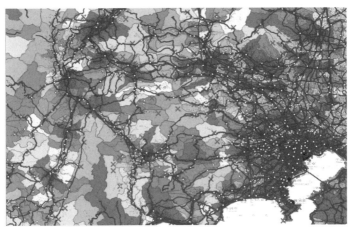

【図12】人口分布図（1965年），市区町村役場（1985年），調査地点と道路網
（X印：調査地点，白丸：市区町村役場，ドット：人口）

一般に言語地図における「分布」は固有の領域を持つものとして認識されるが，そのような領域を形成する本にあるのは人と人との接触とことばの同一化である。「話し手が相手に話すということは，話し手の言語が相手の言語を同一化しようとしていることである。この同一化こそコミュニケーション（共同化）である。それは人から人へ伝わる。言語地理学における「伝播」は，そういう言語同一化が地域的に進行することである」（柴田武1969:

17)。『日本言語地図』のデータベース化により全国レベルでの伝播の模様をより詳細に追跡でき，地点毎のデータを積み上げた観察により，一般には領域として認識される分布の形成の背後に考えられるネットワークが浮かび上がる。このネットワークには，人と人による，ことばの接触と伝播の過程の反映があるはずである（熊谷康雄 2013b, Kumagai 2016）。

3.8 データベースの構築とデータの観察

　『日本言語地図』は調査から地図化の段階までの何段階もの過程を経て，そこでは【図1】に示したような様々な要因が働いて，作られている。『日本言語地図』刊行当時の『国語学』誌上での書評やそれへの反論（藤原与一1967，徳川宗賢 1968 など）などにも，これらに関わる論点が出ている。これらの要因は，調査資料を使って言語現象を探るという観点から見て，どれも分析の対象となる。データ獲得・作成の側の視点からも，言語現象の分析側の視点からも対象になる。調査設計の側から，捉えようと意図した現象もあり，意図はしていなかったが，データに潜んでいる現象もある。上で触れた徳川や沢木の孤例の分析をはじめ，徳川の言う「言語の泡沫的現象」を含め，『日本言語地図』の調査によって捉えたものは，現実世界の現象のある断面をつかんでいるものである。現象の発見とそこに働いているダイナミクスを探るという視点から『日本言語地図』データベースの作成によって，『日本言語地図』（とその調査資料）の活用を更に進めることができる。

　『日本言語地図』を作成した研究者達が意識し，仕掛けを用意しながらも，当時の技術的，現実的制約などで，十分には生かされなかった情報も，『日本言語地図』のデータベース化と関連情報のデータ化，その他の電子データ等の利用を通じて，改めて生かすこともできる。編集刊行当時にはなかった，現代の技術的な背景の中，データの整備とデータの分析は相互に支え合いながら進展する。データの観察と考察から新しい分析の方法が導かれ，そこからまた，データの整備にも還元されるという循環もある。

4. おわりに

『日本言語地図』データベースは，新たな視点による地図の作成，多様な分析，過去の分析の検証や資料批判など，研究上の有効な道具となる。方言の分布と変化に関わるダイナミズムを探求する上での重要な参照点のひとつとして，『日本言語地図』の一層の活用を可能にするものである。『日本言語地図』のデータベース化と関連データの整備は，多角的で総合的なデータの分析につながっている。『日本言語地図』の中には新たに光が当たるのを待っている多くの事象が眠っていると思う。

注

1　『日本言語地図』は，地図の作成とこれを通しての言語地理学的な研究によって，(1)現代日本標準語の基盤とその成立過程，および(2)日本語の地域的差異の成立と各種方言語形の歴史を明らかにしようとしたものである（国立国語研究所 1966: 1）。『日本言語地図』第 1 集の解説冒頭には，「日本言語地図は，日本の言語地理学の最初の基本的な文献として，各方面の利用に供せられるであろう。」（国立国語研究所 1966: 1）と記され，徳川宗賢 (1978: 779) には『日本言語地図』により「日本のダイナミックな言語地理学が，とうとう全国を見渡すことができるようになった」とある。柴田武・徳川宗賢・加藤正信・野元菊雄 (1975) には『日本言語地図』の調査・編集に関わった 4 人の研究者の座談会がある。

2　1999 年に本格的に開始し，データベース科研の補助を得ながら原カードの画像データ入力を進めた。画像データから，点検，校訂を経てデータベース化する作業は，国立国語研究所共同研究プロジェクト「大規模方言データの多角的分析」（リーダー：熊谷康雄，2010–2012）で加速し，その後も完成を目指し，「消滅危機方言の調査・保存のための総合的研究」（リーダー：木部暢子，2013–2015），「日本の消滅危機言語・方言の記録とドキュメンテーションの作成」（リーダー：木部暢子，2016–）の中で作業を継続している。
『日本言語地図』データベースの試験公開：http://www.lajdb.org

3　これらの『日本言語地図資料』は改めて校正が必要であると資料作成に携わった白沢宏枝氏から伺ったことがある（なお，地図編集時の様子が白沢宏枝 (1975) に記されている）。筆者がこれまでに参照した中にも，転記が

正確でない場合がある。『語形一覧』には，バリエーションが多い時には，全てを記載せず，省略のある場合もある。『注記一覧』の画像は国立国語研究所ホームページで公開している。

https://www.ninjal.ac.jp/publication/catalogue/laj_map/note/

4 『日本言語地図』地図画像は国立国語研究所ホームページで公開している。

https://www.ninjal.ac.jp/publication/catalogue/laj_map/

5 詳細は別稿に譲るが，熊谷康雄 (2013a) 以降も「参考図 V 近代道路図（明治 20 年前後）」の元になった『輯製 20 万分 1 図』（陸地測量部・清水靖夫 (1983) に復刻）の画像の電子地図の作成や，人口分布データの作成など，データの充実と分析を図っている。

引用文献

市井外喜子（1993）『方言と計量分析』，東京：新典社.

井上史雄（2001）『計量的方言区画』，東京：明治書院.

大西拓一郎（2017）『ことばの地理学―方言はなぜそこにあるのか―』，東京：大修館書店.

河西秀早子（1981）「標準語形の全国分布」『言語生活』354, 52–55.

熊谷康雄（1998）「『日本言語地図 第 3 集』のネットワークによる地点間類似度表示と地形・人口分布情報との重ね合わせ」『日本方言研究会第 66 回研究発表会研究発表原稿集』，49–56.

熊谷康雄（2007）「『日本言語地図』のデータベース化」『日本方言研究会第 85 回研究発表会研究発表原稿集』，27–34.

熊谷康雄編（2013a）『国立国語研究所共同研究報告 12-05 大規模方言データの多角的分析 成果報告書―言語地図と方言談話資料―』，東京：国立国語研究所.

熊谷康雄（2013b）「『日本言語地図』のデータベース化と計量的分析―併用現象，標準語形の分布と交通網，方言類似度の観察―」熊谷康雄編（2013a）『国立国語研究所共同研究報告 12-05 大規模方言データの多角的分析 成果報告書―言語地図と方言談話資料―』，東京：国立国語研究所, 111–128.

熊谷康雄（2013c）「『日本言語地図』のデータベース化が開く新たな研究」『国語研プロジェクトレビュー』, 4（1）1–9.

グロータース，W.A.（1975）「言語地理学の展望」『言語生活』284. 16–22.

国立国語研究所（1966）「『日本言語地図』解説―方法―」『日本言語地図』第 1 集付録 A，東京：大蔵省印刷局.（縮刷版 1981–1985）.

国立国語研究所（1966-1974）『日本言語地図』（全6巻），東京：大蔵省印刷局.（縮刷版1981-1985）.
国立国語研究所（1980）『日本言語地図語形索引』，東京：大蔵省印刷局.
小林隆・熊谷康雄（2013）「共通語形の分布と伝播について」熊谷康雄編（2013a）『国立国語研究所共同研究報告12-05 大規模方言データの多角的分析 成果報告書―言語地図と方言談話資料―』，東京：国立国語研究所，129-142.
佐藤亮一（1986）「地域社会の共通語化」飯豊毅一・日野資純・佐藤亮一編『講座方言学 8 方言研究の問題』，東京：国書刊行会，145-178.
沢木幹栄（1988）「『日本言語地図』の語形の数量的性質」『方言研究法の探索』，東京：秀英出版，15-49.
沢木幹栄（2013）「孤例についての諸問題」熊谷康雄編（2013a）『国立国語研究所共同研究報告12-05 大規模方言データの多角的分析 成果報告書―言語地図と方言談話資料―』，東京：国立国語研究所，93-101.
柴田武（1969）『言語地理学の方法』，東京：筑摩書房.
柴田武・徳川宗賢・加藤正信・野元菊雄（1975）「座談会 ことばを地図につくる」『言語生活』284, 2-12.
白沢宏枝（1975）「言語地図とわたし」『言語生活』284, 48-49.
高田誠（1969）「九州・ことばの地理―『日本言語地図』から―」『言語生活』216, 30-38.
竹田晃子（2013）「『日本言語地図』にみる牛の鳴き声のオノマトペ」熊谷康雄編（2013a）『国立国語研究所共同研究報告12-05 大規模方言データの多角的分析 成果報告書―言語地図と方言談話資料―』，東京：国立国語研究所，93-101.
東洋経済新報社編（1985）『国勢調査集大成 人口統計総覧』，東京：東洋経済新報社.
徳川宗賢（1968）「『日本言語地図』をめぐって―本誌70集藤原博士の書評を読む―」『国語学』74, 63-69.
徳川宗賢（1973）「言語地図における孤例」『国立国語研究所論集4 ことばの研究第4集』，東京：秀英出版 133-150.
徳川宗賢（1978）「言語地理学」，柴田武・加藤正信・徳川宗政（編）『日本の言語学第6巻 方言』，東京：大修館，776-785.
徳川宗賢（1993）『方言地理学』，東京：ひつじ書房.
中井精一（2015）「牛の鳴き声の地域差と人々の暮らし」『BIOSTORY』24, 20-23.
藤原与一（1967）「言語地図集の理想を目ざして―国立国語研究所『日本

言語地図 1』に思う」『国語学』70, 93-99.
本堂寛（1980）「現代日本標準語の分布―『日本言語地図』で見て―」佐藤茂教授退官記念論集刊行会（編）『佐藤茂教授退官記念 論集国語学』，東京：桜楓社，479-498.
鑓水兼貴（2013）「言語地図にみる方言変化・共通語化：LAJDB 編」熊谷康雄編（2013a）『国立国語研究所共同研究報告 12-05 大規模方言データの多角的分析 成果報告書―言語地図と方言談話資料―』，東京：国立国語研究所，103-110.
陸地測量部・清水靖夫（1983）『幕末明治日本国勢地図 初版輯製二十万分一図集成』，東京：柏書房.

Kumagai, Yasuo (2013) "Development of a Way to Visualize and Observe Linguistic Similarities on a Linguistic Atlas", *Working Papers from NWAV Asia-Pacific 2*, 1-8. (http://pj.ninjal.ac.jp/socioling/nwavap02/Kumagai-NWAVAP2-2013.pdf)

Kumagai, Yasuo (2016) "Developing Linguistic Atlas of Japan Database and advancing analysis of geographical distributions of dialects." In Marie-Hélène Côté, Remco Knooihuizen & John Nerbonne (eds.), *The future of dialects.* Berlin: Language Science Press, 333-362. DOI:10.17169/langsci.b81.159

付記　『日本言語地図』データベース（LAJDB）の構築には科学研究費研究成果公開促進費（データベース）〔平成 13, 14, 15, 16, 17, 20 年，『日本言語地図』データベース（研究代表者：熊谷康雄）〕の補助を得ました。本稿には，国立国語研究所の共同研究プロジェクト「大規模方言データの多角的分析」（リーダー：熊谷康雄，2010-2012），「消滅危機方言の調査・保存のための総合的研究」（リーダー：木部暢子，2013-2015），「日本の消滅危機言語・方言の記録とドキュメンテーションの作成」（リーダー：木部暢子，2016-），および JSPS 科研費 JP26370555（基盤研究（C）「大規模方言分布データの計量的分析方法の開発」，研究代表者：熊谷康雄，2014-）の成果を含みます。

（くまがい・やすお　国立国語研究所准教授）

The Linguistic Atlas of Japan and Linguistic Atlas of Japan Database
—Developing the LAJDB for Advancing the Multi-Perspective Analysis of the Atlas—

Kumagai, Yasuo

The Linguistic Atlas of Japan (LAJ), published from 1966 to 1974, is the first nationwide Japanese linguistic atlas based on a linguistic geographical survey method. In 1999, we started constructing the Linguistic Atlas of Japan Database, LAJDB. The LAJDB comprises an image database for the original survey materials and coded data corresponding to the published maps. Combining these two components, the LAJDB enables researchers not only to advance the utilization of LAJ but also to trace the classifications done by its editors, to make new maps based on various perspectives, and to reanalyze the previous studies. Making data and analyzing data must go hand in hand for the advancement of scientific studies. In this article, we also discuss how the LAJDB, with the data of other fields, will contribute to elucidate various phenomena related to geographical distribution of dialects and to advance the studies from multiple perspectives.

Keywords: Linguistic Atlas of Japan, database, extra-linguistic factors, language contact, data analysis, phenomenon analysis

方言分布の総合と比較から見る方言の地域差と変化

福嶋秩子

　方言分布の総合を行うことで，単一項目では見えにくい階層的な地域差が明瞭に捉えられる。また，異なる言語地図の方言分布の比較を行うことで経年変化が捉えられる。この総合と比較の方法を組みあわせて階層的な地域差とその変化を追求する事例として，新潟方言の準体助詞の分布と変化の分析を行った。『方言文法全国地図（GAJ）』と「全国方言分布調査（FPJD）」における地点ごとの準体助詞の語形とその使用割合を系統別に分類して地図上に示すことで，新潟方言の準体助詞の分布に基づく地域差を明らかにし，その通時的変化と，ガンからアンを経て-anへと変化した語形の現在の分布が成立した事情について推定した。

キーワード：言語地理学，方言分布の総合，方言分布の比較，階層的地域差，準体助詞，新潟方言

1. 言語地図の作成と総合

　柴田武（1969: 11）は，言語地理学が言語の歴史を明らかにする言語史の方法の一つであるとし，その方法として，まず一定の意味的部分を選び，それを表わす言語形式が地域的にどういう変種があるかを調べ，その地域的変種を地図に記入することによって地理的分布を見つけ出し，それを中心に，その他の手がかりも加えて，地理的変種の時間的変化とその要因を推定するという手順をとるとした。この地域的変種の分布をみるために言語地図を作成する。言語地図作成は手作業で行われるのが常であったが，徳川宗賢・山本武（1968）や荻野綱男（1978）により大型コンピュータを使った言語地図作成が試みられた。その後パソコンを利用した言語地理学の時代となり，初期はSEALを皮切りに様々な専用プログラムが開発されたが，そのうちにFile Maker ProとExcel，Adobe Illustratorなどの市販のアプリケーションソフトを利用するようになり，最近は緯度経度情報を活用するGIS（地理情報システム）ソフトを利用して言語地図が作成されている（福嶋秩子2002・2010, 中井精一編2005）。

　パソコンを利用した言語地図の作成は，パソコンがもつ文字列処理機能とグラフィック機能を活用したもので，美しく正確な地図が簡単に書けるというメリットがあった。一方で，言語データを電子化する手間をかける必要があったが，これは今にして思えば，言語地理学データをデータベースとして作成するということであった。言語地理学作成システムSEALは，開発当初から単一言語項目のデータをもとに地図化する機能のほか，多数の言語地図を総合して地図化する機能を有していた（福嶋秩子1983a）。開音（かつての連母音au）が出雲方言地域ではa:，山陽方言地域ではo:で対応することが知られているが，出雲西南部言語地図において，動詞や形容詞の活用形（「買った」や「広くなる」など）の地図ではa:の分布がほぼ一定であるものの，語彙の地図ではa:の分布が様々であることがわかった。そこで各地点のa:を含む語形の頻度，o:を含む語形の頻度を数え，すべてa:からすべてo:までを100%から-100%までの割合に置き換えて図示することを考えた。それが【図1】・【図2】である（福嶋秩子1983b）。松江と広島を結ぶ街道

筋にあたる調査地域において，出雲方言と非出雲方言の境界が調査当時にまだ生きていたことが語法の総合図で示される一方，この方言境界を越えて出雲側に向かう山陽側からの言語伝播の波の広がりが語彙の総合図で明示的に表わされた。これらの地図により，この地域の方言分布の成立の階層的な複合性が明らかになったということができよう（福嶋秩子 2010: 46）。

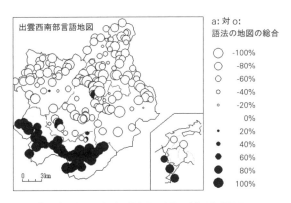

【図1】a: 対 o: 語法の総合図　出雲西南部言語地図より

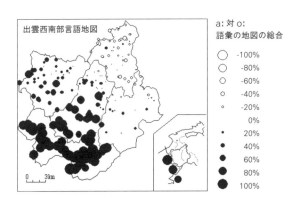

【図2】a: 対 o: 語彙の総合図　出雲西南部言語地図より
（いずれも福嶋秩子 1983b で作成したデータを用いて SEAL で再描画したもの）

　この論考では，このような言語地図の総合により見えてくる地理的分布とはどういうものなのかについてあらためて論じ，また，時を隔てて行われた言語調査のデータにこの総合の方法を適用することでどんな言語変化が捉えられるかについて明らかにしたい。

2. 方言分布の総合

　ある言語地理学調査のデータを元に多数の言語地図を書いてみると，その地理的分布に様々な規則性があることに気づく。その要因には言語内的なものと言語外的なものがあると考えられる（福嶋秩子 2010: 38）。前者は音韻や語法など，体系性がその要因となり類似の分布を示すケースである。【図1】の出雲西南部言語地図の語法の例はまさにこれである。一方，【図2】で示されたように，語彙の地図は地勢的な条件により分布パターンが決まってくることが多いので，後者の例となる。奄美徳之島の言語地理学調査データの分析（柴田武他 1977）において，1章を語彙の分布パターンの記述に，もう1章を音韻分布の記述に費やした。言語変化の中心と目される東岸の徳之島町亀津を中心とする分布パターンとして，①町内にとどまる徳之島町内型，②西北の隣町に広がる天城進出型，③西南の隣町に広がる伊仙進出型，そして小学校の学区と分布が一致する学区型があった。その結果，島の南北に古形，島の東部にやや古い形式が分布することが多いことがわかった【図3】。一方，同種の音韻項目はほぼ完全に一致する分布を見せた。語彙の分布パターンについては言語外的要因が関係するが，音韻分布の類似性については言語内的な要因が主として作用していると考えられた。

【図3】徳之島方言の語彙の分布パターン（柴田武他(1977)を元に福嶋秩子が作成）

語彙であっても，親族名称など小体系をなす場合は，その語の出自と分布パターンに密接な関係があると考えられる場合がある。徳之島方言の親族名称は，自己より上の世代の人や同世代の年上の人に対する呼称について，アジャ（父）・アマ（母）・フーアジャ（祖父）・フーアマ（祖母）などの原徳之島型，シュー（父）・フッシュー（祖父）・ハンシャレ（祖母）・ヤクミー（兄）・キニャシ（おじ）などの伊仙型，ジー（祖父）・アン（祖母）・ミー（兄）・ニャーシ（おじ）などの徳之島・天城型，チャン（父）・オッカン（母）・ボー（兄）などの奄美大島型に分けられ，それぞれ【図4】に示すように分布していた（福嶋秩子1995）。原徳之島型には全島分布を示すものと島の南北に残存的分布を示すものがあり，一番古いと考えられる。伊仙型は沖縄本島から広がってきた上流階級のことばで，徳之島・天城型は伊仙型の形式がくずれて短縮化し広まった形式である。最後に，奄美大島から広がってきたと考えられる新しい形式がある。先に紹介した語彙の分布パターンに準拠しながらも，複数の項目が類似の分布を示すことが解釈の決め手になり，徳之島方言の親族名称の地域差の階層的構造が明らかになった。

　今見てきた手法は，言語地図そのものを総合したというよりも，地図上に描かれたある方言特徴の分布，すなわち方言分布を総合したのである。したがって，本稿では，この手法を「方言分布の総合」と呼ぶこととする。共時的な方言分布に見られる多様性の中に何らかの規則性を見いだし，ある観点から整理していくことが方言分布の総合なのである。単一項目では見えにくい階層的な地域差が方言分布を総合することで明瞭に捉えられる。

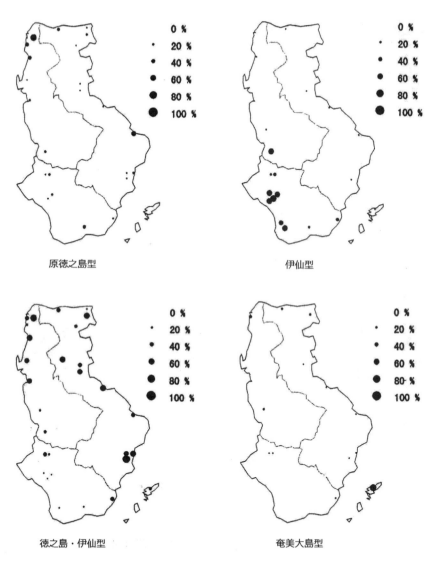

【図4】徳之島における親族名称の階層的地域差（福嶋秩子1995から転載）

3. 方言分布の比較

　大西拓一郎（2016）によれば、1970年代に言語地図集の刊行数が急激に上昇し、その後減少しているものの、方言地理学の論文の生産はむしろ安定しているという。『日本言語地図（LAJ）』以来、様々な研究の蓄積があり、『方言分布全国地図（GAJ）』など電子化された全国方言データの公開も進む中で、時を隔てて行われた言語調査の資料の比較が容易になったこともひとつの要因ではないだろうか。ことに『新日本言語地図（NLJ）』（2016）として結実した「全国方言分布調査（FPJD）」は、先行するLAJやGAJと比較し、方言の経年変化を検証することを目的に行われた。

　LAJやGAJとFPJDとの比較は、同じ高年層の調査データを比較するものであるので、実時間変化を捉えようとするものである。一方、そこに現代の若い世代の調査データを加えると、同時代の高年層との比較になるので、見かけ時間の変化を捉えることになる。実時間変化と見かけ時間の変化を同時に捉えた方言分布の比較の一例として、東西方言の境界地帯に位置する新潟県の方言についての分析結果を紹介する（Fukushima 2016）。

　若い世代のデータとして、1994年から2002年にかけて行った新潟県出身の女子短大生631名の方言アンケートのデータを使用し、中学時代を過ごした平成の大合併前の市町村役場の位置に回答を重ね打ちして言語地図を作成した。この略称をCS（College Students）とする。LAJもしくはGAJから、FPJD、そしてCSへの通時的変化を見るために、GISソフトSISを用い言語地図を作成した（Fukushima 2016より図を転載する）。

　比較可能な項目の通時的変化は以下の二種のパターンに分けられた。一つは方言分布がほとんど変わらないもので、「〈あそこに人が〉いる」「買った」「しない」である（【図5】・【図6】・【図7】）。これらはいずれも西日本方言と東日本方言の対立分布を示す項目であり、東日本方言は共通語と同形もしくはその変化形である。佐渡と越後の一部に西日本方言が分布するが、その西日本分布形のオル、コータ・コーダ、セン・シンのみを地図に示した。3つの調査結果を重ね合わせた結果を見ると、その分布は大きくは変わらない。共通語の影響で西日本方言の東進にブレーキがかかったと考えられる。「い

る」では，LAJ で越後北部にあったオルが FPJD では消えている。なお，「しない」に関しては，西日本方言形の「セン」が CS においてやや分布を広げているように見える。これは東日本方言形としてシナイの他にシネ（ー）があることが影響しているのかもしれない。

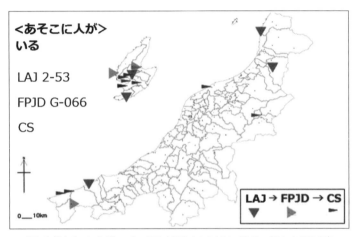

【図5】「〈あそこに人が〉いる」西日本語形オルの LAJ, FPJD, CS における分布

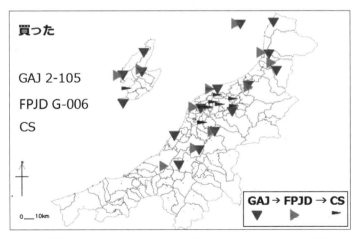

【図6】「買った」西日本語形コータ・コーダの GAJ, FPJD, CS における分布

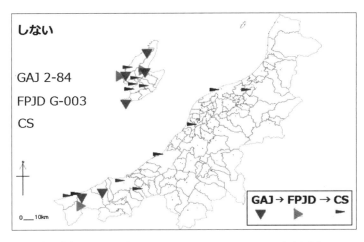

【図7】「しない」西日本語形セン・シンの GAJ, FPJD, CS における分布

　もう一つのパターンとして三つの調査で方言分布が異なる場合がある。「理由の〜カラ」では, GAJ でスケとその変種が広く分布していたが, FPJD では佐渡でシ, 越後でスケの派生形と考えられるッケが出現し, CS では, それぞれが分布を拡大していた(【図8a】・【図8b】・【図8c】)。これは進行中の変化が捉えられたと考えられる。

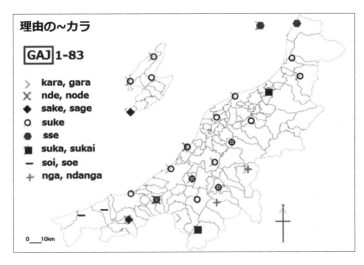

【図8a】「理由の〜カラ」GAJ 1-33（雨が）降っているから

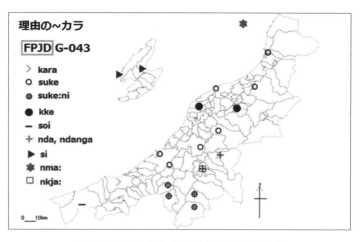

【図8b】「理由の〜カラ」FPJD G-043 降っているから

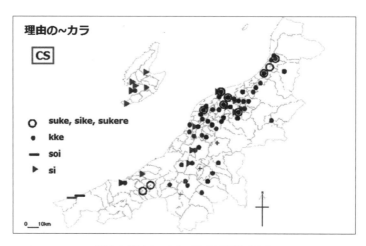

【図8c】「理由の〜カラ」CS 今日は晴れだから

　同様に進行中の変化が捉えられたものとして，(地図は示さないが)「明明後日」と「明明明後日」がある。新潟方言では，LAJ で「明明後日」を表わす語形としてヤナサッテ，ヤネアサッテ，ヤノアサッテがあり，「明明明後日」はシアサッテか語形なしという方言分布を示していた。「明明後日」シアサッテと「明明明後日」ヤノアサッテという LAJ の東京の体系とは矛盾する体系である。そのためか，FPJD では「明明後日」で共通語化が進ん

でシアサッテが増加する一方,「明明明後日」で無答が激増した。さらにCSでは,共通語化がさらに進む一方で,「明明明後日」で,上の世代で「明明後日」の意味で使われていたヤナサッテ,ヤネアサッテという語形が「明明明後日」の意味で使われるようになっていた。CSでの「明明明後日」の意味のずれは,LAJで捉えられた東京でのヤノアサッテの意味のずれと同じ変化であると考えられる。

以上は,異なる言語調査から個別地図を比較し経年変化を見ようとしたものである。

4. 方言分布の総合と比較

4.1 新潟方言の準体助詞の分布と変化

2.で紹介した方言分布の総合の考え方を,時を隔てて行われた言語調査の比較にも適用したい。この研究のきっかけになったのは,FPJDの新潟県調査で不思議な語形にであったことである。G-083「行くだろう」・G-084「行くのだろう」で回答された,越後北東端の関川のイガンダロー・イガンデネーケ,越後東端の津川のイガンデネカネ・イガンベ,越後南部の津南のイガンダベなどとして現れた,イガンという語形である。「行く」は新潟県の多くの地点でイグとなるが,その西日本的否定形のイガンではない。「行くのだろう」「行くのではないか」のように準体助詞が期待されるところに,動詞の子音語幹に -an が後接した形式が現れているのである。他の項目だが,糸魚川にイクガンナイカ,入広瀬にイクガンダトオモーガナーもあることから,これらは{動詞＋準体助詞ガン}の派生形と考えられる。津川の可能表現をたずねた項目で,以下のようにヨマン,キランが回答され,はじめこれはヨマレル・キラレルの変異形かと考えていたが,これも動詞＋準体助詞に由来すると考えることができる（福嶋秩子 2014）。

　　G-074　読むことができる（能力可能）モーヨマンサ［＝ヨムノサ］

G-076　読むことができる（状況可能）ヨム
G-078　着ることができる（能力可能）キランサ［＝キルノサ］
G-079　着ることができる（状況可能）キレル

　なぜイガンが離れた3地点にあるのか，GAJでも同様の分布を示すのかを明らかにしたいと考え，GAJおよびFPJDの原データにもどり，類似項目の地図化を行ったものが【図9】である（福嶋秩子（2017）から図を転載する）。

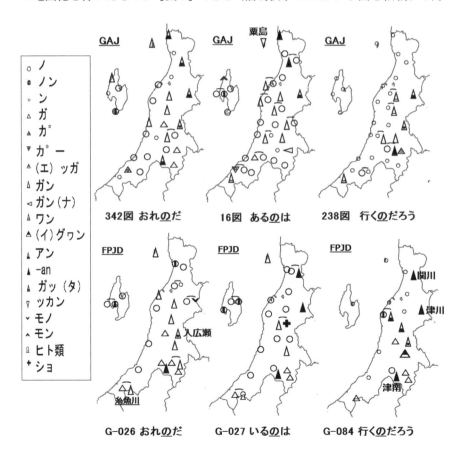

【図9】準体助詞の分布の比較：GAJとFPJD
「おれのだ」，「あるのは」・「いるのは」，「いくのだろう」
（GAJ 342図「私のです（O場面）」：親しい友達に対して「おれのだ」というときの言い方）

「おれのだ」や「いるのは」,「あるのは」のノは準体助詞の代名詞的用法ということができる。一方,「行くのだろう」のノは,彦坂佳宣 (2006) によれば,「ノデ」「ノニ」「ノダ」のような表現の一部として使われるもので,「発展的に機能語形成に参与し,文構造を明示化し論理的表現にあずかる」としているので,機能語形成の用法と呼ぶこととする。

【図9】の6枚の地図を比較すると一枚として同じものがなく,準体助詞の形式は多様な分布を示すことがわかる（比較のため,「おれのだ」の地図はいずれも,連体助詞＋準体助詞と思われる場合は連体助詞を除いて地図化した。例として,オレノガンダであれば,ガンとなる）。GAJ の全国分布では,連体格の助詞（すなわち連体助詞）から発達したノ・ガの他に,地域性の強いト・ナがあり,ノよりもガが古いとされる（彦坂佳宣 2006）が,新潟県には,ガの系統,ガから派生したガンの系統,ノの系統がある。【図9】にあるガンの系統と考えられる形式は,ガンの他にアン,ワン,問題の -an,ガンダから変化したガッ（タ）（入広瀬）,あるいは～ガンから変化した～ッカン（粟島）がある。ガッタと～ッカンは促音化とともに無声化が起きるという共通の特徴があり,後で示す地図では「促音化」としてまとめたい。

大橋勝男 (2002: 220–221) によると,新津市古津で,ガンは「～のもの」や「～こと」という意のものとして体言性を強め,接続助詞ガンニの中に化石的に残る一方,[g] を省略したアンは「～のだ」相当のものとして,しかも「だ」を略された言い方で発達している,とある。また,アンは,前接語末が [e・]（筆者注：狭い e か）[i] の時にヤン,[u] のときにワンと発音されることがあるとのことである。また,GAJ より古い方言資料やほぼ同時代の隣地調査をもとにして準体助詞の全国分布を扱った大野早百合 (1983: 66) は,新潟県長岡市で,「アン」は動詞連体形に続くとき連体形語尾の [u] 音を脱落させて前の子音と結合しミルアン→ミランとなる傾向があることを指摘している。

このことから,ガンからアンが派生し,さらに前接語末が [u] のときはワンあるいは -an へ,[e] や [i] のときはヤンへと変化したのではないかと考えられる。

4.2 準体助詞の総合と比較

　準体助詞を含む言語地図を何枚も書く中で，各地点における準体助詞の形式のレパートリーと各形式の使用傾向が特徴的であることに気づき，その分布を地図上に示したいと考えた。そこで，GAJ および FPJD の文法項目について，新潟県内全地点の元データに目を通して準体助詞の用例をみつけ EXCEL で整理した。FPJD データのうち，筆者が調査した現柏崎市（旧鯖石村）の山室の話者は外住経験が長く不適とされたが，外住地が平成の大合併前の隣町であったので，留意してそのデータをこの分析には利用した。

　新潟方言の準体助詞は，ガン系統，（ガンを除く）ガ系統，ノ系統に大きく分かれることから，それぞれに分けて地図化した。【表1】に示した各形式が使われた頻度が各地点の全用例に占める％を棒グラフで示した。これはGISソフトであるSISが基本的にもっている描画機能である。なお，棒グラフの上もしくは下についている数字は，それぞれの系統の中の語形番号である。グラフが重なり合ってわかりにくい場合に表示した。

【表1】準体助詞の総合：各系統に含まれる語形と語形番号

	GAJ	FPJD
ガン系統	1 ガン，2 アン，3 ワン／ヤン，4 -an，5 促音化 ［ガッタ，ッカン粟島］	1 ガン，2 アン，3 ワン／ヤン，4 -an，5 -a:，6 促音化 ［ガッタ，ッカン粟島］
ガ系統	1 ガ／ガ°，2 ア	1 ガー，2 ガ，3 ア
ノ系統	1 ノン，2 ン，3 ノ	1 ノン，2 ン，3 ノ

　以下の説明で，新潟県の地域を示す場合に，越後側の東から下越，中越，上越，そして佐渡を利用する。GAJ で（【図10a】・【図10b】・【図10c】），ガン系統は佐渡と上越の一部を除く新潟県のほぼ全域に分布し，ガ系統は中越から上越にかけての地域と下越の一部に分布する。ノ系統は全域にかぶさるように分布する。ガン系統では，ガンのみの地点（佐渡），ガンとその派生形が共存する地点（このパターンは下越から中越にかけて分布するが，語形番号1-4のすべてがあるのは上越の糸魚川のみである），派生形のほうが

優勢である地点（北部の山北や関川，東部の津川がそうである）などがある。ガンの多くは代名詞的用法において使われ，派生形は機能語形成の用法を中心に使われているものと思われる。問題の語形 -an（語形番号 4）は，県内5地点に現れているが，割合が高いのは糸魚川と十日町である。ガンダがガッタとなる促音化は，入広瀬で盛んだが，南の六日町にも見られる。ガ系統では，[g] が脱落したア（語形番号 2）が 2 地点で見られる。ノ系統では，佐渡で，語形番号 1 のノンが使われるのが特徴的である。

　FPJD で（【図 11a】・【図 11b】・【図 11c】），大きな分布の様相は変わらないが，佐渡でガン系統がなくなったこと，北部でガの分布が 1 地点となり，アもなくなったこと，ノンが現新潟市の巻でも使われるようになったことなどの変化が見える。ガンは下越を中心に割合が減っているが，全体としてガンの派生形の多様性は保たれているようで興味深い。ガンという明らかに方言形と思われる形式は使われにくくなったが，派生形は機能語形成の用法で生き残っているということであろうか。語形番号 4 の -an は県内 5 地点で使われているが，【図 9】で指摘した津南と関川さらに津川の 3 地点で突出して使用割合が高い。なお，津南に近い松之山と堀之内にある -a:（語形番号 5）は，この -an に後続語形があるとき n が脱落して -a: となったものだろう。ガ系統に入れたガー（語形番号 1）は長岡方言として有名な形式であるが，(-a: と同じように）ガンの n が脱落してできた可能性もある。また，ガッ（タ）という促音形が入広瀬の他に北の五泉と新発田にもあり，GAJ に比べて分布は広がっている。

　新潟方言における準体助詞の歴史を考えると，ノ系統が新しいことは疑いないが，ガン系統とガ系統はどちらが新しいのだろうか。ガン系統はノ系統に分断され，ガ系統はガン系統により分断されているように見える。準体助詞のガの分布は限られているが，ガヤやガネと言った文末詞は県内各地で行われている。これらの文末詞が格助詞ガや準体助詞ガから発展した可能性を考えると（大橋勝男 2002: 222），ガ系統はガン系統よりも古いとひとまず考えておきたい。

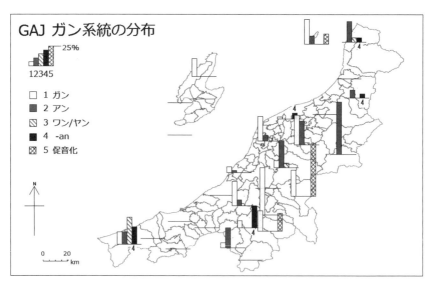

【図10a】GAJの総合　ガン系統の分布

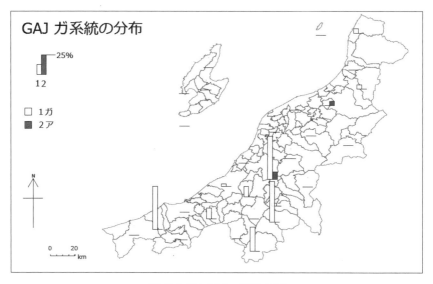

【図10b】GAJの総合　ガ系統の分布

方言分布の総合と比較から見る方言の地域差と変化　069

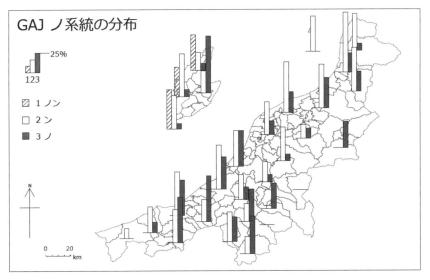

【図10c】GAJの総合　ノ系統の分布

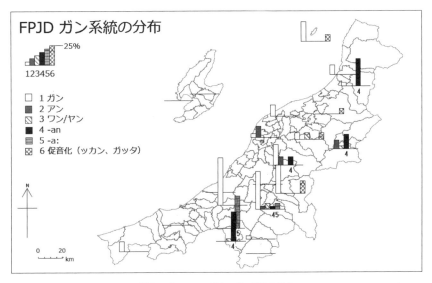

【図11a】FPJDの総合　ガン系統の分布

【図11b】FPJD の総合　ガ系統の分布

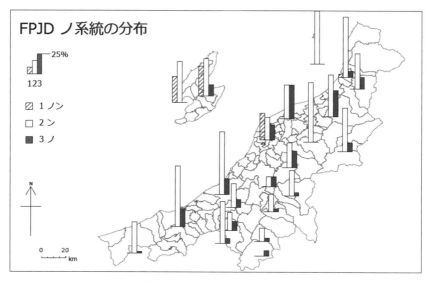

【図11c】FPJD の総合　ノ系統の分布

4.3　準体助詞 -an の分布と変化

4.2 のガン系統の【図 10a】・【図 11a】を見ると，FPJD での -an の分布はばらばらであったが，GAJ での分布も加えるとかつてはもっと広かった可能性があることがわかった。そこで，新潟県の方言資料から -an の用例をさがしてあわせて地図化してみることにした。使用した方言資料は，新潟県内各地の方言調査報告を編集した大橋勝男 (2002)，前掲の大野早百合 (1983)，『全国方言資料』，『日本のふるさとことば集成』である。調査年代ごとにまとめて同じ記号を与えた (【図 12】)。1950 年代調査は『全国方言資料』，1970–80 年代調査は大橋勝男 (2002)，大野早百合 (1983)，『日本のふるさとことば集成』と GAJ 調査，2010 年代調査は FPJD である。【図 12】を見ると，【図 10a】・【図 11a】のガン系統の分布にほぼ重なることがわかった。ただし，新潟市の 1 地点を除き，ほとんどが山間地など周辺部に分布している。-an はかつてはより広い地域で使われていたが，現在は限られた地域でのみ使われるようになったと考えられる。

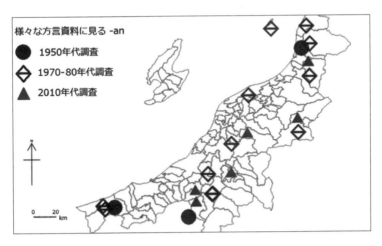

【図 12】様々な方言資料に見る準体助詞 -an の分布

また，『全国方言資料』，『日本のふるさとことば集成』で，話者別に調べると，【図 13】のように，全地点で生年が早い話者でのみ使われていることがわかった。

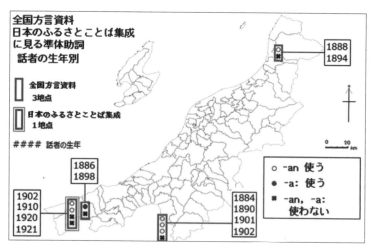

【図13】準体助詞-anの使用と話者の生年：『全国方言資料』と『日本のふるさとことば集成』による

　これらのことから，ガンの機能語形成の用法において，ガンがアンを経て-anとなる変化が進んだが，地域的にも世代的にもだんだん使われなくなったのであろうと考えられる。【図12】の-anのまわりに等語線をひいてみると，1970–80年代から2010年代に向けて狭まったことになる（なお，1950年代調査資料は『全国方言資料』だけであるので，それ以外の地点での存在の有無はわからない）。これは進展の等語線ではなく，退縮の等語線（徳川宗賢1984）であろうと思われる。

5. おわりに

　言語地図を利用して方言分布の総合を行うことで，単一項目では見えにくい階層的な地域差が明瞭に捉えられ，異なる言語地図データから方言分布の比較を行うことで経年変化が捉えられる。この総合と比較の方法をあわせて階層的な地域差とその変化を追求する事例として，新潟方言の準体助詞の分布と変化の分析を行った。欧米の社会言語学で提唱されたorderly heterogeniety（秩序ある異質性）という概念は，等質的でなくばらばらに見える言語事象の中に規則性を見いだそうという考え方のもとで生まれたものであった（Weinreich et al. 1968）。方言分布の総合という方法も同じ発想であり，かつて Weinreich（1954）が提唱した構造方言学の考え方にも通じる方法であろうと考える。この方法による実践を積み重ねるとともに，その理論的整理を行うことを今後の課題としたい。

引用文献　大西拓一郎（2016）「方言地理学の研究動向」『方言の研究』2, 83-97.
　　　　　　大西拓一郎編（2016）『新日本言語地図』，東京：朝倉書店.
　　　　　　大野早百合（1983）「現代方言における連体格助詞と準体助詞〈その一〉」『日本学報』2, 27-66.
　　　　　　大橋勝男（2002）『新潟県方言の記述的研究 第2巻 表現法編』高志書院
　　　　　　荻野綱男（1978）「コンピュータ言語地理学―言語分析の新手法」『言語研究』74, 83-96.
　　　　　　国立国語研究所編（1966-1974）『日本言語地図』，東京：大蔵省印刷局.
　　　　　　国立国語研究所編（1989-2006）『方言文法全国地図』，東京：財務省印刷局.
　　　　　　国立国語研究所編（2003）『全国方言談話データベース 日本のふるさとことば集成（第7巻）群馬・新潟』（国立国語研究所資料集 13-7），東京：国書刊行会.
　　　　　　柴田武（1969）『言語地理学の方法』，東京：筑摩書房.
　　　　　　柴田武・東京大学言語学研究室学生有志（1977）『奄美徳之島のことば―分布から歴史へ―』，東京：秋山書店.
　　　　　　徳川宗賢（1984）「等語線をめぐって」日本方言研究会編『日本の方言区画』，東京：東京堂.（徳川宗賢（1993）『方言地理学の展開』245-265, 東京：ひつじ書房. 再録）
　　　　　　徳川宗賢・山本武（1968）「電子計算機の『言語地図』作成への適用」『HITAC ユーザー研究会第5回大会記念論文集』.（徳川宗賢（1993）『方言地理学の展開』377-389, 東京：ひつじ書房. 再録）
　　　　　　中井精一編（2005）『社会言語学の調査と研究の技法―フィールドワークとデータ整理の基本―』，東京：おうふう.
　　　　　　日本放送協会編（1999）『CD-ROM 版全国方言資料』，東京：NHK 出版.
　　　　　　彦坂佳宣（2006）「準体助詞の全国分布とその成立経緯」『日本語の研究』

2 (4), 61–75.

福嶋秩子（1983a）『パソコンによる言語地理学へのアプローチ SEAL ユーザーズマニュアル』新潟：自家版.

福嶋秩子（1983b）「出雲における開音類の分布とその総合化―パソコンによる言語地理学の一例として―」『東京大学言語学論集』4, 103–110.

福嶋秩子（1995）「徳之島における親族名称」『東京大学言語学論集』14 (1995), 339–357.

福嶋秩子（2002）「方言地図作成の機械化」馬瀬良雄監修『方言地理学の課題』418–431, 東京：明治書院.

福嶋秩子（2010）「分布をどう読むか」上野善道監修『日本語研究の12章』35–47, 東京：明治書院.

福嶋秩子（2014）「新潟方言の推量表現における -an 形について」『ことばとくらし』26, 横 41–50.

福嶋秩子（2017）「準体助詞の分布と変化」大西拓一郎編『空間と時間の中の方言』71–84, 東京：朝倉書店.

Fukushima, Chitsuko. (2016) "Tracing real and apparent time language changes by comparing linguistic maps." In Côté, Marie-Hélène, Remco Knooihuizen and John Nerbonne (eds.) *The future of dialects: Selected papers from Methods in Dialectology XV*, 363–376. Berlin: Language Science Press.

Weinreich, Uriel, William Labov, Marvin Herzog. (1968) "Empirical foundations for a theory of language change." In Lehmann, W. P. and Yakov Malkiel. *Directions for historical linguistics: a symposium*, 97–195. Austin: University of Texas Press.

Weinreich, Uriel. (1954) "Is a structural dialectology possible?" *Word* 10: 388–400.

方言地図データダウンロード先 URL
全国方言分布調査（FPJD）データ
　http://www2.ninjal.ac.jp/hogen/dp/fpjd/fpjd_index.html
方言文法全国地図（GAJ）データ
　http://www2.ninjal.ac.jp/hogen/dp/gaj_all/gaj_all.html

付記　この研究の遂行にあたっては，科学研究費補助金，基盤研究（A）23242024「方言分布変化の詳細解明－変動実態の把握と理論の検証・構築」（研究代表者：大西拓一郎）および科学研究費補助金，基盤研究（C）16K02688「言語地図の比較・総合による言語地理学研究の推進」（研究代表者：福嶋秩子）の支援を受けた。また，国立国語研究所の共同研究「方言の形成過程解明のための全国方言分布調査」の成果を利用した。記して感謝申し上げる。

　　　　　　　　　　　　　　　　　　（ふくしま・ちつこ　新潟県立大学教授）

Regional Variation and Change of Dialects Shown by Integration and Comparison of Dialectal Distributions

Fukushima, Chitsuko

Multi-layered regional variation can be clearly detected by integrating dialectal distributions. Also, changes over the years can be traced by comparing the data from different surveys. Combining these two methods, we can produce a multi-layer model of regional differentiation and its change. The Niigata data from *Grammar Atlas of Japanese Dialects* (GAJ) and the Field-Research Project for Analyzing the Formation Process of Japanese Dialects (FPJD) are examined to make linguistic maps to show what quasi-nominal particles are used at each locality. The historical changes are interpreted, including the emergence of the present distribution of a peculiar form of a verb base + *-an* which has developed from *gan*.

Keywords: linguistic geography, integration of dialectal distributions, comparison of dialectal distributions, multi-layered regional variation, quasi-nominal particles, Niigata dialects

談話からみた挨拶の定型性
──「おはよう」の地域差をめぐって──

小林隆

　挨拶の地域差についての研究は，挨拶言葉を要素的に取り上げるだけでなく，談話資料を使い，会話の展開を全体として観察することが有効である。挨拶の定型性は談話レベルでも確認され，そこには地域的な違いも認められる。まず，発話対で見ると，「おはよう」に対して「おはよう」と応じる鸚鵡返しの定型パターンは日本の周辺部には少ない。特に，応じる側の発話に「はい，おはよう」の「はい」のような返事を伴わない完全な反復は西日本に顕著である。次に，挨拶会話の展開を観察すると，西日本では「おはよう」以外の部分のやりとりにも決まり文句や鸚鵡返しの連鎖が認められる。西日本は東日本に比べて定型性の強い挨拶を交わすだけでなく，定型句や反復を基調に，挨拶の全体をパターン化しようする傾向が強い。すなわち，要素的な定型化にとどまる東日本に対して，西日本では構造的な定型化を志向するという発想法の違いが浮かび上がった。

キーワード：挨拶,「おはよう」, 談話, 定型性, 発想法, 地域差

1. 挨拶研究の新たな視点

1.1 挨拶と定型性

　日本語には，いかに型にはまった言い方をするかという点で一定の地域差が存在する。いわゆる定型性の問題である。定型性は言語のさまざまな面に観察されるが，それが典型的に現れるのが挨拶である。挨拶とは決まり文句であり，定型性の象徴ともいえる。したがって，これまでの挨拶研究においては，定型性ということが重要なテーマとなってきた。ここでも，挨拶を対象に，定型性の地域差について考えていきたい。

　挨拶における定型性の地域差は，三井はるみ (2006) が示す【図1】の「朝の出会いの挨拶」の分布に端的に現れている（原図は『方言文法全国地図』第6集349図）。これを見ると，定型表現としての「オハヨーゴザイマス類」（以下，単に「オハヨー類」と呼ぶ）が広く全国に行き渡っている中で，東北と九州・琉球を中心に，「ハヤイネ類」「イーテンキダ類」「ドコエイクカ類」「デカケルカ類」「オキタカ類」といった非定型的な表現が回答されているのがわかる。特に，「ハヤイネ類」は「オハヨー類」とその他の類の橋渡し的な位置に分布するように見える。

　これらの状況は，三井が述べるように，非定型から定型への流れを反映するものであろう。すなわち，【図2】のように，最初，実質的な意味を持つさまざまな表現が行われていたものが，しだいに「ハヤイネ類」が単一で選択されるようになり，その「ハヤイネ類」をもとに，朝の出会い場面の専用形式「オハヨー類」が成立したと推定される。「ハヤイネ類」から「オハヨー類」が作り上げられていく様子は，中西太郎 (2008) が文献調査によって実証しており，その点からもこの過程は妥当性が高い。すなわち，【図1】に見る形式の広がりは，【図2】に示すような変遷が地理的分布の上に投影された姿と考えられる。

談話からみた挨拶の定型性　079

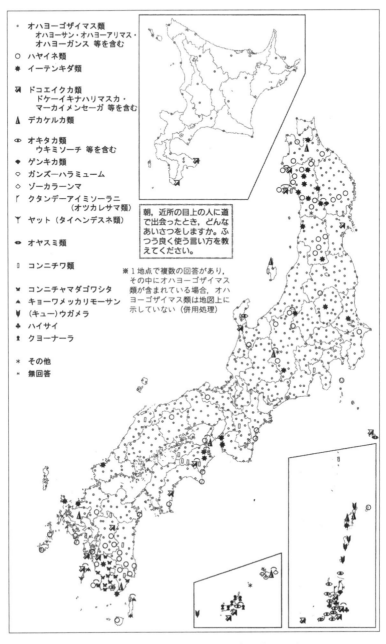

【図1】朝の出会いの挨拶（三井はるみ（2006）による）

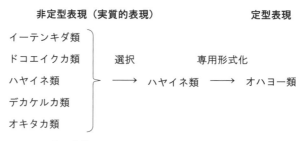

【図2】「朝の出会いの挨拶」における定型化の過程

1.2 談話論的視点の導入

　ところで、このような研究は挨拶に用いられる言語形式を問題にしたものであり、挨拶言葉の研究と言ってよい。しかし、実際の挨拶は一定の行動とともに行われ、会話の流れの中で実現されている。その点で挨拶は、要素的・語彙的に扱うだけでなく、言語行動研究や談話研究の対象としてとらえるのも興味深い。沖裕子（1993）や中西太郎（2015）はそのような方向性を意識した研究と考えられる。

　ここでは、これらの研究動向に従い、談話資料を使って挨拶の定型性を観察・分析してみたい。対象とするのはやはり朝の挨拶である。これまで話題に上ることの多かった「おはよう」という挨拶について、談話論の視点から眺めると新たにどんなことが見えてくるのか、というのが本論の興味である。

　ここで、挨拶を談話論的に見ることの有効性について確認しておきたい。それについては、次の2点を挙げることができよう。

　　① より現実に近い挨拶表現を把握できる。
　　② 挨拶を会話の流れの中で観察できる。

　①の点は、質問調査によって得られた言語形式は、それ自体は話者の意識に基づくものであり、現実の場面で発せられたものではないということが前提にある。つまり、実際に口にされる表現が、意識的な表現と微妙に異なる可能性が考えられる。特に、挨拶のような規範性の強い表現の場合、いきおい標準的な言い方が答えられてしまうことが起こり得る。また、挨拶言葉に

焦点が当たりすぎる結果，それに付随する要素が回答から削ぎ落されてしまう恐れもある。

　例えば，実際は「早いな」と言っているにもかかわらず，質問調査では「おはよう」を使うと答えてしまうとか，あるいは，普段は「佐藤さん，おはよう」のように呼びかけを伴うのに，質問されると「おはよう」の部分のみを回答してしまう，などといった可能性が考えられる。こうした問題に対しては，実際の会話を観察することで，より現実に近い挨拶表現を把握することができる。挨拶を談話の中でとらえる利点の一つはこういったところにある。

　②の点は，挨拶は単発的な発話のみで終了するものではないということと関わる。質問調査でとらえられる挨拶表現は，一般に話しかける側の立場に立って回答される。「朝，道で出会ったときに，どんなふうに挨拶をするか」といった質問は，普通，話者が自分から相手に声をかける場合を想定している。挨拶の双方向性，すなわち，相手から声をかけられたら何と返すか，といった視点はここでは抜け落ちている。しかし，実際には，「おはよう」と声をかけられたら無言ではおらず，例えば「おはよう」「やあ」などと何か言葉を返すのが普通であろう。こうした挨拶の双方向性は，話者と相手の対話を一組みとして観察することで，初めて明らかになるものである。

　また，挨拶のやりとりは一対の発話だけで終わるとは限らない。続けて，話者が「今日はいい天気だね」などと気候に触れるかもしれないし，それに対して相手が「ほんとにね」と応じるかもしれない。本題に入る前のそうした一連のやりとりを視野に含めることで，挨拶の連鎖をとらえることができる。このような挨拶の展開のしかたにも地域差が認められる可能性があるだろう。挨拶を談話論的に見ることの有効性は，そうした可能性を追求できる点にもある。

2. 資料と方法

　全国的な範囲をカバーし，しかも，朝の挨拶の場面を収録する談話資料としては，『全国方言資料』がほぼ唯一のものである。この資料は日本放送協会の編になるもので，収録は 1952 ～ 1968 年，全国 141 地点の高年層話者の会話を収めている。伝統的な方言の地域差を観察するのに適した資料であり，ここではこれを使用する。

　ただし，『全国方言資料』における朝の挨拶の場面は「朝，ひとの家をたずねたとき」と指定されたものである。同じ朝の挨拶といっても，「道で出会ったとき」という設定の『方言文法全国地図』とは異なる。この点は，両者の比較を行うときに気をつけなければいけない。もっとも，あとで述べるように，結果として 2 つの資料から浮かび上がる地域差には類似の傾向がうかがえる。異なるのは，『全国方言資料』の方には訪問の挨拶にあたる表現も出現しやすいという点だが，これは「朝，ひとの家をたずねたとき」という設定に起因すると理解できる。

　さて，考察に入る前に，会話のどの範囲を朝の挨拶と認めるか決めておかなければいけない。ここでは朝の挨拶を談話論的な視点から分析していくので，少し広めの範囲を対象としたい。具体例を見てみよう。大阪府大阪市の会話を挙げる（原資料の共通語訳は原則として省略するが，わかりにくい場合のみ（）に入れて示した。また，共通語訳の句読点を方言文に移して施した。さらに，発話者 f・m のあとに発話番号を加えた。なお，あいづちは分析対象でないため削除した。出典の 4：208・209 は『全国方言資料』第 4 巻 208・209 ページであることを示す）。

(1)　f1　ゴメンヤシテ　オクレヤス。
　　　m1　アー　オコシヤス。
　　　f2　オハヨーサンデ　ゴザリマス。
　　　m2　オハヨー　ゴザイマス。
　　　f3　コンニチワ　ケッコーナ　オテンキサンデ　ゴワンナ。
　　　m3　エライ　ヨロシー　オテンキデ。

f4　アンサン　エライ　ハヨー　オヒナリヤシテンナー（お起き
　　　　　なさったんですね）。
　　　m4　エー，イマ　ヤットー　ゴハン　スマシタ　トコデ。
　　　f5　マダ　オヤスミカト　オモテ　ヤシタ。アノ　コナイダ　モ
　　　　　ーシテ　マシタナ，アノ　カオミシェ（顔見世芝居に）　オコ
　　　　　シヤッカ。（以下省略）　　　　　　　　　　　(4: 208・209)

　まず，f1・m1 で訪問の挨拶が交わされている。次いで，f2・m2 で「お はよう」の交換があり，f3・m3 で天気の確認，さらに f4・m4 で起床に関 するやりとりがなされている。f5 は 1 文目が起床の確認の続きであるが，2 文目から顔見世芝居への参加を問うという本題に入っていく。

　これらの中で，最も朝の挨拶らしい部分は「おはよう」と発言する f2・ m2 の部分である。しかし，ここでは，その部分のみを取り上げるのではな く，冒頭から本題に入るまでの部分をすべて観察の対象とする。用件に至る より前の会話は，本題を持ち出すためのいわばウォーミングアップであり， その役割は本題に備えて相手との良好な人間関係を確認することにあると言 える。その点では，本題に入る前のやりとり全体を広い意味での「挨拶」と みなすことが可能である。挨拶を談話論的に見るという趣旨からすれば，そ うした広義の挨拶を視野に入れる必要があるだろう。

3. 朝の訪問の挨拶の地域差

3.1 挨拶を構成する要素の種類

　まず，朝の訪問の挨拶を全体的に見渡してみよう。上に記したとおり，会 話が本題に入る前の部分を対象とし，そこに現れる機能的な要素の種類（椎 名渉子・小林隆（2017）の「発話意図」に対応）を観察する。上で例とした 大阪市の会話であれば，「訪問の挨拶」「朝の挨拶（おはよう）」「天気の確 認」「起床の確認」という要素が盛り込まれていると考える。

『全国方言資料』の全地点についてこのような視点で眺めると，大きく次の2種類の要素を拾うことができる。

　Aグループ：朝の時間帯に関係が深い要素
　Bグループ：訪問一般に関する要素

このうち，朝の挨拶ということではAグループが中心となる。Bグループは特に朝の時間帯に限定されたものではないが，Aグループと合わせて朝の訪問の挨拶を構成している。これらのA・Bグループにどのような要素が含まれるか，以下に掲げる。（）内に例を載せたが，一部を除いて共通語（漢字・平仮名書き）に直して示した。

　Aグループ：朝の時間帯に関係が深い要素
　　朝の挨拶（＝「おはよう」類：オハヨー・オハヨーゴザイマス・オハヨーゴザンス・オハヨーゴワス・オハヨーサンデス，など）
　　行動の早さの確認（早いな，早く来たな，早く起きたな，など）
　　起床の確認（起きたか，起きているか，起きたな，休んだか，など）
　　食事の確認（済ませたか）
　　天気の確認（よい天気だな，よい日和だな，はっきりしないな，晴れたな，よく降るな，降りそうだな，暑いな，寒いな，など）
　　再会の確認（コンニチワマダゴザシタ（今日はまだ〈お会いしていません〉でした），キューガミンソーラー（今日は拝み候），など）

　Bグループ：訪問一般に関する要素
　　訪問の挨拶（ゴメンクダサイ・ゴメンナサイ・ゴメンヤシテオクレヤス，コンニチワ，ハエットッ（入るぞ），チャービラ（参ります），など）
　　呼びかけ（オバサン，アニサーン，サドバー（サトばあさん），トクジサン（徳治さん），コゴノショー（ここの衆），など）
　　存在の確認（いるか，いたか，おるか，など）
　　状況の確認（何をしているか，何をする予定か，どこへ行くか，孫の子守か，など）

安否の確認（元気だったか，変わりはないか，いかがか，など）
　　日頃の感謝（毎度ありがとう，この間はありがとう，など）
　　無沙汰の詫び（ご無沙汰している，失礼している，など）
　　招き入れ（お寄りなさい，上りなさい，入って休みなさい，など）

　このうち，Aグループに入れた「再会の確認」は，三井はるみ（2006: 82）の指摘により，朝の時間帯に特化した要素と判断しておく。

3.2 挨拶を構成する要素の分布

　これらの要素を地図にしてみる。まず，Aグループについて見ていく。Bグループは，のちほど挨拶全体の展開を考える際に取り上げる。
　【図3】がAグループを地図化したものである。記号は【図1】「朝の出会いの挨拶」に揃えてある。
　まず，定型表現の「おはよう」類が全国に展開しているのがわかる。しかし，東北北部と九州南部・琉球にはほとんど分布がない。中部の内陸部や伊豆諸島，隠岐，壱岐・対馬などの島嶼部にも見られない。概して日本列島の周辺地域に行き渡っていない状況が読み取れる。こうした「おはよう」類の分布は【図1】と似ているが，それよりはやや劣勢であると言える。
　これに対して，非定型表現にあたる「行動の早さの確認」「起床の確認」「天気の確認」の3つの分布は【図1】より厚く現れている。この点と「おはよう」類の弱さを合わせて考えると，定型化の過程は共通であっても，その進度は，「訪問場面」の方が「出会い場面」より遅れているように思われる。
　「行動の早さの確認」「起床の確認」「天気の確認」の3つの関係について見ると，まず，「おはよう」類の前身と目される「行動の早さの確認（「早いな」の類）」の分布は近畿や九州に比重がある。この分布から新古を判断するのは難しいが，【図2】の定型化の過程を覆すような反証は見当たらない。一方，「起床の確認」と「天気の確認」とでは，「起床の確認」が周辺部に目立ち，「天気の確認」を取り囲んでいるように見える。このことは，非定型表現（実質的表現）にも盛衰の歴史があり，「起床の確認」から「天気の確認」へという流れがあったことを想像させる。

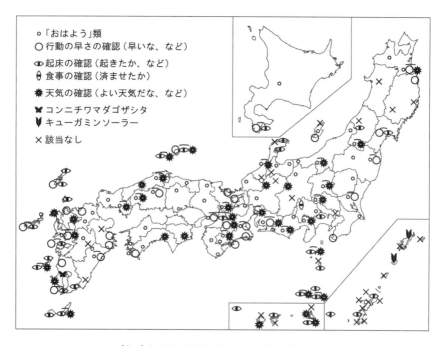

【図3】朝の訪問の挨拶—朝の時間帯に関係が深い要素

　ところで,【図1】の秋田に見られた「イーテンキダ類(＝天気の確認)」は【図3】の秋田には現れていない。東北に多い「ハヤイネ類(＝行動の早さの確認)」も【図1】より【図3】の出方が弱い。同じ朝の挨拶といっても,道での出会いと訪問の場面とでは状況が異なることがわかる。

　そもそも東北は【図3】で見る限り,該当する表現がない地点(×印)が4地点も存在する。ただし,これらの地点は無言であるわけでなく,同地点のBグループの状況を確認すると,「訪問の挨拶」(具体的にはゴメンナシェンシェ,コンニチワ,ハエットッ)や「存在の確認」(エタロカ)が行われていることがわかる。中部や九州,琉球など東北以外の×印の地点も,やはり「訪問の挨拶」と「存在の確認」が出現しており,ほかに「呼びかけ」も現れている。「存在の確認」にせよ「呼びかけ」にせよ,「訪問の挨拶」と同様に訪問一般に用いられる要素であることからすれば,これらの地域では朝という時間帯に特化した訪問の挨拶がなく,汎用的な表現が使用されてい

ることになる。これは、そうした未分化な状態が、朝に特有な表現が成立する以前に存在したことをうかがわせる。

4. 挨拶の重層性と定型性

あらためて【図3】を見てみよう。そこには上部をアークで囲われた記号が目立つことに気付く。これらは一連の挨拶の中に複数の要素が用いられているケースである。これは、挨拶が単発の要素で終了するのではなく、複数の要素が重なり合って実現されていることを意味する。これを挨拶の重層性と呼んでおこう。こうした重層性は【図1】からはとらえることが難しいが、中西太郎（2015）によれば、朝の出会いの挨拶においても観察される現象である。

さて、【図3】にはさまざまな組み合わせが見られるが、どのパターンが多いか数えてみよう（3併用以上は分解して数えた）。

「おはよう」＋「天気の確認」	16地点
「おはよう」＋「行動の早さの確認」	11地点
「起床の確認」＋「天気の確認」	9地点
「起床の確認」＋「行動の早さの確認」	7地点
「行動の早さの確認」＋「天気の確認」	6地点
「おはよう」＋「起床の確認」	1地点

「おはよう」と「天気の確認」の組み合わせが特に多く、「おはよう」と「行動の早さの確認」がそれに次ぐ。非定型表現（実質的表現）同士の組み合わせより、「おはよう」と非定型表現の組み合わせの方が目立つ結果である。このことは、語彙的には定型化が進み、定型表現の「おはよう」が獲得されたあとでも、談話的に見ると、非定型表現が会話の中に残る場合のあることを意味する。

ここで，上記のBグループ「訪問一般に関する要素」も併せて考えてみよう。全体の要素の種類が多くなるので，次のように大きくまとめて扱うことにする。まず，Aグループ「朝の時間帯に関係が深い要素」の中を定型表現と非定型表現とに，すなわち，「おはよう」類とそれ以外の要素（「行動の早さの確認」「起床の確認」「食事の確認」「天気の確認」「再会の確認」）とに分ける。一方，Bグループ「訪問一般に関する要素」は分割せず一括して扱う。結果として次のような分類になる。

　　A. 朝に関する要素
　　　A-1.「おはよう」（定型表現）　→〈朝・おはよう〉と略称する。
　　　A-2. 非定型表現　　　　　　　→〈朝・非定型〉と略称する。
　　B. 訪問に関する要素　　　　　　→〈訪問〉と略称する。

　この分類に従って各地点の要素の組み合わせを見ると，【表1】のように6つのパターンが抽出される（下線付き数字および反転数字は訪問に関する要素を含むパターン，丸数字は「おはよう」を含むパターンである）。

【表1】朝の訪問の挨拶における要素の組み合わせ

要素＼パターン	<u>1</u>	<u>2</u>	3	❹	❺	⑥	⑦
〈訪問〉	○	○		○	○		
〈朝・非定型〉		○	○	○		○	
〈朝・おはよう〉				○	○	○	○

　地図上で分布を確認する前に，【表1】の○の配置をもとに理論的に変化の過程を組み立ててみよう。3.2節の末尾に述べたように，もともと朝という時間帯専用の挨拶は行われておらず，汎用的な訪問の挨拶だけがなされていたと考える。【表1】で〈訪問〉のみに○が付くパターン<u>1</u>の状態である。これをスタートに位置づける。一方，最終的には朝専用の定型形式のみを用いる状態，すなわち，〈朝・おはよう〉のみに○が付くパターン⑦に到達す

ると考える。そこが定型化のゴールと仮定する。これは【表1】の左側から右側へと変化が進むことを想定することになる。

　もう少し詳しく述べてみる。まず，パターン1に朝の時間帯を意識した非定型な表現が加わり，パターン2が生まれたと考える。その後，〈訪問〉の要素を落とすことでパターン3が成立した。一方，パターン2をもとに，〈訪問〉も〈朝・非定型〉も保持したまま定型表現の〈朝・おはよう〉を獲得したのがパターン❹である。この状態が最も要素の種類が多い。その後，パターン❹から〈朝・非定型〉を排除し〈朝・おはよう〉のみを残そうという変化が起きたのがパターン❺である。あるいは，パターン❺はパターン2をもとに，〈朝・非定型〉を〈朝・おはよう〉に取り換えることで成立したということも考えられる。ここまでは，パターン3を除き，〈訪問〉の要素は保持してきたが，この要素を捨て去ったのがパターン⑥である。このパターンは，パターン❹からの変化（〈訪問〉を脱落させる）やパターン2からの変化（〈訪問〉を脱落させると同時に〈朝・おはよう〉を追加）と考えられるが，すでに〈訪問〉を失っていたパターン3からの変化（〈朝・おはよう〉を追加する）の可能性もある。そして，最終的に定型表現のみからなるパターン⑦が成立するが，その道筋としては，パターン⑥からの〈朝・非定型〉の脱落のほか，パターン❺からの〈訪問〉の脱落，パターン3からの〈朝・非定型〉と〈朝・おはよう〉の交替といった過程が想定される。

　それでは分布を見てみよう。【表1】の6つのパターンの分布状況を地図に描いたのが【図4】である。上で推定した変化は，地理的に各パターンが近接して分布することで確認できる。すなわち，パターン1とパターン2，パターン2とパターン3，パターン2とパターン❹，パターン2・パターン❹とパターン❺，といったように，上の推定に沿って分布の近接性を点検していくと，例外はあるものの，ほぼそのような配置になっていることがわかる。

　以上の考察をもとに地域の特徴を検討してみよう。まず，最も古い段階を示すパターン1が東北，中部，九州・琉球と三辺境分布を成している。これをスタートとして変化が進むことになるが，その方向性は東日本と西日本とで異なっていたように見える。

東日本：大まかに見て，東北北部と中部・伊豆諸島にパターン1・2があり，それに抱かれるように南東北・関東・東海にパターン⑥・⑦が分布する。変化のスタート段階とゴール段階が共存するが，中間段階のパターン❹・❺はあまり見られない。パターン3をつなぎとし，パターン1・2からパターン⑥・⑦へと一気に変化が起こったのかもしれない。パターン❹・❺の特徴は，〈朝・おはよう〉を獲得し定型化を進める一方で，〈訪問〉の要素も残すという重層性を合わせ持つ点である。そこがパターン⑥・⑦と異なる。関東を中心に起こった変化は，そうした定型性と重層性を持つ複雑な挨拶を避け，訪問の挨拶を単純に朝の定型的な挨拶に取り換える方向を志向したものと考えられる。

西日本：東日本ほどのまとまりはないが，パターン⑥・⑦は九州・琉球を除く各地に分布する。朝の定型表現のみを目指す変化は西日本でも起こっていたことは確かである（九州・琉球はその変化が遅れている）。ただし，西日本で注目すべきは，パターン❹・❺が多く見られる点である。パターン❹・❺は，パターン1をスタートに，パターン⑦をゴールに設定する考え方では中間段階にすぎない。しかし，定型化が最も進んでいると予想される日本の中央部にも存在することは，このパターンが過渡的なものではなく，あえてそこにとどまることが意図されたものではないかと思われる。すなわち，「おはよう」のみで済ませる単純な定型化を目指す東日本とは異なり，西日本では訪問に関する要素を維持したままで「おはよう」を取り入れた。それら複数の挨拶を重ね用いるやり方が西日本方言にとっての一つのゴールであり，そこから先の単純化に向かう変化はかならずしも好まれなかった。このような定型性と重層性の両方を具備する方式こそ，西日本が志向する挨拶の発想法であったと考えられる。

それでは，西日本で「おはよう」を取り入れながらも重層的な挨拶が志向されるのはなぜだろうか。この点について中西太郎（2015: 97）は，小林隆・澤村美幸（2014）の論を基に，西日本に見られる演出化傾向が背景にあると

指摘する。つまり、西日本では会話を創作しようという発想が強く、それが挨拶の要素を重層化していると考える。沖裕子（1993）の言う「積極的話題化」もこれに関わる。ただし、それだけではなさそうである。挨拶の重層化にはむしろ配慮性の要因が重要と思われる。一般に長く複雑な挨拶ほど丁寧と感じられる。この点を考慮すると、相手への配慮を十分に示し合うことが挨拶の重層性を生み出したのではないかと考えられる。配慮性を言葉の上に追求する傾向が西日本に顕著なことは小林隆・澤村美幸（2014）で論じたとおりである。そうした発想法が挨拶の重層化にも働いたと理解できる。

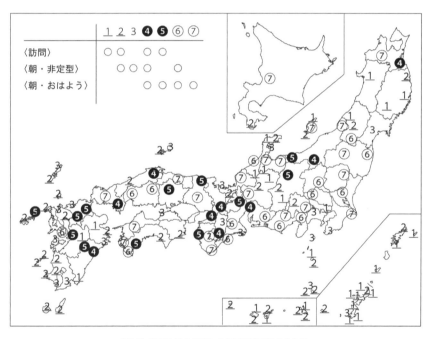

【図4】朝の訪問の挨拶における要素の組み合わせ

5. 挨拶の反復性

5.1 鸚鵡返しの「おはよう」

　挨拶は先に話しかける側の発話のみでは終わらない。話しかけられた側がそれに答える発話を行うのが普通である。定型化した挨拶であれば、「おはよう」に対して「おはよう」と答える。談話として挨拶を見た場合、こうした「おはよう」を繰り返す反復性は定型性を測る重要な指標となる。

　次に、このような発話対としての定型性の地域差について見てみたい。ここでは、特に、「おはよう」とその前身にあたる「早いな」に注目し、訪問する側と訪問を受ける側の表現をペアで観察する。

　まず、具体的な会話を見てみよう。先に挙げた（1）の大阪市の会話では、f2の「オハヨーサンデ　ゴザリマス」に対してm2が「オハヨー　ゴザイマス」と返している。次の（2）の兵庫県神崎郡神崎町の例や、（3）の山口県美禰郡秋芳町の例も同様である。

```
（2）m1　オハヨー。
　　 f1　オハヨ。　　　　　　　　　　　　　　　　　　（4:288）
（3）m1　オハヨー　ゴヤース。
　　 f1　オハヨー　ゴダェーマス。　　　　　　　　　　（5:245）
```

　こうした「おはよう」を反復する鸚鵡返しの挨拶が、談話的に見た場合の定型化の完成型と考えられる。しかし、各地の会話を見渡すと、実際にはそのようなパターンばかりとは限らない。例えば、（4）の三重県一志郡美杉村の会話は、「おはよう」に対して「早いな」と返している。

```
（4）m1　オハヨー。
　　 f1　ハヤイナ。　　　　　　　　　　　　　　　　　（4:43）
```

　（5）の青森県三戸郡五戸町の会話は、一応、「おはよう」の反復は見られるが、受け手の側が「おはよう」に続けて「早かったな」と発言しており、

完全な鸚鵡返しになっていない。

(5) 　f1　オハヨーゴザイマス。
　　　m1　ハイ，オハヨーゴアス。ハヤカッタネシ　オネーヤ（あなた
　　　　　は）。　　　　　　　　　　　　　　　　　　　　　　(1:66)

また，(6) の山梨県北都留郡上野原町の例のように，「おはよう」に対して返事のみで答えるケースも認められる。

(6) 　f1　オハヨーゴザンス。
　　　m1　アーイ。　　　　　　　　　　　　　　　　　　　　(2:459)

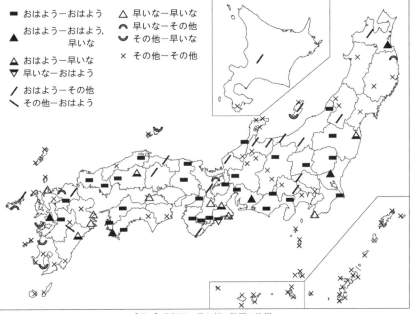

【図5】発話対で見た朝の訪問の挨拶

これらのパターンの地理的分布を確認してみよう。【図5】は訪問する側の表現と，訪問を受ける側の表現を組み合わせて示したものである（左が訪

問する側,右が訪問を受ける側)。特に「おはよう」と「早いな」に注目するので,それ以外の表現(「起きたか」「ごめんください」「○○さん」などと,それらに対する返事)は「その他」としてまとめた。

この地図を見ると,「おはよう－早いな」や「おはよう－その他」など,片方にのみにしか「おはよう」が使われない地点があり,かならずしも全国的に「おはよう－おはよう」の組み合わせが普及しているわけではないことがわかる。そうした不揃いな挨拶は各地に見られるが,特に東北や九州といった日本の周辺部にその傾向が強い。また,それらよりも,「早いな」と「その他」の組み合わせがより周辺的な様相を呈し,さらにその外側に「その他」同士の組み合わせが三辺境分布を形成しながら広がっている。これは分布の外側から内側に向けて変化が進んだことを意味するものであろう。すなわち,最初「その他」同士の組み合わせであったのが,途中,「早いな」との交替を行いつつ,最終的に「おはよう」同士の組み合わせに至る過程が地図上に映し出されている。

5.2 返事を伴う「おはよう」

「おはよう」と言えば「おはよう」と応じる。前節では,この反復性が挨拶の定型化が進む中で志向されてきたことを見た。ところで,「おはよう」と答える側の表現を子細に観察すると,そこには単に「おはよう」ではなく,「はい,おはよう」のように返事を伴うものが見られる。まず返事をした上で「おはよう」と発言するパターンである。

これは先に示した例にも現れていた。(5) の青森県三戸郡五戸町の発話では,「オハヨーゴザイマス」に対して,「ハイ　オハヨーゴアス」と応じている。また,次の (7) の長野県更級郡大岡村の会話や (8) の静岡県吉原市の会話でもそうした現象が観察される。

(7) m1　オハヨー　ゴワス。
　　　f1　<u>ハイ</u>,オハヨー　ゴワス。　　　　　　　　　　(2:567)
(8) m1　オハヨーガス。
　　　f1　<u>エー</u>,オハヨー。　　　　　　　　　　　　　　(3:365)

こうした返事を伴う「おはよう」は，「おはよう」の反復性にとっては不完全な状態とみなされる。定型的な「おはよう－おはよう」の組み合わせに対して，まだ，余分な要素が残っている段階と考えられる。

このように，「おはよう」に返事を伴う表現の分布を確認するために作成したのが【図6】である。「おはよう－おはよう」は返事を伴わないペア，「おはよう－はい，おはよう」は返事を伴うペアである。さらに，この地図には関連する組み合わせの分布も描いた。「その他」は「起きたか」「ごめん

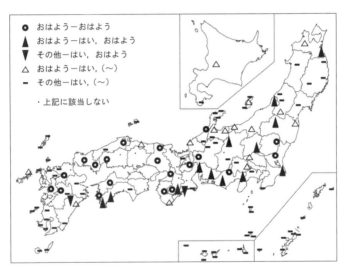

【図6】返事を伴う「おはよう」

ください」「○○さん」などであり，「はい，（〜）」は「はい」単独と，そのあとに「起きた」「早いな」等の表現が続くものをまとめて示した。

これを見ると，「おはよう－おはよう」の組み合わせが多いのは明らかに西日本であることがわかる。東日本は返事を伴う「おはよう－はい，おはよう」が目立ち，その傾向は西日本の周辺部にも認められる。それ以外の組み合わせはさらに日本の周辺地域に位置する。ここから次のような推定が成り立つ。すなわち，最初，「起きたか」のような実質的な表現に対して「はい」や「はい，起きた」のような返事をするやりとりがなされていた。そこへ定型表現の「おはよう」が入り込んだが，前の段階の「はい」と返事をする習

慣は残り,「おはよう」に対しても「はい,おはよう」と答えるパターンが生じた。その後,「はい」は脱落し,完全な「おはよう−おはよう」のやりとりが成立した。

　定型的な挨拶の特徴として,その表現が記号的でありそれ自体は意味のないことが挙げられる。談話的に見た場合も同様であり,実質的な意味を持つ会話のやりとりは定型的な挨拶とは言い難い。「はい」という返事はこの実質的な会話の一つの要素であり,それを残すことは挨拶の定型性が十分獲得されていないことを意味する。その点で,不完全な定型性を見せる東日本と,完全な定型性を示す西日本の違いは注目される。

5.3 談話展開と反復性

　「おはよう」の反復は定型的な挨拶の一つの象徴である。それでは,こうした反復性は,挨拶の談話展開のどの部分にまで及ぶのだろうか。4節で挨拶の重層性ということを指摘したが,それと反復性との関係について最後に見ておきたい。

　まず,和歌山県日高郡竜神村の会話を見てみよう。

(9) 　m1　オハヨゴザンスー。
　　　f1　オハヨゴダイマス。
　　　m2　マイド　オーキニ　アリガトサンヨ。
　　　f2　マイド　オーキニ　ドーモ。　　　　　　　　　　　(4:382)

　第2発話対にまでみごとな反復性が認められる。このような挨拶の反復が連続するパターンは先の(1)の大阪市の会話にも見える。一部を省略し,(10)として再掲する。

(10) 　f1　ゴメンヤシテ　オクレヤス。
　　　m1　アー　オコシヤス。
　　　f2　オハヨーサンデ　ゴザリマス。
　　　m2　オハヨー　ゴザイマス。

f3　コンニチワ　ケッコーナ　オテンキサンデ　ゴワンナ。
　　m3　エライ　ヨロシー　オテンキデ。
　　f4　アンサン　エライ　ハヨー　オヒナリヤシテンナー。
　　m4　エー，イマ　ヤットー　ゴハン　スマシタ　トコデ。
(4: 208・209)

　この会話では，f2とm2，f3とm3で反復が見られる。後者は単純な反復ではなく，「ケッコーナ」を「エライ　ヨロシー」に言い換える工夫がなされている。f1とm1はいわゆる反復ではないが，訪問の挨拶としての定型句による対話である。そういった性格はf4とm5の起床についてのやりとりにも認められる。複数の要素を連ねる重層的な挨拶でありながら，その展開はきわめてパターン化されている。
　また，次の奈良県吉野郡下北山村の会話も，f1に返事が含まれ，f2に招き入れの発話が連続する点，完全な鸚鵡返しではないものの，「おはよう」と「暑そうだ」の反復が観察される。

（11）m1　オハヨーサン。
　　　f1　ハーイ，オハヨーゴザンス。
　　　m2　キョーモ　ドーモ　アツソーナノー。
　　　f2　ハ　ノー　アツソーナノー。マ　スズンデ　タモレヤ。
(8: 242)

　さらに，次の島根県那賀郡雲城村の会話は，「おはよう」が使用されていないものの反復性は顕著であり，m1とf1の決まり文句による訪問の挨拶も含めて全体にパターン化された様子を見せる。

（12）m1　マタ　キマシタ。
　　　f1　ハイ，オイデンサイマシタ。
　　　m2　マイダ　アリガトー　ゴザイマシタ。
　　　f2　アリガトー　ゴザイマシタッ。

```
    m3  タイヘン　エー　テンキデ　ゴザイスガナ。
    f3  エー　オテンキニ　ナリマシテ。                    (5 : 89)
```

　以上のように反復性を備え，パターン化された挨拶の展開は，近畿を中心に西日本に多く見られる。反復が複数回繰り返される展開をもつ地点を挙げると，上で紹介したほかに，京都府京都市，奈良県山辺郡都祁村，島根県大原郡大東町，山口県都濃郡都濃町，熊本県熊本市，長崎県南高来郡有家町といった西日本諸地域が挙げられる。東日本では，静岡県掛川市と青森県三戸郡五戸町が該当するが，後者の五戸町の場合，次の(**13**)の例のように，m1では「おはよう」に「はい」や「早かったな」の類が共起し，m2では「今日は天気がよい」という反復部分が理由節になって複文へと展開してしまっている。こうした不完全なものを除くと，反復性の強い挨拶はますます西日本に偏ることになる。

```
(13) f1  オハヨーゴザイマス。
    m1  ハイ，オハヨーゴアス。ハヤカッタネシ　オネーヤ（あなたは）。
    f2  ハー，キョワ　テンキァ　イクテ　ヨカシネシ。
    m2  ンー，キョワ　テンキァ　イェーオンタシケ　ムギ　ホスベ
        ード　オモッテラ。ナニ　ヤルトコダェ，オメダチャ。
                                                    (1 : 66)
```

　先に述べたように，挨拶の重層性は西日本に強い傾向がある。ここでの考察から浮かび上がるのは，そうした重層的な挨拶の全体にわたり，反復を基調とする構造的なパターン化が認められるという点である。

　挨拶の重層化の要因に配慮性の追求があることはすでに指摘した。しかし，さまざまな要素を織り込んだ長く複雑な挨拶は，一方で本題へのスムーズな進入を妨げる。そうした問題を回避し，配慮性と効率性の両方を同時に満たすためには，決まり文句を交換し，鸚鵡返しの反復を行うことが便利だったはずである。言葉は費やすが，パターン化された表現の連続で効率よく相手への配慮を示す。西日本の挨拶に見られる重層性と定型性の関係は，そのよ

うに理解するのが妥当であろう。

6. まとめ

　定型性の地域差について，朝の訪問の挨拶を例に見てきた。本論を閉じるにあたり，ここで明らかにしたことを簡単にまとめてみよう。

　① 談話論的視点の必要性
　　挨拶の地域差についての研究は，挨拶言葉を要素的に取り上げるだけでなく，談話資料を使い，会話の展開を全体として観察することが有効である。挨拶の定型性は談話レベルでも確認され，そこには地域的な違いも認められる。
　② 反復による定型性の追求
　　発話対で挨拶を観察すると，「おはよう」に対して「おはよう」と応じる鸚鵡返しのパターンが見られる。そのような定型性の強い反復は日本の周辺部には見当たらない。また，応じる側が「はい，おはよう」と返事を伴う場合があり，そうした余分な要素を伴う不完全な反復は西日本には少なく，東日本に片寄る。
　③ 重層性を維持した定型化
　　定型表現「おはよう」を導入する際，東日本では訪問の要素を排除しようとしたが，西日本では訪問の要素を保持したまま「おはよう」を取り入れようとした。「おはよう」のみを採用することで単純な定型化を目指す東日本と，挨拶の重層性を保ちながら定型化を果たそうとする西日本との違いである。
　④ 会話全体としての定型性
　　挨拶会話の展開を観察すると，西日本では「おはよう」以外の部分のやりとりにも決まり文句や鸚鵡返しの連鎖が認められる。定型句や反復を基調に，重層的な挨拶の全体をパターン化しようというの

が西日本的な定型化の発想法と考えらえる。

　これらの指摘に照らして，定型性の地域差というテーマに一応の答えを出すならば，なによりもまず東日本と西日本の違いが浮き彫りになったと言える。だが，それは単に西日本が東日本に比べて定型性の強い挨拶を交わすというだけではない。質的な面で言えば，要素的な定型化にとどまる東日本に対して，西日本では構造的な定型化を志向するという違いも見えてきた。
　以上のような結論はさらに掘り下げて考えるべきであるが，おそらく他の挨拶にも当てはまるものであろう。また挨拶のみでなく，一般的な会話にも適用できる点がありそうだというのが今後の見通しである。

引用文献　　沖裕子（1993）「談話からみた東の方言／西の方言」『月刊言語』22 (9), 44-51.
　　　　　　　小林隆・澤村美幸（2014）『ものの言いかた西東』，東京：岩波書店.
　　　　　　　椎名渉子・小林隆（2017）「談話の方言学」小林隆・川﨑めぐみ・澤村美幸・椎名渉子・中西太郎『方言学の未来をひらく』207-337, 東京：ひつじ書房.
　　　　　　　中西太郎（2008）「あいさつ言葉の定型化をめぐって―「おはよう」を事例とした定型化の検証―」『国語学研究』47, 82-96.
　　　　　　　中西太郎（2015）「言語行動の地理的・社会的研究―言語行動学的研究としてのあいさつ表現研究を例として―」『方言の研究』1, 77-101.
　　　　　　　日本放送協会編（1999）『全国方言資料（CD-ROM版）』全12巻, 東京：日本放送出版協会.
　　　　　　　三井はるみ（2006）「おはようございます，こんばんは」『月刊言語』35 (12), 80-83.

（こばやし・たかし　東北大学大学院教授）

Formality of Greetings Seen From Discourse
—Regional Differences of 'Ohayo'—

Kobayashi, Takashi

Research on regional differences of greetings is effective not only by elementally addressing greeting words but also by using discourse materials and observing the development of conversation as a whole. The formality of greetings is also confirmed at the discourse level, where regional differences are also recognized. First of all, when looking at a pair of utterances, there are few fixed pattern of repetition corresponding to "ohayo" for "ohayo" in the periphery of Japan. In particular, perfect repetition without reply like "Hai, ohayo" to the responding utterance is prominent in western Japan. Next, observing the development of the greeting conversation, in West Japan there is also a chain of cliches and repetition also in the exchange of parts other than "ohayo". West Japan has strong tendency not only to exchange greetings with a strong formality but also to pattern the whole greeting based on regular phrases and repetitions compared with East Japan. In other words, in East Japan, which is limited to elemental stereotypes, the emergence of the ideological law that emphasizes structural formalization in western Japan emerged.

Keywords: greeting, "ohayo", discourse, formality, idea method, regional differences

首都圏若年層の言語に
地域差をもたらすもの

三井はるみ・鑓水兼貴

　首都圏若年層のことばは，目立った地域差がなく，全域同じようなことばであり，むしろ個人差や場面差が大きいと意識されている。しかし，いかに人や情報の移動や流通が盛んであるとは言っても，個人の日常的な移動・接触の範囲は限定的であり，主として話し言葉で用いられる非標準形には，人的接触により地理的に伝播する状況が残されていると考えられる。

　このような見通しのもと，筆者らは，携帯電話を利用した言語調査システムを開発し，2011年から2016年にかけて，首都圏の大学生を対象に，非標準形を中心とした言語使用・言語意識に関するアンケート調査を行った。その結果，明瞭な地域差のある項目が見出され，また複数の項目に共通して，東京23区内を東西に分ける境界線が存在することが明らかになった。本稿ではその中から代表的な4語を取り上げ，特に東京都区内の状況に着目して地域差の形成過程を検討した。またそれに基づいて，23区内の境界線の性格について，地域の社会状況と日常的な人的移動の観点から説明を試みた。

キーワード：東京23区，非標準形，地域差の形成過程，言語境界の形成モデル，高密度多人数調査，アンケート

1. はじめに

　本稿は，首都圏若年層の使用する非標準的な語形の分布調査の結果から，明瞭な地域差の見られた項目を取り上げ，特に東京 23 区内に着目して，現代の首都圏に生じる新しい言語的地域差の背景について考察することを目的とする。

　以下 2. 節で，首都圏，特に東京 23 区内の言語的地域差を分析するための前提として，東京 23 区という地域の特性について概観する。次に 3. 節で，首都圏若年層の言語の地域差を取り上げる意義と，調査法，今回の調査の概要について述べる。4. 節で語ごとの分布と地域差の形成過程について検討し，5. 節で言語境界の形成モデルを提案する。最後に 6. 節で今後の課題に触れる。

2. 東京 23 区という地域

2.1 東京都心部の中心性

　「首都圏」は，東京を中心とする都市圏である。行政用語としては様々な定義があるが，「言語圏としての首都圏」に関しては，田中ゆかり (2010: 6) に「通勤・通学圏に代表される日常的な言語接触が生じうる範囲」という提案がある。具体的には，東京駅から約 70 キロ圏，ほぼ，東京都，神奈川県，埼玉県，千葉県の 1 都 3 県と重なる地域とされており，本稿もこの定義に従う。鉄道網に大きく依存した日常的な人の移動範囲は，現代の東京都市圏形成の大きな要因であり，言語分布の上からも妥当性がある。

　東京都心部は非常に強い人口求心力を持っている。2010 年の国勢調査では，東京 23 区への通勤・通学による流入人口は 314 万人で，隣接する 4 地域（埼玉県，千葉県，神奈川県，東京都多摩地域）で 95.6%を占めている（総務省 2014: 250=【図 1】）。さらに東京 23 区内の昼夜間人口比率を見ると，周辺部の区も 100%未満であり，中心部に流入していることがわかる（総務

省統計局 2012: 15=【図2】)。このように首都圏における人々の移動先は,東京中心部の狭い地域に集中している。千代田区・中央区・港区の都心3区と,新宿区・渋谷区を併せた都心5区が特に高い。鉄道で言えば,これに文京区と豊島区を加え,中央区を除いたエリアが,ほぼJR山手線と重なる。

首都圏の交通網は都心部から放射状に伸びており,周辺地域に居住する人々は,通勤や通学だけでなく,買物や遊びでも都心部に出かける。このような,主として鉄道網による東京都心部への一極集中の日常的な人口移動が,言語の地域差や伝播にどのような影響を及ぼすかは今日的な課題である[1]。

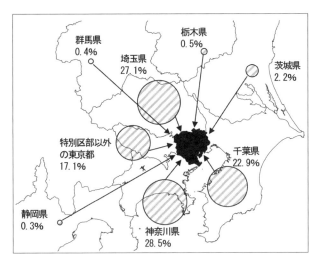

【図1】常住地別15歳以上流入人口の割合—東京都特別区部(2010年)(総務省 2014)

2.2 東京23区内の地域区分

東京23区内部の地域区分としてよく知られているのは,「山の手」と「下町」の二分である。しかし,この区分は地理的には非常にあいまいであり,内実,地域ともに時代による変化が大きい(三井はるみ 2004)。山の手,下町という地域概念が該当する範囲は,終戦頃までは,1932年までの東京市15区(江戸期の「御府内」)の内ととらえられていた。現在の区で言えば,千代田区,中央区,港区,文京区,台東区と,新宿区,墨田区,江東区のそれぞれ一部である(秋永一枝編 2007: 4)。【図2】から,これらの多くが現在では

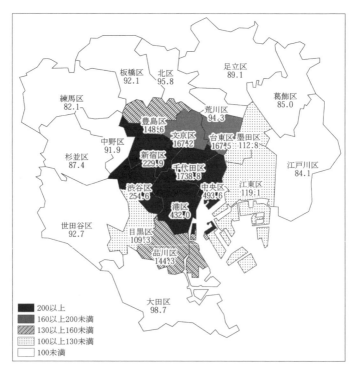

【図2】東京都特別区部昼夜間人口比率（2010年）（総務省統計局 2012）

昼夜間人口比率の高い業務集積地となっていることがわかる。都心3区は人口が激減し、地域社会の基盤維持が困難になるところも見られたが（菅野峰明他編 2009: 93）、2000年以降人口増に転じている。

戦後は、地域の変容とともに山の手、下町いずれも範囲が拡大し、現在では、世田谷区など23区西端までを山の手、葛飾区など東端までを下町と称することがある程度定着している（秋永一枝編 2007: 32）。同時に山の手、下町の地域概念も、それぞれの歴史に根ざした生活文化を含意したものから、学歴、職業、年収といった社会指標に現れる住民の社会階層の違いとして捉えられるものに変容した（荻野綱男 1983）。

3. 首都圏若年層の言語の地域差

3.1 首都圏若年層の言語の地域差を探ること

　首都圏若年層のことばは，一般的には，新現象を先取りし変化を主導し発信するものと考えられている。「その土地に生まれ育った人の日常のことば」，すなわち方言という面はあまり注目されることがない。この地域のことばは，もともと共通語との違いが小さいことに加え，共通語化が早く徹底的に進んだ（例えば，東京都教育委員会 1986）。その結果現在の若年層のことばには，目立った俚言も地域差もなく，全域同じようなことばであって，むしろ個人差や場面差が大きい，と意識されている。

　しかし，ことばの地域差が生まれる原理的背景を考えると，いかに人や情報の移動や流通が盛んであるとは言っても，一人一人の個人の日常的な移動・接触の範囲は限定的なのであり，特に，主として話し言葉で用いられる非標準形が人的接触により伝播する状況は残されていると考えられる。実際，高度経済成長期後の1980年代には，「東京新方言」の存在が指摘されている（井上史雄 1985a，1994 他）。

3.2 首都圏若年層調査の方法

　地域差を明確に捉えるためには，言語地理学的調査による分布の面的な把握が必要である。首都圏は移住者が多く，言語地理学でいう NORMs (non-mobile, old, rural, men) が地域の代表となりにくい。現在では移住2・3世の比率が上昇し，首都圏を生育地とする人は増加している（小泉 2015: 5）。しかし，成人以降に首都圏内を含め生育地から離れる人が多く，同じ地域に長期間居住するネイティブ話者は得にくい。さらに人口密度が非常に高いため，広範囲の地域をネイティブ話者1人で代表させようとしても，個人差による誤差が大きい。

　首都圏における詳細な地理差を把握するためには，多人数で地点密度の高い調査を実施する必要がある。このため筆者らは，大学生を対象としたアンケート調査によって多人数で高密度の言語地図を作成することにした。

　生育地は，市区町村単位では地点密度が低くなるため，町丁目単位でたず

ねた（○丁目の数字はたずねていない）。これにより東京 23 区は最大 935 地点の言語地図が作成できる。1 平方キロあたり 1.5 地点に相当する[2]。

大学生は，言語形成期を終えて言語的安定度も高く，移住していても短期間であり，大半は高校までの生育地のネイティブ話者とみなすことができる[3]。また大学生は高校までに比べて通学範囲が広い。以上から，複数の大学の授業内で調査することにより，適度に生育地が分散したネイティブ話者のデータを，効率的に取得できると考えた。

しかし，授業内の調査には回答意欲の低下と授業を妨げるという問題が残る。これらを解決するには，調査結果が短時間のうちに学生にフィードバックされることや，可能であれば授業でも活用されることが望ましい。このため筆者（鑓水）は，携帯電話のメール機能を利用して，アンケートの回答から，データの集計，言語地図の出力までをリアルタイムで行う，「RMS (Real-time Mobile Survey) システム」を開発した（鑓水 2011・2013, Yarimizu et.2012）[4]。

3.3 調査の概要

RMS システムを利用した調査は，2011 年の実験開始以降，現在（2017 年）まで断続的に実施している。統一の質問表を用いた 2012 〜 2013 年度の調査以外は，調査ごとに質問項目が変化している[5]。一部調査では質問紙による調査を実施したのち，RMS システムのデータベースに統合している。本稿における分析対象は，2016 年 7 月時点までに蓄積されたデータである。調査概要を以下に示す。

  目的 首都圏若年層の言語的地域差の把握
  内容 非標準形を中心とした言語事象の使用と意識
  方法 教室における集合アンケート調査
  期間 2011 年 6 月〜 2016 年 7 月
  調査対象 首都圏に立地する 15 大学の在学生
  回答者数 2,806 名（調査項目「カタス」の回答者数。項目によって人数が異なるため，ここでは最も多い項目を示した。）

3.4 首都圏若年層に見られる地域差のパターン

　調査の結果，地域差の読み取れない項目も多かったが，いくつかの項目で明瞭な地域差が認められた[6]。首都圏の中でほぼ東京23区南西部と多摩地域にのみ分布する「バナナムシ」(ツマグロオオヨコバイ)，首都圏を北東部と南西部に二分する「ズルコミ」と「ヨコハイリ」が代表的な項目である。いずれも，東京23区の中の北東部(下町地域)と南西部(山の手地域)の間に境界が存在する。また「カタス」(片づける)は，首都圏全域でよく使われているが南西部は北東部に比べて使用率が低い。23区北東部と南西部が異なる分布傾向を示す語は他にも見られ[7]，このパターンが，首都圏若年層の言語的地域差の主要なタイプであることがうかがわれる。また，比較的最近使われるようになったか，分布域に変化のあった語形であることから，この地域差は近年新たに発生したものと考えられる。

　そこで次節では，この「23区北東部対南西部」分布パターンの形成の過程について，上記4語形を取り上げて具体的に検討する。この4語形を取り上げるのは，地域差が明瞭であること，調査地点数が十分に多く，23区内の微細な地域差の観察にもある程度耐えられること，最近の分布域の変化をたどることのできる先行調査の蓄積があること，による。検討の手がかりとしては，共時的分布からの推定，先行調査と比較した分布域の変化，語形に対する言語意識(使用頻度・通用範囲・改まり)の地域差，を利用する。

　なお地域差に言及する際，東京23区を仮に，北東部(台東，墨田，江東，豊島，北，荒川，板橋，練馬，足立，葛飾，江戸川の11区)と南西部(千代田，中央，港，新宿，文京，品川，目黒，大田，世田谷，渋谷，中野，杉並の12区)の二つのエリアに分け，回答率によって地域間の違いを示す。各語に即した分布域については5.節で述べる。

4. 地域差の検討

4.1 バナナムシ：東京西部で発生，伝播

【図3】は，草むらなどに生息している黄色い1cmくらいの虫「ツマグロオオヨコバイ」を「バナナムシ」と言うかどうかの地図である。「言う」（●）は，東京23区西部から多摩地域，および，それと接する埼玉，神奈川県に存在し，はっきりとした東京中心の分布を示す。既刊の方言集には記載がなく，「現代の東京方言」と言える。23区内では，南西部で「言う」が71.3％（72/101人）だが，北東部では「聞かない」が55.6％（90/162人）と明確な違いがある。埼玉県，神奈川県へは鉄道沿いに伝播している様子が見られる。

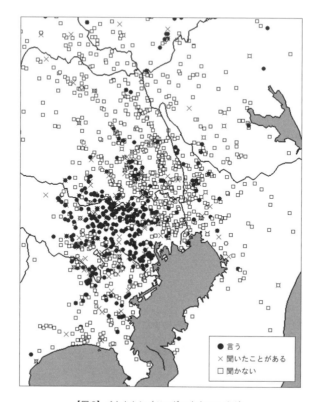

【図3】バナナムシ（ツマグロオオヨコバイ）

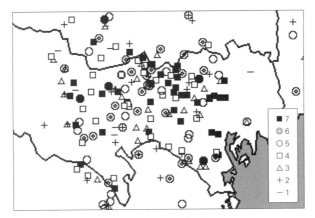

【図4】 バナナムシの適用範囲

　【図4】は,【図3】で「バナナムシ」を「言う」とした回答者の一部に,そのことばがどの範囲に通じると思うかを7段階（1.身の回りだけ通じる～7.誰にでも通じる）で評価してもらった結果である。全体に4以上が多いが,特に23区北西部の練馬区とその近辺には,6・7が多く,広い範囲に通じると意識されていることがわかる。逆に南部の太田区から多摩市にかけては,1～3が目立ち,相対的に通用範囲が狭く意識されている。

　「バナナムシ」は最近30年ほどの間に普及したと見られるが,早く使われはじめた地域では,浸透して常に通じるため,「気づかれにくい方言」の状態である一方,比較的新しく使われ始めた地域では,通じない経験が生じやすく,通用範囲が限定的であると感じることにつながると見られる。このように,通用範囲に関する言語意識から見て,「バナナムシ」という語形は,練馬区近辺で発生し,現在の分布域まで広がったと考えられる。

4.2　ヨコハイリ：南（神奈川県）側から流入・拡大

　【図5】は,並んでいる列などへの「割り込み」という意味の「ヨコハイリ」の地図である。「言う」（●）は,東京23区南西部・多摩地域と神奈川県,および群馬県等の首都圏外周部に広がっている。23区内では,南西部で「言う」が80％（52/62人）であるのに対し,北東部では24.1％（28/116人）とはっきりとした違いがある。

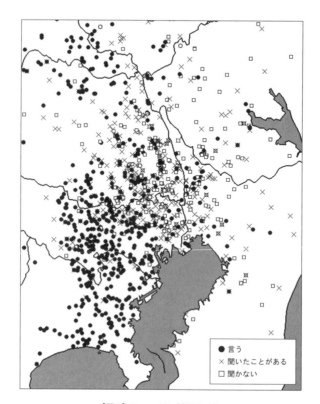

【図5】ヨコハイリ（割り込み）

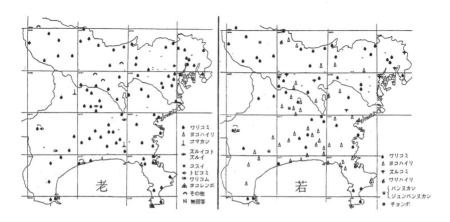

【図6】割り込み 1982-1984 調査（井上編 1988:52 表示改変）

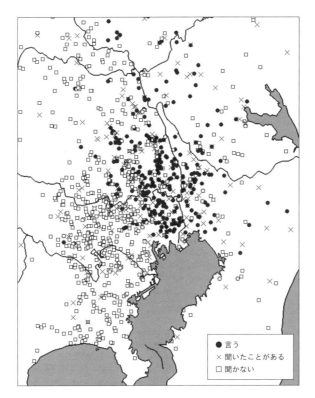

【図7】ズルコミ（割り込み）

「ヨコハイリ」は，東海地方で先行して使用され（井上史雄1991: 115，井上史雄1997: 111），神奈川県に流入したことが知られている。1982〜1984年の神奈川県と東京都での調査（井上史雄編1988＝【図6】）では，高年層はほとんど「ヨコハイリ」を使わないのに対し，若年層では神奈川県全域で優勢になり，東京でも23区西部から多摩東部に散見されていた。今回は，神奈川県での使用率がさらに上がり，東京都内の使用地域が格段に広がっている。1980年代前半の時点では，神奈川県と東京都の県境付近にあった分布域の境界が，30年後には東京23区内にまで北上したことになる。なお，現在の23区北東部では，「ヨコハイリ」を言わない人でも，「聞いたことがある」が46.6％（54/116人）と，「聞かない」の28.4％（33/116人）を大幅に上回っている。連続する埼玉県南東部と千葉県北西部も同様の傾向であり，今後これら

の地域に「ヨコハイリ」の使用が広がっていく素地が整っているといえよう。

4.3 ズルコミ：東京東部で発生・伝播

東京23区北東部・埼玉県南東部には，「ヨコハイリ」があまり浸透していない地域がある。この地域には，【図7】に示すように同じ意味の別の非標準形「ズルコミ」が使用されている。「ヨコハイリ」と「ズルコミ」はほぼ相補分布をなしている。【図6】では，高年層は「ズルコミ」を使わないのに対し，若年層では東京都で6地点（23区東部3地点，多摩南部3地点），神奈川県で1地点に使用が見られる。また，1993～1996年に全国の中学校で調査した井上史雄（1997）の学校別データから，首都圏の中学校の回答状況を「ヨコハイリ」とともに示すと，【表1】のとおりである[8]。

【表1】井上（1997）データによる「ヨコハイリ」「ズルコミ」使用率

親平均生年：1951年 子平均生年：1980年		ヨコハイリ		ズルコミ	
		親（%）	子（%）	親（%）	子（%）
埼玉県	浦和市	17	35	25	68
	秩父市	0	0	0	0
千葉県	千葉市	6	15	0	52
	松尾町	7	26	7	32
東京都	江戸川区	30	7	30	69
	世田谷区	22	74	11	4
	日の出町	5	8	3	10
神奈川県	横浜市南区	75	71	0	0
	葉山町	35	47	0	3

注　使用率の数字の大きさを文字の大きさで示した。0～25%，26～50%，51～100%の3段階。

子世代（中学生）は，浦和市，千葉市，江戸川区で「ズルコミ」が，世田谷区，横浜市で「ヨコハイリ」がそれぞれ過半数を占める点など，今回の分布調査の結果とほぼ一致する。一方親世代では，江戸川区に「ズルコミ」が比較的多く，この語が23区東部から埼玉県，千葉県方向へ伝播したことが推測

できる[9]。また「ヨコハイリ」は横浜市ですでに圧倒的に多く，東京に先行していたことが改めて確認される。さらに注目されるのは，江戸川区でも「ヨコハイリ」が「ズルコミ」と同程度使用されている点である。逆に「ズルコミ」は世田谷区にも見られ，これらの語が東京で使用され始めた初期には，現在のような地域的な偏りなく，広がりかけていたことがうかがわれる。この後，23区北東部では「ズルコミ」，南西部では「ヨコハイリ」が勢力を得て，今回の調査結果に見るような棲み分けの状態が生じた。これらの語の23区内の分布境界は，最近30年ほどの間に形成された比較的新しいものである。

なお現在の23区南西部では，「ズルコミ」を言わない人は，「聞かない」が62.5%（40/64人）と，「聞いたことがある」の21.9%（14/64人）を大幅に上回っている。「ヨコハイリ」と異なり，「ズルコミ」は不使用地域に受容されていく兆しが見られない。使用地域においても，「言う」と「聞いたことがある」が混在しており，この点も「ヨコハイリ」と異なる。「ズルイ」という明らかなマイナス評価語を含む「ズルコミ」には俗語的語感があり，文体的に中立な構成要素のみから成る「ヨコハイリ」に比べて使用されにくい場合があることが考えられる[10]。

このことに関し，「ヨコハイリ」「ズルコミ」を「言う」とした回答者の一部に，そのことばがどのくらい改まっているかを7段階（1. くだけた言い方〜7. 改まった言い方）で評価してもらった。その結果，関東地方の回答者全体で，「ヨコハイリ」は平均3.63（668人），「ズルコミ」は2.52（321人）となり，「ヨコハイリ」はほぼ中立，「ズルコミ」はマイナスに傾いていることが確認された。

4.4 カタス：東京東部から再普及

【図8】は，「片付ける」という意味の「カタス」の分布図である。ほぼ全域に「言う」が広がっている。ただし，首都圏北東部に比べて南西部（東京23区南西部，多摩地域，神奈川県）には「聞いたことがある」もやや目立つ。東京23区では，北東部では13.3%（26/196人）であるのに対し，南西部は27.0%（30/111人）である。

「カタス」は，1980年代前半に一旦衰退しかかったが，その後再度勢力を

強めたものと見られる。1980年代の調査では，地域差について，首都圏北東部で多く使用され，首都圏南西部では使用率が低いことが報告されている（河崎裕子・井上史雄 1983: 203 =【図9】，井上史雄・荻野綱男 1984: 385，井上史雄 1985b: 52）。また，高年層に比べて若年層では使用が減少し，衰退傾向にあった（井上史雄・荻野綱男 1984: 112-113・385，東京都教育委員会 1986: 266-267，井上史雄編 1988: 53）。ただし衰退傾向は，もともと使用率の低かった首都圏南西部で顕著であり，使用率の高かった北東部では比較的安定して維持されていたことが，いずれの調査結果からも看取される。

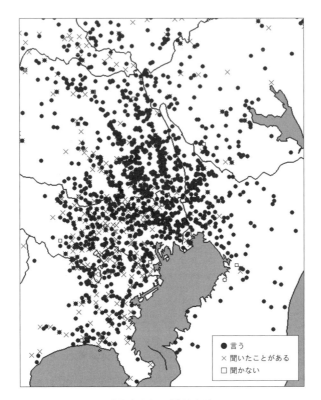

【図8】カタス（片付ける）

今回の調査では，30年前の衰退の方向はまったくうかがわれない。30年前の地域差の傾向を残してはいるものの，全域で使用が増加している。特に

神奈川県の増加は著しい（「言う」が 65.3%（160/245 人））。「カタス」は，1980 年代後半以降，もともと勢力が強かった首都圏北東部で盛り返すとともに，いったん衰退しかけた 23 区南西部，多摩地域に再普及し，さらに，それまでほとんど使用されていなかった神奈川県にも広がったと考えられる。「カタス」の再普及は，1990 年代の千葉県松戸市の調査でその兆しが現れていた（早野慎吾 1996: 61-66）。今回その傾向が，首都圏全域に広がっていることが確認された。

　【図10】は，【図8】で「カタス」を「言う」とした回答者の一部に，どのくらいの頻度で使うかを 7 段階（1. 低い〜7. 高い）で回答してもらった結果である。23 区北東部から埼玉県・千葉県にかけての首都圏北東部では，7 段階のうち 7 が最も多く，5〜7 で過半数を占め，使用頻度が高いと意識されていることがわかる。一方，23 区南西部から多摩地域東部・神奈川県にかけては 3〜5 が多く，この 3 段階で過半数を占め，相対的に使用頻度が低いと意識されている。

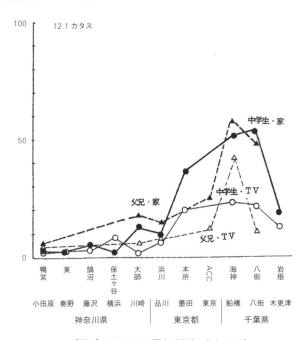

【図9】カタス 1982 調査（河崎・井上 1983）

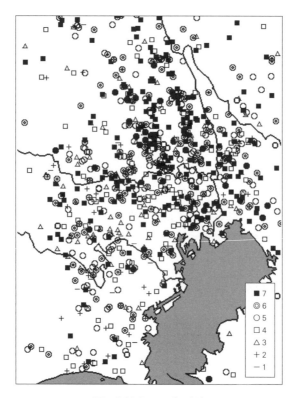

【図10】「カタス」の使用頻度

　首都圏南西部では，「カタス」は，主として再普及によって広がった比較的新しいことばであり，北東部の使用率の高さに比べて，「聞いたことがある（が使わない）」も目立つ。使用するとしても，例えば，他の有力な語形（「カタヅケル」など）が優先的に選ばれるといった事情があり，使用頻度が相対的に低い状況にとどまっていると考えられる。

　松戸市における「カタス」再普及のきっかけについて早野慎吾（1996: 63）は，「高年層の使用するカタス（松戸伝統方言）と若年層の使用するカタス（東京語）とは象徴的意味が異なる」と述べている。このような語形に対する価値付けの変化のほか，例えば，首都圏若年層の人々の間にくだけた物言いへのニーズが広がった，といった，言語使用態度の変化についても併せて考える必要があるかもしれない。

なお，2007年に全国の大学生を対象に調査を実施した岸江信介他（2011: 365）によると，「カタス」は関東地方にとどまらず，まばらな状態ではあるが，全国に分布が見られるようになっている。東京での使用地域が広がり，使用率が高まったことで「共通語の俗語」として全国に受け入れられるようになってきていると思われる。

5. まとめ

5.1 東京23区内の言語境界線

　4.節では，首都圏大学生の高密度多人数調査のデータから，4項目（バナナムシ，ヨコハイリ，ズルコミ，カタス）を取り上げて，分布状況と地域差の形成過程について検討した。どの語の分布にも東京23区内を東西に分ける境界線が見られた。ただしその位置や内容は語ごとにやや異なる。【図11】に各語ごとに地域差を示す有標な回答の境界線を示す。区ごとの集計結果をもとに，便宜的にほぼ区単位で引いた[11]。おおまかな線ではあるが，前節で見たように，境界線の東側と西側の地域の使用状況には違いがみられる。4語の境界線はいずれも台東区と文京区の間を通り，その南北は語によって東西にばらける様相を呈している。

　バナナムシ（①）は，練馬区付近から普及したと思われるが，周囲への伝播が進み，分布域の東側は北区まで達している。ヨコハイリ（②）は神奈川県側から進入したため，東京23区北部への普及が遅れている。ズルコミ（③）は，かつては世田谷区にも使用者がいたが，現在はヨコハイリに東側へと押されている。カタス（④）は境界線が西に移動し，かつて普及していなかった神奈川県への伝播の道が開いたことがわかる。

　このように4語の境界線は，比較的最近の各語の普及過程を反映しており，恒常的なものではない。しかし一時的なものであるとしても，台東区と文京区の間を中心としたこの位置に境界線が集中するのには，何らかの背景が存在するものと考えられる。

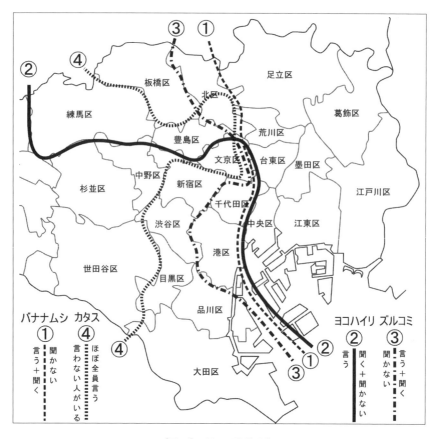

【図11】4項目の言語境界線

5.2 言語境界線の形成モデル

　東京 23 区内に境界線が形成される理由と，この地域に境界線が集中する理由について考察する。ここでは，東京 23 区内の言語の分布域，境界線を，人的接触による地理的伝播によって形成されるものとして扱う。その際，次の二つの条件に焦点を当てる。

　　①居住地と都心部の間で日常的に移動し，都心部で人と接触する。

　2.節で述べたように，首都圏居住者の多くは，通勤・通学等により日常

的に居住地と都心部の間を移動する。

　これにより都心部では人々の接触が生じるが，都心を越えて反対側に移動することは少ないため，都心部を越えたエリアとの接触は生じにくい。首都圏の交通網は放射状になっているので，人々の交流は居住地と都心部を結ぶ線上に制限される傾向にある。

　　② 鉄道沿線，および，西側地域（山の手），東側地域（下町）各エリア
　　　 内で移動・接触する。

　東京は，社会階層による住民の棲み分けが比較的明確である。年収，学歴，職業的威信といった社会指標は 23 区西側で高い（倉沢進他編 2004）。西側がいわゆる山の手地域，東側が下町地域とされる所以である。人の交流の範囲としても作用していると考えられる。ただし，西側地域，東側地域は，それぞれその内部に一つの強力な中心地があってまとまりを持っているというわけではない。

　【図 12】・【図 13】に，伝統的な非都市的地域社会と東京 23 区における言語境界の形成モデルを示す。【図 12】は，伝統的な社会の言語境界モデルである。二つの町がある場合，人々は主として居住地で過ごし，時に所属する町の中心部に出かける。隣町との交流は少ないためそこに境界が生まれる。町の境界が自然境界や社会的境界と重なっている場合は，さらにその境界は強力になる。一方【図 13】は，東京における言語境界モデルである。人々は居住地と都心部を日常的に往復するが，都心部を超えて移動することは少なく，主として自エリア内で交流するため境界が生まれる。

　どちらも境界線を挟んだ地域間の言語接触が少ないという点で共通している。東京の中心地は強力で，反対側に行く必要性がないという点で，自然境界のような反対側に行きにくい障害物と似た働きをしていると言える。

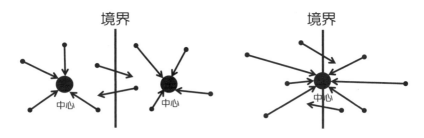

【図12】伝統的地域社会における言語境界の形成　　【図13】東京23区における言語境界の形成

5.3 23区内言語境界の意味

　23区内の言語境界の成り立ちについて，【図13】に示した形成モデルに沿って，境界線の集まる文京区・台東区間と，その北側・南側に分けて述べる。

　文京区・台東区の区界にはJR山手線が通り，上野駅がある。【図13】の「中心」にあたると考えられる。加えて社会指標の面では，文京区は山の手的，台東区は下町的であり，かつ，都心3区と比較して地域社会の機能が保たれている。このような条件がそろっているため，境界が形成されやすい。

　文京区・台東区の北側は，【図2】の昼夜間人口比率からもわかるとおり，都心部へ通勤・通学者が流出する地域である。【図13】の言語境界形成モデルにおける境界線の片側に該当する。北側の境界線は，定まった位置を持たず，言語伝播の方向や強さによって，どの位置にもなりうる。【図11】における傾きは，放射状の交通網による影響も関係する可能性がある。

　南側は，昼間人口の集中する都心3区（千代田区・港区・中央区）である。【図13】のモデルでは境界線上に該当する地域である。文京区・台東区の間に境界線が集中するのであれば，南側の境界線は都心3区の東側[12]に集中すると予想されるが，実際には【図11】のように，東西に位置がずれる。

　都心3区は地元出身者が非常に少ない地域である。ネイティブ話者が少なく，言語は混在しやすい状態であると推測される。中心地であるため東西の要素が持ち込まれていると考えることもできる。また南側は海であり，港区や中央区が言語伝播の通り道になっている可能性も考えられる。現時点では都心3区の調査地点が少ないため，結論を出すことは難しい。

6. 今後の課題

　最後に今後の課題について述べる。

　カタスとヨコハイリの分布を見ると，流入経路の反対側の地域（カタスは東京多摩東部，ヨコハイリは東京23区北部）で不使用者が多い。23区内の言語境界線と合わせて考えると，東京中心部では非標準形の普及速度が遅い可能性がある。山の手地域が規範意識のために非標準形を受け入れにくいことについては，荻野綱男・井上史雄・田原広史 (1985)，井上史雄 (1989) などで指摘されている。そのような言語的志向を持つ地域が，一体性のある地理的領域として存在するか，今後検討したい。

　また，今回の4語に見られた分布域の境界線は，時間とともに移動すると予想される。境界はどの程度の時間維持されるのか，移動はどのようなプロセスで進むのか追跡したい。そして，今後別の非標準形が流入，伝播する際に同様の位置に境界を形成するのか観察していきたい。それによって本稿で提案した，東京23区における言語境界の形成モデルの妥当性が検証されていくものと考えている。

注
1　田中ゆかり (2010: 470) は首都圏方言の下位方言として「沿線方言」の可能性を指摘している。
2　町名の整理の程度が，区によって，密度の高い新宿区（5.2町/km²），千代田区（5.1町/km²）から，低い葛飾区（0.9町/km²），荒川区（0.7町/km²）まで開きがある。調査が進むにつれて，同一町内の回答者が増加している。回答者が複数いる場合は，現在のRMSシステムの地図では上書きしている。今後，表示方法を工夫するか，より詳細な住所をたずねるか（○丁目の数をたずねる等）検討する必要がある。
3　地図化の際は，回答者が言語形成期に最も長く居住した地点に回答をプロットした。
4　授業内調査の問題とRMSシステムの詳細については，鑓水兼貴 (2013) 参照。なお，スマートフォンの普及によって，そこで述べたWEB調査の問題はほとんど解消された。現状のRMSシステムでは，質問用紙を別途準

備する必要があるが，今後はWEB（もしくはスマホアプリ）画面に調査票が表示されるよう，改良したほうがよいであろう。一方で，携帯メールは利用者登録の手段として，過去よりも活用されている。次期RMSシステムも，携帯メールとWEB（スマホアプリ）を組み合わせて利用する予定である。

5 統一調査の質問票と，語形の使用に関する38問の2012年時点の調査結果は，国立国語研究所「首都圏言語」プロジェクトサイトで公開している（http://pj.ninjal.ac.jp/shutoken/1_summary.html）。統一調査は，筆者らが立案し，プロジェクトメンバー（亀田裕見，久野マリ子，田中ゆかり）の協力を得て実施した。調査項目の選択にあたっては，新規項目の他，経年比較のため先行研究で取り上げられたものを積極的に採用した。調査の実施には，複数の大学教員の方にご協力いただいた。

　2016年7月までに実施した調査項目数は，試行的なものを含めて253。うち回答者数が500名以上の項目は66（公開している38項目を含む）である。新語・新用法，新旧方言形，若者ことば，アクセントなどの非標準形の使用に関する項目を中心に，後述のとおり語形に関する使用意識や，語の意味，言語意識，言語生活，また，非標準形と対比的な敬語に関する調査項目などを含む。

6 このほかに，東京23区を中心とする周圏的分布を示す項目があった。退縮の過程を示す例であるが，「燃やす」という意味の「モス」は，首都圏全体として，中心部に「聞かない」，周辺部に「聞いたことがある」，そしてさらに外周部に「言う」が多い傾向にある。この語形の衰退が，首都圏中心部から外周部へ向けて進行していることがわかる。一方今回の調査では，首都圏中心部から周辺部に向けて普及する語形をとらえることはできなかった。そのためここでは，周圏的分布を地域差のパターンに含めなかった。

7 「アオタン」（青あざ），「行ったトキアル」（行ったことがある），「センヒキ」（定規），「ダイジ」（大丈夫），「イチゴ」（「苺」のアクセント）などは23区北東部から埼玉県・千葉県にかけて「言う」「聞く」が多く，「食堂行クベ」（行こう），「先生チャウ」（ではない）などは東京23区南西部から多摩地域・神奈川県にかけて多いという分布の傾向差が見られる。

8 井上史雄氏のご厚意によりデータを使用させていただいた。

9 1991～1992年にJR高崎線・上越線沿いの中学校を調査した佐藤（1997: 12）によれば，「ズルコミ」は，東京の上野から埼玉県南部の蕨まではすべての学校で70％以上，埼玉県中部の桶川までは学校によって50％以上の使用率であった。この調査結果とも整合する。

10 田中ゆかり編（2015: 13）に「ヨコハイリ」の普及のしやすさについて同様

の指摘がある。
11 地点数が少ないこともあり，統計的検定に基づいて引いたものではない。境界線の客観的妥当性については，今後の課題としたい。
12 田中章夫（1983: 352）によれば，都心3区のうち，中央区（旧京橋区・日本橋区）と千代田区の一部（旧神田区）が「旧下町区」とされている。これに従えば中央区の西側がかつての山の手・下町の境界となる。しかし現在の中央区は商業・業務集積地であり，社会階層的には山の手的であり，隅田川を隔てて東側に隣接する江東区との間の違いの方が目立つ。

引用文献

秋永一枝編（2007）『日本のことばシリーズ13 東京都のことば』，東京：明治書院.

井上史雄・荻野綱男（1984）『新しい日本語・資料図集』，文部省科学研究費特定研究「言語の標準化」資料集.

井上史雄（1985a）『関東・東北方言の地理的・年齢的分布（ＳＦグロットグラム）』，東京：東京外国語大学語学研究所.

井上史雄（1985b）『新しい日本語―《新方言》の分布と変化―』，東京：明治書院.

井上史雄編（1988）『東京・神奈川言語地図』，東京：東京外国語大学自家版.

井上史雄（1989）「東京知識層の文体差と方言意識」『東京外国語大学論集』39, 35-53.

井上史雄（1991）「東海道沿線の新語と新方言」『東京外国語大学論集』43, 107-142.

井上史雄（1994）『方言学の新地平』，東京：明治書院.

井上史雄（1997）『社会言語学資料図集―全国中学校言語使用調査（1993-1996）―』，東京：東京外国語大学.

荻野綱男（1983）「山の手と下町における敬語使用の違い」『言語研究』84, 45-76.

荻野綱男・井上史雄・田原広史（1985）「周辺地域から東京中心部への《新方言》の流入について」『国語学』143, 74-65.

河崎裕子・井上史雄（1983）「首都圏の《新方言》」井上史雄編『《新方言》と《言葉の乱れ》に関する社会言語学的研究』183-208, 科学研究費補助金研究成果報告書.

菅野峰明・佐野充・谷内達編（2009）『日本の地誌5 首都圏Ⅰ』，東京：朝

倉書店.

岸江信介・呉婧雅・韓冬梅（2011）「新方言全国地図（簡略版）」岸江信介編『大都市圏言語の影響による地域言語形成の研究』352-421，科学研究費補助金研究成果報告書.

倉沢進・浅川達人編（2004）『新編東京圏の社会地図 1975-90』，東京：東京大学出版会.

小泉諒（2015）「東京大都市圏に集中する人口とその変化」日野正輝・香川貴志編『変わりゆく日本の大都市圏―ポスト成長社会における都市の形』3-23，京都：ナカニシヤ出版.

佐藤高司（1997）『関東及び新潟地域における新表現の社会言語学的研究』科学研究費補助金（奨励研究（B））08902002 研究成果報告書.

総務省統計局（2012）『平成 22 年国勢調査 従業地・通学地による人口・産業等集計結果 結果の概要』，http://www.stat.go.jp/data/kokusei/2010/kihon4/pdf/gaiyou.pdf.

総務省（2014）『平成 22 年国勢調査最終報告書 日本の人口・世帯』，http://www.stat.go.jp/data/kokusei/2010/final/pdf/01-11_1-3.pdf.

田中章夫（1983）『東京語―その成立と展開―』，東京：明治書院.

田中ゆかり（2010）『首都圏における言語動態の研究』，東京：笠間書院.

田中ゆかり編（2015）『日本のことばシリーズ 14 神奈川県のことば』，東京：明治書院.

東京都教育委員会（1986）『東京都言語地図』，東京：東京都情報連絡室.

早野慎吾（1996）『地域語の生態シリーズ関東篇 首都圏の言語生態』，東京：おうふう.

三井はるみ（2004）「現代社会方言の地域分布―「山の手ことば」「下町ことば」をめぐって」『月刊言語』33（9），32-38.

鑓水兼貴（2011）「携帯電話を利用した首都圏若年層の言語調査」『情報処理学会研究報告』2011-CH-92, 1-13.

鑓水兼貴（2013）「首都圏若年層の言語的地域差を把握するための方法と実践」『国立国語研究所論集』6, 217-243.

Yarimizu, Kanetaka and Mitsui, Harumi (2012) "Linguistic Survey in the Tokyo Metropolitan Area Using Mobile Phone." New Ways of Analyzing Variation in Asia-Pacific Region 2:81 .

付記　　本稿は，次の研究プロジェクトの成果の一部である。国立国語研究所萌芽・発掘型共同研究プロジェクト「首都圏の言語の実態と動向に関する研究」(2010–2012)，JSPS科研費JP25580103，国立国語研究所機関拠点型基幹研究プロジェクト「日本の消滅危機言語・方言の記録とドキュメンテーションの作成」(2016–2021)。

（みつい・はるみ　国立国語研究所助教）
（やりみず・かねたか　元・国立国語研究所プロジェクト非常勤研究員）

Factors That Give Rise to Regional Differences in the Language of Metropolitan Youth

Mitsui, Harumi AND Yarimizu, Kanetaka

It is considered that the language of metropolitan youth does not have noticeable regional differences but has significant individual and situational differences. Nowadays, movement and distribution of individuals and information are flourishing. However, the scope of the movement of individuals on a daily basis is today, as in the past, limited to a certain range. Therefore, even today, non-standard forms used mainly in spoken language, can be considered to spread geographically as people directly meet and talk to each other.

Based on this outlook, the authors developed the linguistic survey system using mobile phones. Utilizing this, a questionnaire survey was implemented from 2011 to 2016. The survey targeted university students in the metropolitan area, and the survey content was related to language consciousness and the use of non-standard forms. Results of this survey revealed distinct regional differences for some words. Further, in several items, it was revealed that there existed a clear boundary between the East and the West within the 23 wards of Tokyo. In this paper, four words from among these were taken and the process of the formation of regional differences was examined with special focus on the situation in Tokyo. Further, it was shown that the characteristics of the boundary line within the 23 wards could be explained from the perspective of the social situation of the region and the daily movement of the people.

Keywords: 23 wards of Tokyo, non-standerd forms, the process of the formation of regional differences, the moldel of the formation of language boundaries, a high-density large-scale survey, questionnaire

広域グロットグラムの試み
―― 近畿・北陸西部〜中国中・東部の調査資料をもとに ――

都染直也

調査地点を線状に並べるグロットグラムの方法は，すでに多くの研究成果を得てきたが，平面的な広がりを表わせないことが課題とされてきた。周囲との関わりに配慮しつつ，網の目のように縦横に張り巡らされた，言語地図のような「広域グロットグラム」は，平野部をはじめ，さまざまな地理的・社会的環境にある地域での方言動態を平面的に捉えることができると考える。

本稿では，過去20年にわたる方言調査の結果を集積し，グロットグラムを地図のように配置した「広域グロットグラム」について報告する。具体的な事例として，「来ない」「雨がピリピリ降る」「親しい相手に対する「行く」の敬語表現」をとりあげる。

「実時間」と「非実時間」との関わりから，20年間の資料であることが負の要素となることを踏まえたうえで，今後の新しい研究の広がりを期待して，あえてこの試みを公のものとしたい。

キーワード：地理言語学，グロットグラム，近畿方言，中国方言

1. グロットグラムと広域グロットグラム

1.1 グロットグラム

　地理言語学（言語地理学）による方言研究は，方言（主として俚言）の分布を地図上に描き，その分布のようすからその地域における言語変化の歴史を推定することを目的とするものである。その調査対象（話者）は，多くの研究が1地点ごとに高年層男性1人としている。

　グロットグラムも，基本的には地理言語学的手法の方言調査・収集が多いが，その対象が複数年層や男女にわたり，1地点で複数の（属性を持つ）話者を対象にする点で，従来の地理言語学的調査・研究とは異なる。

　グロットグラムは，調査結果を「年層と地点」（「縦軸と横軸」）の2次元で表わすもので，調査地点を線状に並べて調査し，結果が提示される。その呼称について，筆者は，馬瀬良雄他（1995）同様，「地理年代言語図」とも呼ぶ。なお，井上史雄・永瀬治郎・沢木幹栄（1980）は，本邦（世界）初のグロットグラム集であるが，「新方言図集」という名称を用いている。

　グロットグラムは，柴田武・徳川宗賢・W.A.グロータースらによる新潟県糸魚川地方での言語地理学的方言調査から生まれた。その誕生と発展については徳川宗賢（1993），真田信治（2002a, 2007），馬瀬良雄（2002）に詳しい。その後，井上史雄（1985），井上史雄他（2011），岸江信介他（2013）など各地でグロットグラムが作成され，台湾での適用例も報告された（李仲民2013）。なお，地理言語学的研究における，言語地図等などとの比較に基づいたグロットグラムの位置づけは，井上史雄（2009）に詳しい。

1.2 広域グロットグラム

　江端義夫（2001）は，糸魚川調査における早川谷のような地理的・社会的環境とは異なる地域でグロットグラムを適用することについて，重要な指摘をしている。すなわち，方言変化・伝播が一方向とは限らず，調査対象となる地域とその周辺地域との関わりに大きな配慮が必要とされる場合である。

　筆者は，1980年代から，近畿・中国接触地域方言の動態・動向研究には幾本ものグロットグラムが必要であると考えていた。この地域は，陸路・海

路ともに人や物の流れの道筋が発達していたからである。本稿で扱う「広域グロットグラム」とは，このような地域での方言の動態と動向を探るために「網の目のように縦横に張り巡らされたグロットグラム」である。

2. 近畿・北陸西部〜中国中・東部広域グロットグラムについて

2.1 調査の概要

　本稿の「近畿・北陸西部〜中国中・東部広域グロットグラム」（以下「近畿中国グロットグラム」と略す）は，甲南大学方言研究会（都染直也2007a）のJR等鉄道沿線での調査・報告による。その対象地域を示すのが132頁の【図1】で，それぞれの調査年度・調査地域については末尾の関連文献に示す。

　調査時期は，1997・1998年（姫路－大阪間），2002〜2016年である。調査期間が長いことについては，「6. 今後への課題」で述べる。

　調査地点は，本稿で扱うグロットグラムの鉄道沿線（総距離1603.7km）の駅所在地387地点（一部地域と調査時未開業駅を除き全駅が対象）である。

　話者は，各調査地点（駅周辺）の生え抜き男女（1997・1998年調査は男性対象で女性は2人），調査時の年齢が10代（低年層，小学校高学年〜中学生が基本）・40代（中年層）・70代（高年層）の3つの年層で，各地点6人である（中・高年層は実際は30〜80代に及び，高年層話者は，大西拓一郎編（2016）とほぼ同年代である）。話者の外住歴は，10代は「無いこと」，40・70代は5年以内を目安とし，例外は個々に判断した。どの年層も親（や配偶者）等の出身地には制限を設けていない。話者の選定は，基本的に地元教育委員会・公民館等に紹介を依頼した。紹介が得られなかった場合等は，直接現地に赴き条件に適合する話者を探した。同年層同性で複数話者が対応してくださった場合は，注記しつつ併用回答として処理した。

　調査方法は，筆者及びゼミ学生（甲南大学文学部2〜4年次，同大学院生等）による臨地面接調査である。毎年度9月に2泊3日の合宿調査，そ

の前後に補充調査を実施した。調査参加者数は年度によって異なるが，最少29人（2009年），最多53人（2012年）である。調査は，調査票を用い，必要に応じて絵・写真などを提示しながら，なぞなぞ式・翻訳式・使用有無の確認等を併用した。調査項目は年度によって若干の入替があるが，160項目前後である。

　調査結果は単年度ごとに報告書として刊行している（「関連文献」参照）。

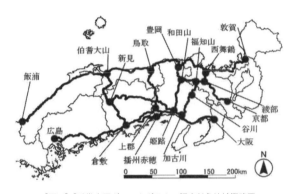

【図1】「近畿中国グロットグラム」調査対象地域概略図

2.2「近畿中国グロットグラム」の作成にあたって

　1.2の「網の目のように縦横に張り巡らされたグロットグラム」とは，「地図化したグロットグラム」を意図している。したがって，並べ方だけではなく，年度ごとのグロットグラム設計段階から縦型か横型かにこだわった。

　調査地域の地理的関係等も考慮して作成した「近畿中国グロットグラム」の例として，これまでいくつかの報告（都染直也2010等）で紹介したことのある「（バスが）来ない」の最新版（2016年までの調査結果を反映）を【図2】(134・135頁)に示す。なお，地点が横に並ぶ場合の年層は，地層を意識した徳川宗賢（1993）や「方言周圏論」の考えに基づくならば，若い年層を上にすることも考えられるが，筆者には「空からばらまかれる分布」が連想されることから，また，年層の名称にしたがって高年層を上に置く。

　調査地点は，地理言語学における「しらみつぶし調査」を範とし，調査時

に存在する全駅(所在地)とした(山陰本線は京都駅を起点としたが,京都市内5駅と保津峡(亀岡市)は諸事情から調査対象とせず。対象地域内での不調査はこの6駅のみ)。日本海沿岸地域は,2016年度調査終了時点で,島根県益田市の飯浦駅から北近畿タンゴ鉄道(現・京都丹後鉄道)経由で福井県敦賀市の敦賀駅まで554.4kmの全129駅(地点)で調査を行なった。

3.「来ない」

3.1『方言文法全国地図』の状況

【図2】(134・135頁)は,「(バスを待っていたのになかなか)来ない」の「近畿中国グロットグラム」で,『方言文法全国地図』(以下GAJと略す)第2集83図(質問文「10時になってもまだ来ない」)に相当するものである。なお,この「近畿中国グロットグラム」は波下線付記号を除き,男性の資料である。

　GAJ83図では,兵庫県南東部や京都府中・南部,大阪府北部など近畿中央部に「キ〜」系が広がっている。「ケ〜」系は紀伊半島にみられるが,「近畿中国グロットグラム」地域では大阪府能勢町と兵庫県明石市の「ケーヘン」のみである。兵庫県北部(但馬地方)には「ク〜」系「クリャセン,クリャーセン,クリャヘン,クリャーヘン,クレヘン」が各1地点ある(5地点のうち4地点はコンと併用回答)。島根県東部(出雲地方)の3地点に「コラン」がある。これらを除けば,福井県若狭地方・兵庫県西部・岡山県・鳥取県・島根県・広島県には「コン」が広く分布する。楳垣実編(1962)は,近畿地方での打ち消し表現の複雑さ(兵庫県の532〜536頁,特に534頁で)を指摘している。なお,大西拓一郎編(2016)の図70は,本稿高年層とほぼ同世代の資料であるが,同報告は調査回答資料がインターネットで公開されており,地図見出しとの相違を精査したうえで言及したい。

近畿・北陸西部〜中国中・東部　広域グロットグラム

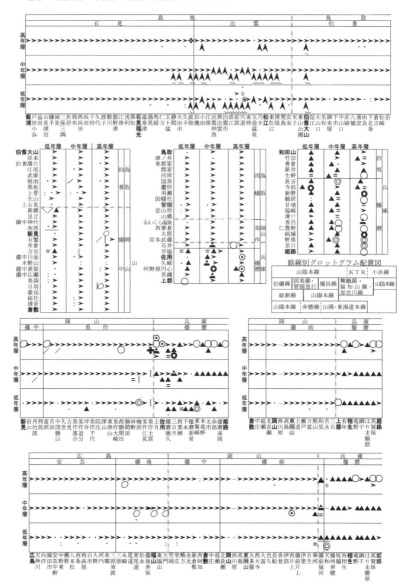

広域グロットグラムの試み 135

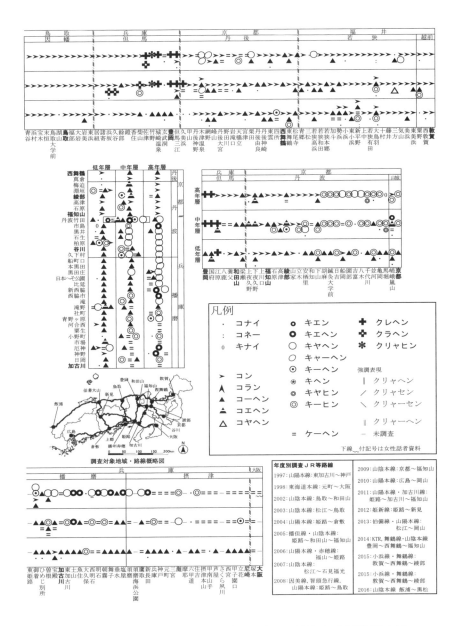

【図2】近畿・北陸西部～中国中・東部　広域グロットグラム　男性版（一部女性資料を含む）
　　　項目名：（バスが）来ない　作図担当者：都染直也

3.2 日本海沿岸での「来ない」

【図 2】(134・135 頁) の最上段, 日本海沿岸地域 (134 頁は島根県益田市の飯浦から鳥取県東伯郡湯梨浜町の泊まで, 135 頁は鳥取県鳥取市の青谷から福井県敦賀市の敦賀まで,【図 1】参照) について, 年層ごとにみてゆく。

高年層では, GAJ 同様に, 西 (図の左) から「コン, コラン, コン, ク～」と連なる。京都府では, GAJ 同様丹後半島付近に「キャーヘン」があるが, GAJ にはない「ケーヘン」や「コーヘン」が複数みられる。福井県若狭地方では GAJ 同様「コン」が優勢である。

中・低年層では, 島根県出雲地方・兵庫県・京都府・福井県において高年層の回答とは様相が一変する。出雲地方では「コラン」が分布域を広げていることがわかる (「コラン」は廣戸惇 (1949) にはみられない)。本稿で示すのは男性の資料であるが, 女性では島根県大田市の静間～鳥取県米子市の伯耆大山にみられ (男性に回答のない地点・年層は波下線付で追加掲載), 男性よりも分布域が広い (関連文献 2007-2008)。兵庫県但馬地方の「ク～」系は, 中年層では「クラヘン」が西に広がるが, 低年層は皆無, 豊岡周辺で「コーヘン」が広がっている。京都府の中年層では, GAJ にある「コン」とともに, 高年層にもみられる「ケーヘン」「コーヘン」が広がるが, 低年層では「ケーヘン」が 1 例,「コナイ」「コン」「コーヘン」(新しい方言形の成立については後述) となる。この地域での「ケーヘン」は「キーヘン」との併用回答で, ともにこの地域で生まれたものではなく, 大阪や京都の影響によるものと考えたい。福井県では, 高年層の「コン」中心から「ケーヘン」「コーヘン」との共存に変化しつつある。

3.3 瀬戸内海沿岸での「来ない」

【図 2】(134・135 頁) 最下段の広島～大阪, 134 頁下 2 段目右の倉敷～姫路 (山陽本線, 上郡を経由し, やや内陸部を通る) は, 瀬戸内海沿岸の状況である (【図 1】参照)。

134 頁の大部分である広島県・岡山県では, ほぼ全域が「コン」で, GAJ との相違がみられない。一方, 兵庫県では, GAJ の瀬戸内海沿岸 5 地点の回答が西から順に「キーヘン, キヤヘン」「コン, キヤヘン」「コン, キヤヘ

ン」「コヤヘン，キヤヘン，ケーヘン」「コン，コヤヘン，キーヒン」と，中国地方とは一変し，「キ〜」系・「ケ〜」系・「コ〜」系が入り交じる複雑なものである。その状況は，「近畿中国グロットグラム」では年層による変化が加わり，より複雑なものになる。

　高年層は兵庫・岡山県境付近で「コーヘン」，姫路近辺から神戸市にかけて「キ〜」系，神戸以東の阪神間では「ケ〜」系が分布する。しかし，中年層は阪神間の「ケ〜」系が姫路市（ひめじ別所）まで達し，低年層はほぼ全域で「コーヘン」となり，広島・岡山両県に比べ，GAJ が予感させたものよりもはるかに複雑な状況である。低年層に広がる「コーヘン」について，真田信治（2002b）は「（大阪市内の若い世代では）標準語形「コナイ」の干渉を受けて生まれた」とする。しかし，兵庫県の瀬戸内海沿岸（や内陸部）では高年層にもみられることから，大阪市内の若い世代とは別の過程を経て発生した，たとえば，「コン」と打消「ヘン」の接触による可能性が考えられる（都染直也 2007b）。同様に，加古川から神戸寄りの「キエヘン」は「キヤヘン」と「ケーヘン」の混交形であろう。

3.4　内陸部での「来ない」

　各図（【図2】〜【図4】）で，最上段と最下段の間にある縦のグロットグラムは，日本海側と瀬戸内海側を結ぶ（134頁下から2段目左は，JR 姫新線で，姫路から内陸部に入り中国山地に沿うように岡山県の西端・新見とを結ぶ）路線である（【図1】参照）。これら内陸部においても，GAJ が「近畿中国グロットグラム」における複雑な状況を予感させたが，それとは別に，GAJ ではみられない兵庫県内陸部での「ケーヘン」の分布域の広さが明らかになった。

　134頁上2段目左1列目の鳥取県・岡山県（米子〜岡山）は，他地域同様ほぼ「コン」である。しかし，左2列目の鳥取〜上郡間では，石井（旧美作国・岡山県）まで連続していた「コン」が，平福（播磨）以南は瀬戸内海沿岸同様に高年層でも「コーヘン」が現われ，「キ〜」系の他に，「コーヘン」と「ケーヘン」が混交したような「コエヘン」が中年層にみられる。

134頁上2段左3列目，山陰本線の和田山から姫路に至る播但線沿線では，「キヤヘン」と「ケーヘン」が，それぞれ／型の「斜めの等語線」として現われる（GAJの「キヤヘン」は播但線から大きく離れた兵庫県氷上郡氷上町に1例）。これらの等語線とは，生野〜香呂の「キヤヘン」，竹田〜鶴居の「ケーヘン」である。いずれも高年層の回答が多く，低年層には少ないことから，分布域が退縮していると言えよう。また，「キヤヘン」は「ケーヘン」によって，「ケーヘン」は「コーヘン」によって，分布地域が狭められているようである。この地域でもみられる高年層の「コーヘン」は，前述の大阪市などの若い世代の「コーヘン」とは成立が異なるであろう。

135頁中段左，西舞鶴〜加古川のグロットグラムでも，「キヤヘン」について，丹波竹田〜黒井で／型，黒田庄〜青野ヶ原で＼型の「斜めの等語線」がみられる。上述，GAJの氷上郡氷上町の最寄り駅は石生であり，／と＼の等語線に挟まれた「キヤヘン」残存地域にあたる。しかし，高年層では京都府側の「コン」に対して兵庫県側に「キヤヘン」があり，旧丹波国内での対立に見える。加古川寄りの地域では，「キヤヘン」の等語線＼に沿う形で「ケーヘン」「キーヒン」がみられる。このことから，この地域での「キエヘン」も，「キヤヘン」と「ケーヘン」の接触によって生まれた混交形であろうと考える。一方「キーヒン」は，京都方面からの影響というよりは，イ段音「キ」が「ヘン」を「ヒン」に変えたものと思われる。

【図2】（134・135頁）で，内陸部の縦のグロットグラムに相当する地域に，GAJでは「ケーヘン」がみられない。しかし，134頁の和田山近辺，135頁の新西脇など，高年層においても「ケーヘン」がみられ，GAJ話者世代よりも少し若い世代における新しい状況を示すものと思われる。

135頁中段右の豊岡〜京都でも2つの「斜めの等語線」が現われている。まず，京都〜胡麻で中年層に「キーヒン」が広がるが，低年層では下山まで戻り，＜型の等語線となる（「キーヒン」について，京都府内は，GAJには回答がないが，大西拓一郎編（2016）には4例ある）。もう一つの「斜めの等語線」は「コン」にみられ，高年層で下山，中年層で立木，低年層で山家と，／型の等語線でその分布域が西（左方向）に退縮している。

4.「(雨が) ピリピリ (降る)」

4.1 雨が「ピリピリ」とは

　雨の降り始めのごく微量の状態で，降っていることに気づかない人もいる状態を表わす擬態語に「ピリピリ」がある（『広辞苑』（東京：岩波書店）では2008年の第6版から収録）。この語については，都染直也（2014）で路線ごとのグロットグラムを報告したが，その後の調査資料を追加した「近畿中国グロットグラム」を【図3】(140・141頁)に示す。この「近畿中国グロットグラム」では，各調査地点ごとに，3つの年層男女の回答結果を表示する。

　調査では「雨の降り始めで，まだ傘をささなくても良いような状態で，雨がピリピリしてきたのように言いますか？」という質問文に，「開いた傘にザーザー降っている状態に×を付した絵」と「閉じた傘に霧雨が降るような絵」を提示して，「自分でも使う」「周囲の人が使うのを聞いたことがある」「知らない・聞いたことがない」の三者択一で回答を得た。

4.2 日本海側・瀬戸内海側の「ピリピリ」

　未調査の141頁最下段（東加古川～大阪）を除き，使用域がきれいに現われた。主な分布域は，兵庫県但馬地方西部・北播磨，京都府丹後地方の日本海沿岸（141頁上・中段）。一方，瀬戸内海側では岡山県南西沿岸部に使用がある。

4.3 内陸部での「ピリピリ」

　140頁の内陸部では，島根・鳥取・岡山各県にはまとまった使用域がない。
　141頁の中段，京都府舞鶴市から綾部市，福知山市を通って兵庫県に至る地域では，兵庫県でまとまった使用がみられる。また，本稿では提示しなかったが，福知山から兵庫県篠山市を通って大阪に至るJR福知山線沿線の調査結果でも，兵庫県の丹波地域・三田市にまとまった分布がみられた（都染直也1999）。141頁中段右，兵庫県豊岡市から京都に至る地域では，福知山～綾部近辺には少なく，綾部よりも東の丹波地域にまとまった使用がみられるが，京都市内の2地点では「使用」1，「聞く」1のみとなる。

近畿・北陸西部〜中国中・東部　広域グロットグラム

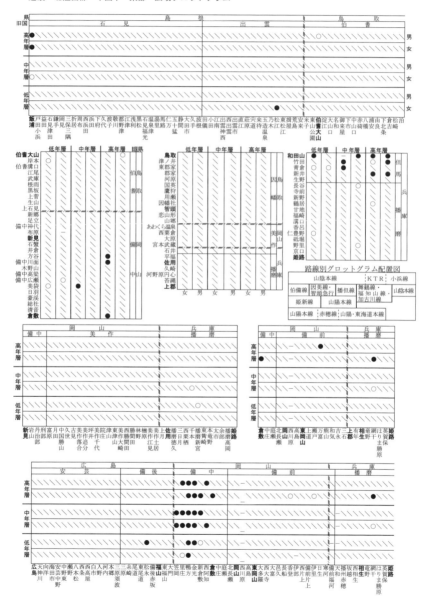

141

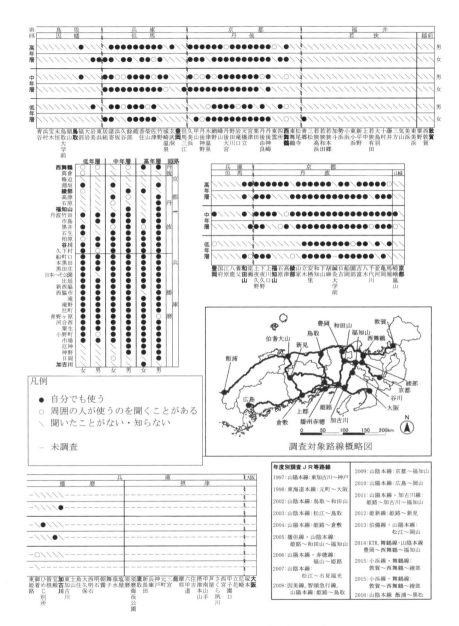

【図3】近畿・北陸西部〜中国中・東部　広域グロットグラム
項目名：(雨が) ピリピリ (降る)　作図担当者：都染直也

4.4「ピリピリ」にみられる斜めの等語線

ここまで概観したところ，直線的な「使用 vs 不使用」の境界線が多いなかで，141頁中段の2つのグロットグラムでは，西舞鶴〜加古川間の福知山付近に／の等語線，加古川寄りに＼の等語線がみられ，この地域では若い世代での使用が減少しつつあることがわかる。豊岡〜京都間においても，福知山・綾部付近が／＼形の等語線に囲まれ，若い世代での使用が減少していることがわかる。なお，141頁上段と中段，いずれも兵庫と京都の府県境があるが，その京都側低年層に類似した現象がみられ，女性の「使用」や「聞く」に対して男性は「不使用」となっている点である。特に女性が用いるとの情報は得られていないが，男女差が鮮明になっている。

4.5 点在する「ピリピリ」の状況

上述のような，まとまった分布以外に，「使用」が点在する。たとえば，140頁最上段左（西）端にある島根県益田市の飯浦が注目される。ここでは，6人の話者に対し調査者6人が個別に調査を開始した。そのような状況で高年層男・女が「使用」，中年層女性は「近くに住むお年寄りが使うのを聞くことがある」という回答であった。鳥取県・島根県では，兵庫県に隣接する鳥取県東部4地点で5例がみられる他はまとまった「使用」がなく，飯浦での回答は全く予想外のものであった。飯浦の西隣の江崎は山口県萩市となり，距離・地形などから，連続性については可能性が低いと考える。

140頁最下段の姫路付近（網干，下2段目と同地点）に1例使用があるが，この地域では，別に行なった調査で高年層男性の「使用」回答を得ている。

4.6 類似する地理的環境での「ピリピリ」分布の異なり

瀬戸内海側では上述の岡山県南西部でのまとまった「使用」があるが，140頁上2段目左端のグロットグラムにみられる3例（倉敷を除く）を含めて岡山県西部を流れる高梁川流域と河口付近という捉え方ができるかも知れない。川筋一つの狭い地域での分布例は都染直也（2014）で報告した。

「ピリピリ」の分布は，141頁の地図からおおよその地域がつかめるものと思う。これまで記したように，地域によって分布の有無の差がかなり明瞭

である。141頁中段左の加古川線は加古川（河川）に，140頁上2段左3列目の播但線は市川に併走する路線で，加古川線西脇市駅と播但線福崎駅との直線距離は約20kmである。この二つの路線の間で大きな差が生まれる要因は何であろうか。これらと同様に中国山地を横断する鳥取〜上郡間の路線も鳥取県・岡山県では吉野川・千代川に併走，兵庫県では佐用川・千種川に併走という地理的に似た環境でありながら使用回答がみられない。140頁下2段目左の姫新線（姫路〜新見）も，ほとんどの区間が山間部を通っている。

5.「（どこへ）行くのか［近所の親しい年上の人に］」

5.1 GAJの状況

「近畿中国グロットグラム」作成に際して，この項目で用いた質問文は「近所の知り合いで，やや年上の方に少し丁寧に「どこへ行くのか」とたずねるときどのようにいいますか？」で，GAJのA場面に近いものである。動詞は異なるが，GAJ273・274図「書きますか」と対照する。273図では，京都南部・大阪北部などに「ハル」系，京都府北部・兵庫県南部・広島県に「テ」系がある。日本海側では島根県西部・広島県に「（ン）サル」系，島根県東部に「シャル」系，鳥取県西部・兵庫県北部・京都府北部に「ナル」系，また，鳥取県には「レル」系・「マス」系もある。内陸部や瀬戸内海沿岸では，岡山県に「レマス」系，兵庫県・岡山県には「マス」系もある。なお，大西拓一郎編（2016）の図142との比較については，「3.「来ない」」同様，機会を改めて検討を加えたい。

5.2 回答語形の分類・統合と記号について

【図4】（146・147頁）の「近畿中国グロットグラム」は，回答語形を15種類にまとめ（敬語表現のないものは回答なしと合わせて）記号を与えた。

　　｜：イラッシャル，「：オイデニナル，」：オイデデス，
　　）：〜デス，　〜：マス，　＼：〜レル，

◎：〜テ，★：〜ハル，
❙：〜ナサル・〜ンサル，■：〜ンチャル，▲：〜ナハル，▼：〜ナル
◇：イカシャル，✿：イキナンス・イカンス，✾：イカリャンス，
・：敬語表現なし・回答なし

「〜ナサル」と「〜ンサル」は，楳垣実編（1962）527頁を参考に，本稿ではまとめて扱う。また，「〜レマスカ」は「〜レル」に含めた。

5.3 日本海沿岸での「(どこへ) 行くのか [近所の親しい年上の人に]」

【図4】（146・147頁）最上段が日本海沿岸での状況である。高年層ではGAJとほぼ同様の分布であるが，低年層における「線記号」（レル，デス・マス等共通語的なもの）の多さが目立つ。他地域のグロットグラムでも同様の現象がみられ，「共通語化（敬語動詞ではなく，レル，デス・マス）」と，年齢による「居住地域における敬語表現の習得・使い分け途上」も原因として考えられる。10代の中には小学校高学年の話者がおり，その回答には「〜デス，〜マス」が多い。

西（146頁の左）からみていくと，島根県の石見と出雲の旧国境周辺に斜めの等語線が／＼の形で現われ，境界あたりの高年層から「レル」系が広がっている。さらに，石見側では「ナサル・ンサル」系が中心であるのに対し，石見東部の島根県大田市あたりでは「ナル」系・「ナハル」系がみられ，大田市内の湯里と馬路との間に，「ナサル・ンサル」系の明確な（縦の）等語線がみられる。これは，石見福光・温泉津・湯里が旧の邇摩郡温泉津町，馬路・仁万が旧の邇摩郡仁摩町であったものが大田市と合併した（2005年）ことによるもので，かつての行政界である。なお，中年層女性に3例みられる「ンチャル」は新しい語形として注目される。GAJ273図の「シャル」系（同図凡例の左2列上6段目にある橙色縦楕円形「カカッシャー」は，出雲方言でのラ行子音脱落によるものと考え，シャルとして扱う）は，出雲市から松江の高年層に7例（飛んで福井県に2例）みられるが，中年層では2例のみである。

鳥取県西部は中・高年層に「ナハル」系・「ナル」系が多い。東部は高年

層に「レル」系が多いが，中年層は男性「ナル」系，女性「ナサル・ンサル」系（ンサル）と男女差がみられ，低年層男女では「デス・マス」系が多い。鳥取周辺の「ナサル・ンサル」系は，後述のように，南に広がる。中年層女性での西部（146頁）の「ナル」系と東部（147頁）の「ナサル・ンサル」系の対立は，泊が東伯郡，青谷が気高郡で，かつての行政界にあたる。

兵庫県では低年層の「ナル」系が少なくなっているが，先に記したように，「習得途上」であるならば，成長とともに増加する可能性がある。

京都府では「ナル」系と「テ」系の境界（宮津市と舞鶴市の境界にあたる）が明瞭だが，中年層で「テ」系が「ナル」系地域に侵入しつつあると言えるかもしれない。この「テ」系は綾部・福知山など147頁中段のグロットグラムに連続し，京都府中部域や兵庫県南部に広がっている。なお，別の調査項目であったが，この地域の「テ」系過去は「チャッタ」となる（来た→キチャッタ。「チャッタ」の分布域については後述）。

福井県若狭でも兵庫県と似た状況である。敦賀付近の高年層に「・」記号（敬語表現のない回答）があり，話者の内省にも「敬語はあまり使わない」とあったが，楳垣実編（1962）（「福井県嶺南地方（若狭）方言」佐藤茂）に特にそのような記述はなく，場面設定「近所の知り合いで，やや年上の方に」によるものかと思われる。高年層で「イカンス」4例が得られた。

5.4 瀬戸内海沿岸での「(どこへ) 行くのか [近所の親しい年上の人に]」

【図4】(146・147頁) の最下段は，瀬戸内海沿岸の状況である。この項目では，阪神間の「ハル」系と「テ」系の動態を報告すべきだが，1997・1998年の調査項目になく，未調査である。ほぼ同時期に行なわれた調査の報告の中井幸比古 (1998) には「テヤは姫路も含め，海岸線沿いの都市部はすべて壊滅」とあるが，鎌田良二 (1962) によって両系の境界線とされた神戸市東灘区の住吉川周辺での状況をグロットグラムとして示すことができなかった。

146頁では広島県内に「レル」系との共存状態で「テ」系が多いが，低年層には皆無である。さらに，中年層女性ではその回答地域が海田市〜尾道間に縮小していることがわかる。岡山県では，GAJの井原市に「ナサル」と

146　都染直也

近畿・北陸西部～中国中・東部　広域グロットグラム

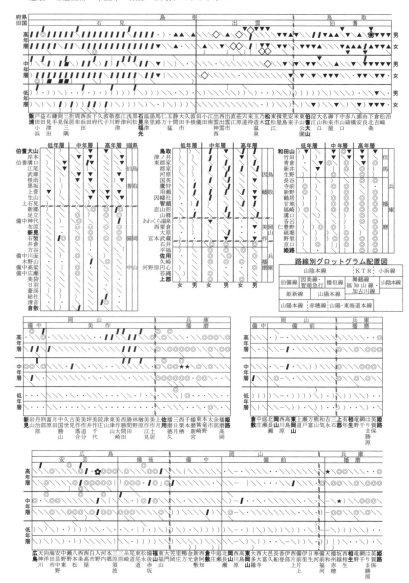

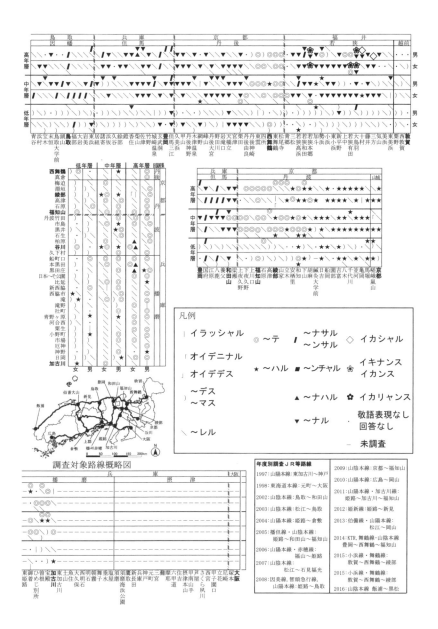

【図4】近畿・北陸西部〜中国中・東部 広域グロットグラム
項目名：(どこへ) 行くのか [近所の親しい年上の人に] 作図担当者：都染直也

「テ」があるが，同市のやや南の笠岡では「ナサル」のみである。中・高年層では全域で「レル」系が多く，低年層では「行きマスか」など，「マス」系が多い。この地域でも，成長とともに「レル」系の習得が進む可能性がある。146・147頁にまたがる兵庫県は加古川までの資料であるが，この地域でも低年層での「テ」系が皆無である。さらに注目すべきは，「ハル」系が県南西端の赤穂市や加古川〜姫路間，それも低年層への侵入である。

5.5 内陸部での「（どこへ）行くのか［近所の親しい年上の人に］」

【図4】では，146頁上2段目，146頁上3段目，147頁中段の各グロットグラムが異なった様相を呈する。

146頁上2段左1列目は，伯耆大山から鳥取・岡山県境までは日本海側の「ナル」系，県境を越えて岡山県内では内陸部の「テ」系，瀬戸内海側に近づくと「レル」系が分布する。中年層女性の「テ」系は，高年層に比べてその範囲が下（南）に広がり，／型の斜めの等語線がある。GAJでは岡山県内の「テ」系は井原市と阿哲郡哲西町のみで，その広がりが注目される。

146頁上2段左2列目の鳥取付近の「ナサル・ンサル」系は日本海沿岸ではさほど目立たなかったが，内陸部では鳥取・岡山県境まで広がる。また，高年層に「ナル」系が多くみられる。ここで，日本海側沿岸の分布に立ち返ると，鳥取県・兵庫県の県境付近では，鳥取周辺に「ナサル・ンサル」系，その周辺地域（鳥取市の西や兵庫県）に「ナル」系が分布している。つまり，鳥取付近での「ナサル・ンサル」系が周辺の「ナル」系地域，特に南方向に広がっていると思われる。2段2列目のグロットグラムにもどると，鳥取県内では「ナサル・ンサル」系の影響が強く高年層の一部を除いて「ナル」系が失われたが，岡山県には及んでいない。なお，兵庫県域北端の石井は1896年に岡山県から兵庫県に編入された地域であるが，下（南）からつながる「テ」系が3例みられる。先の1列目のグロットグラム同様，ここでも「テ」系が／型の等語線で高年層よりも広い地域にみられ，岡山県西部と兵庫県西部という離れた地域での共通性が注目される。

146頁上2段左3列目では，日本海側や内陸部の和田山付近に「ナル」系が多い。一方，但馬地域を含め，中・高年層では「テ」系が多いが，中年層女

性は下（南）方面での回答が減り＼型の等語線がみられる状況になっている。

　146頁上3段目の左は，上2段左2列目と同じく「岡山・兵庫県境」の状況を表わす。岡山県内でも津山より東の高年層を中心に「ナサル・ンサル」系が広がる。これは，上述のように鳥取付近からの影響が考えられるが，中年層女性以下では皆無となり，若い世代には及んでいないことがわかる。兵庫県内では中・高年層に「テ」系が広がるが，低年層の回答が3例と少なくなり，姫路から佐用に向かって／型の等語線がみられる。上3段目の右は「岡山・兵庫県境」の状況で，最下段瀬戸内海沿岸とほぼ同じである。

　147頁中段の左は，日本海側の西舞鶴から瀬戸内海側に繋がる地域である。一見してわかるように，日本海型の「ナル」系がなく，ほぼ全域に「テ」系が広がっている。ただし，舞鶴・綾部あたりでは／型，兵庫県の播磨地方では＼型の等語線がみられ，使用地域の退縮（特に中年層女性）状況がわかる。また，京都府の高年層，兵庫県の中年層では，「テ」系使用に男女差がみられる。なお，このグロットグラム地域内での過去表現は，舞鶴から兵庫県の内陸部西脇市（の旧多可郡黒田庄町）あたりまでは「チャッタ」の形をとり，西脇市よりも南の地域では「タータ（テヤッタ），タッタ」の形をとる（例：先生が来チャッタ vs 先生が来タータ）。

　147頁中段の右は，豊岡から兵庫・京都府県境まで，日本海沿岸にみられた「ナル」系・「ナサル・ンサル」系が広がる。先に鳥取付近での「ナサル・ンサル」系の広がりについて述べたように，ここでも147頁最上段の豊岡付近にある「ナサル・ンサル」が内陸部に広く浸入し，その先に古い形「ナル」系が分布していると考える。京都府では，旧丹波国内の綾部〜胡麻間で「テ」系と「ハル」系が接触しているようすがわかる。ただし「テ」系の東端は胡麻止まりで京都方面への動きは捉えにくい。一方「ハル」系は高・中年層間で／型，中・低年層で＼型の等語線がみえ，中年層を中心にさらに丹波地域に侵入していくようすがうかがえる。

6. 今後への課題

　「広域グロットグラム」の試みとして,「近畿中国グロットグラム」3項目を紹介した。これらは、地域差・年層差・等語線（斜めの等語線）などグロットグラムでとらえることのできる方言変化の動態を表わすものである。

　「3.「来ない」」では、年層変化の大きさと、新しい方言形としての「コーヘン」の広がりを捉えた。「4.「（雨が）ピリピリ（降る）」」では、地域性の高い方言形の分布域・年層変化とその男女差を捉えた。「5.「（どこへ）行くのか［近所の親しい年上の人に］」」では、日本海側の「ナル」「ナハル」の対立、近畿圏での「ハル」の広がりと「テヤ」の退縮、敬語習得途上にある低年層の「デス・マス」体の使用状況を捉えた。

　小さく見えにくいものになったが、言語地図（複数年層構成を含め）とはまた違った分布・動態・動向を示せたであろうと考える。

　本稿の第一の目的が、グロットグラムを網の目のように作成し地図的に集積することで見えてくるものを提示することであったため、各地のこれまでの状況や、新たな変化について、最新の報告である井上史雄（2016）・大西拓一郎編（2016）はじめ、小地域での多くの資料・論考のごく一部にしか言及できなかった。また、調査計画立案時点での年層設定の難しさについては都染直也（2015）で言及したように、調査時点での20・30,50・60代での状況が不明である。

　本稿で紹介したのはわずか3項目にすぎず、たとえば「ものもらい（麦粒腫）」のように地域差や年層変化の大きい語彙項目を提示できていない。また、網の目として使ったのが鉄道のみで、地図化したグロットグラムを目指す「幾本もの道」には、道路・航路なども加えなければならないであろう。さらに、「広域グロットグラム」集という形にまとめる際には、「河川や山などの自然地形」「鉄道の運行系統」「隣接する府県間での人口移動」等、ことばの状況を分析する手がかりになるような情報を付加したい。

　最後に、広域グロットグラムが方言研究の一方法として有効なものになるならば、最も大きな課題は調査に要する時間である。本稿での資料収集には20年の月日を要した。その間に低年層は30代になり、中年層は高年層に近

づいた。その結果，グロットグラムが見かけの時間変化として表わしていた年層差の意味が失われてしまう。現在手許にある資料は，年層区分を取り，地点×生年による広域グロットグラムにまとめ直し，最終的な報告とする。

『日本言語地図』や『方言文法全国地図』のように，多くの研究者が短期間にその力を習合することができれば，理想的な広域グロットグラムが完成するであろう。本稿がその礎になることを念じる所以である。

引用文献　井上史雄・永瀬治郎・沢木幹栄（1980）『最上地方新方言図集』，私家版．
　　　　　井上史雄（1985）『関東・東北方言の地理的・年齢的分布（SF グロットグラム）』，東京外国語大学語学研究所．
　　　　　井上史雄（2009）「ことばの伝わる速さ―ガンボのグロットラムと言語年齢学―」『日本語の研究』vol.5-3.
　　　　　井上史雄（2016）「データの視覚化（4）―Excel 散布図のグラフ・地図への応用―」『計量国語学』vol.30-4.
　　　　　井上史雄・加藤和夫・中井精一・半沢康・山下暁美（2011）『北陸方言の地理的・年齢的分布（北陸グロットグラム）』，科学研究費基盤研究（C）「北陸新方言の地理的社会的動態の研究」研究成果報告書（研究代表者 井上史雄）．
　　　　　楳垣実編（1962）『近畿方言の総合的研究』，東京：三省堂．
　　　　　江端義夫（2001）「日本の社会地理言語学のために」『山形方言』33，山形県方言研究会．
　　　　　大西拓一郎編（2016）『新日本言語地図』，東京：朝倉書店．
　　　　　鎌田良二（1962）「尊敬表現「て」について」『季刊文学・語学』25，全国大学国語国文学会．
　　　　　岸江信介・太田有多子・中井精一・鳥谷善史編著（2013）『都市と周縁のことば―紀伊半島沿岸グロットグラム』，大阪：和泉書院．
　　　　　国立国語研究所（1989–2006）『方言文法全国地図』全6巻，東京：財務省印刷局．
　　　　　真田信治（2002a）「社会方言地理学の実践 グロットグラム小史」馬瀬良雄監修『方言地理学の課題』，東京：明治書院．
　　　　　真田信治（2002b）『方言の日本地図 ことばの旅』，東京：講談社．
　　　　　真田信治（2007）「日本で編み出された"グロットグラム"」『世界の言語

地理学』, 東京：国立国語研究所.
都染直也（1999）「方言の近未来を予測する―兵庫県南東部の方言のグロットグラムから」『月刊 言語』vol.28-12（339号）, 東京：大修館書店.
都染直也（2007a）「グロットグラム作成のための方言調査法―甲南大学での実践例をもとに―」『甲南大学紀要 文学編』143.
都染直也（2007b）「上郡方言「コーヘン（来ない）」の現在と未来―兵庫県の都市部に先行する方言形―」『かみごおり町史百話』, 兵庫：上郡町.
都染直也（2010）「グロットグラムによる方言研究」『甲南大学紀要文学編』160.
都染直也（2014）「雨の擬態語「ピリピリ」の分布と動態について―近畿西部～中国東部のグロットグラム調査をもとに―」『北海道方言研究会40周年記念論文集生活語の世界（北海道方言研究会叢書6巻）』, 北海道方言研究会.
都染直也（2015）「グロットグラムにみる「斜めの等語線」について」中山緑朗編『日本語史の研究と資料』, 東京：明治書院.
徳川宗賢（1993）「第5章 地域差と年齢差―新潟県糸魚川市早川谷における調査から―」『方言地理学の展開』, 東京：ひつじ書房.
中井幸比古（1998）『方言研究（1）』, 神戸：神戸・方言の会.
廣戸惇（1949）『山陰方言の語法』, 島根：島根新聞社.
馬瀬良雄・竹田由香里・中東靖恵（1995）『山陽地方岡山―広島―下関ライン方言アクセントグロットグラム（地理年代言語図）集 資料と分析』, フェリス女学院大学文学部日本文学科馬瀬研究室.
馬瀬良雄（2002）「20世紀における日本の方言地理学研究」馬瀬良雄監修『方言地理学の課題』, 東京：明治書院.
李仲民（2013）「Glottogram 在地理语言学研究的一个实例」曹志耘主編『汉语方言的地理语言学研究』, 北京：商务印书馆.

〈関連文献（広域グロットグラムの原図を含む報告書）〉
　　　甲南大学方言研究会報告等（（　）内は調査実施年度 – 発行年）
『JR 神戸線沿線（大阪―姫路間）グロットグラム』（1997・1998–2002）
『JR 山陰本線鳥取―和田山間グロットグラム集』（2002–2003）
『JR 山陰本線松江―鳥取間グロットグラム集』（2003–2004）
『JR 山陽本線姫路―倉敷間グロットグラム集』（2004–2005）
『JR 播但線・山陰本線姫路―福知山間グロットグラム集』（2005–2006）
『JR 山陽本線・赤穂線 姫路―福山間グロットグラム集』（2006–2007）
『JR 山陰本線石見福光―松江―伯耆大山間グロットグラム集』（2007–

　　　　　2008)
　　　『JR 山陽本線・智頭急行線・JR 因美線 姫路－鳥取間グロットグラム集』
　　　　　(2008–2009)
　　　『JR 山陰本線 京都－和田山間グロットグラム集』(2009–2010)
　　　『JR 山陽本線 広島－岡山間グロットグラム集』(2010–2011)
　　　『JR 山陽本線・加古川線・福知山線 姫路－福知山間グロットグラム集』
　　　　　(2011–2012)
　　　『JR 姫新線 姫路－新見間グロットグラム集』(2012–2013)
　　　『JR 山陰本線・伯備線・山陽本線 松江－岡山間グロットグラム集』
　　　　　(2013–2014)
　　　『KTR 宮津線, JR 舞鶴線・山陰本線 豊岡 - 西舞鶴 - 福知山間グロットグラ
　　　　　ム集』(2014–2015)
　　　『JR 小浜線・舞鶴線 敦賀－綾部間グロットグラム集』(2015–2016)
　　　『JR 山陰本線 出雲市－飯浦間グロットグラム集』(2016–2017)

付記　　　本研究は，平成 27 年度「甲南学園平生記念人文・社会科学研究奨励助成
　　　　　金」の交付を受けてなされた研究成果の一部である。

　　　　　　　　　　　　　　　　　　　　　（つぞめ・なおや　甲南大学教授）

An Attempt at Dialect Study Using a Wide-Area Glottogram
—Based on Geolinguistic Surveys from the Western Part of Kinki and Hokuriku to Eastern and Central Parts of Chuugoku—

Tsuzome, Naoya

 The Glottogram, which arranges survey points linearly, has achieved results, but it has been pointed out that it cannot capture two-dimensional spread. However, like a linguistic map, the Wide-Area Glottogram, which stretches out vertically and horizontally like the eyes of a net while taking into consideration the relationship with the surroundings, is argued to be effective in capturing the changes in dialects in various geographical and social environments in two dimensions.

 In this article, I will summarize the accumulated results of dialect surveys over the past 20 years and report on a "Wide-Area Glottogram" where glottograms are arranged like a map. As concrete examples, we will take up "not come", "it rains *piripiri*" and honorific expressions for "go" used to intimate interlocutors.

 From the relationship between "real time" and "non-real time", accepting that 20 years of survey materials is a negative factor, I present this attempt while hoping for the future development of this new research.

Keyword: geolinguistics, glottogram (age x area distribution map), Kinki dialect, Chuugoku dialect

近代台湾における漢語方言の変化
―― 台湾西部沿岸の郷鎮[1]を例として ――

李仲民

　本稿は台湾西部沿岸地域の閩南語を調査研究の対象とし，方言の伝播と融合，変化を，言語地理学的観点から考察する。

　台湾西部沿岸地域は，明代末から清代初頭にかけて，漢民族移民が台湾のこのエリアに大量に流入したことが歴史文献から明らかになっている。この期にはじまる400年の移民史によって，大陸から台湾にもたらされた新しい語形が，どのように伝播し，在来方言と融合したのか。本稿では，この400年という明確なタイムスパンを時間的指標として，変化プロセスを考える。

　本稿では，調査および研究の方法としてグロットグラム法[2]を用い，その方法によって得た図表を利用する。それによって地理と年齢層の相互関係を観察し，台湾西部沿岸地域の方言変化を示すことができると考える。

キーワード：言語地理学，グロットグラム，漢民族移民，台湾閩南語

1. はじめに

　方言学者は方言の発生と分化を探求するだけでなく，新しい形式の発生からその伝播，および方言間の接触や融合に必要とする時間にも注目している。しかし，過去の記録が不十分であるため，1つの方言形式が発生してから外部に伝播するまでの全過程を正確に推定する手段は文献記録を使用するしかない。ただ，これらの文献資料の多くは通常，断片的であり，方言の使用地域について明白な言及がないため，いつ，どこで使用されていた方言形なのか，正確に知ることができない。したがって，方言の発生，伝播，変化については，ほとんど推測の形で仮説を提起するのみである。

　方言の伝播と融合，変化を観察するにあたり，言語地理学はもっとも有効な手段となる。本稿は言語地理学的な視点から台湾西部沿岸の郷鎮を調査対象とし，方言の語彙と語形の発生，伝播および変化について考察する。台湾西部沿岸地域を本稿で取り上げるのは，その地域が明代末から清代初頭にかけて台湾に渡来してきた大量の漢民族移民の，最初の上陸地点や生活エリアになったからである。

　文献によれば，この時期にはじまった大陸から台湾への移民は約400年あまりもの歴史をもつ。大陸から台湾にもたらされた新しい語形に注目すると，この文献によって明らかになった400年という時間は，方言伝播と方言融合，変化の時間的指標となろう。

　本稿では，地理と年齢層の相互関係を観察することができるグロットグラムを利用し，台湾西部沿岸地域[3]の方言変化を示したい。

　なお，本稿におけるグロットグラムの図表は，筆者が，2010年に実施した調査によって得たデータに基づいている。調査地域は，29個の郷鎮を含めた，北の苗栗県（ミャオリシェン）から南の高雄県（ガオションシェン）までの沿岸部であり，その直線距離は約250キロメートルである【図1】。

【図1】本稿の調査地域

2. 台湾における言語地理学の展開

　台湾の学界において，台湾の言語地理学は台湾総督府民政部（1907）に付された「臺灣言語分布圖」【図2】を嚆矢とするとされている。この地図は台湾の言語分布が書かれた最古の地図で，台湾におけるすべての言語を分類し，区画している[4]。また，小川尚義・浅井恵倫（1935）はこれに次ぐ時期の区画である【図3】。

　小川尚義は地図の依拠資料について説明していないが，許世融（2011）の考証によれば，この地図は『關於本島發達之沿革調査』（1901）に関連した原籍人口報告に基づいて描かれたものとされる。小川尚義が台湾言語地図を作成した動機は，国語調査委員会の設置（1902）や「音韻分布図」（1905）「口語法分布図」（1907）の出版に見られるように，当時，日本本土で進められた言語調査と方言地図作成に刺激を受けたためと推測される。

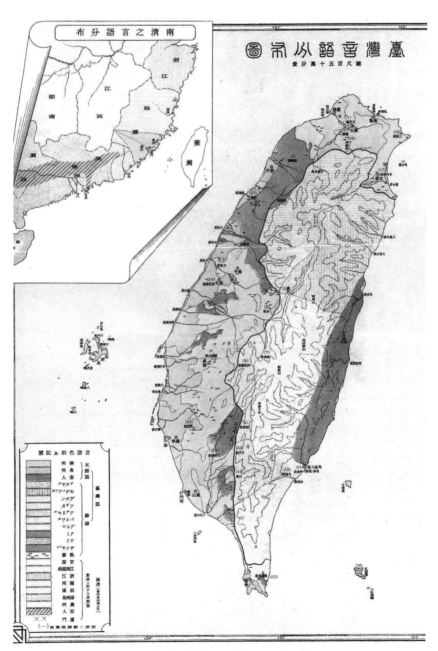

【図2】小川尚義（1907）「臺灣言語分布圖」

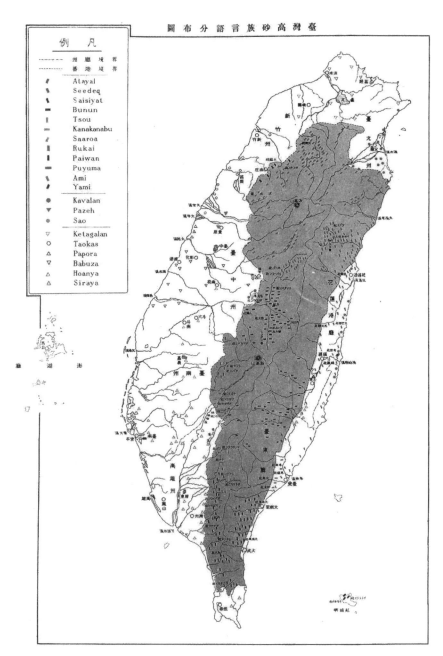

【図3】小川尚義・浅井恵倫（1935）「臺灣高砂族言語分布圖」

国民党政府統治下の台湾では，当初，台湾の言語に関する研究がタブーとされたため，言語の調査活動も停滞した。しかしながら1960年代末になって，この空白の状況が漸く打開された。その方法やきっかけについては，徳川宗賢・真田信治（1991）の区分法を参照しつつ，台湾における方言研究史として「方言区画論」と「方言地理学」に分けて説明する[5]。

2.1 方言区画論

方言区画論の重点は，方言のグループ分けや方言の境界の決定にある。

フィールドワークに基づいて作成された方言地図でもっとも早いものは，鍾露昇（1967）『閩南語在台灣的分布（台湾における閩南（ミンナン）語の分布）』である。調査人数は448人[6]，調査地点は174地点，調査対象の語彙は27であった。この鐘露昇（1967）では，閩南語の音声的特徴をもとにそのバリエーションを提示し，エリアごとに，その音声的バリエーションが語彙に与える影響を使用人数や割合で求め，「各県市の代表音声」と「各地域の代表音声」の2種類の方言地図を描いた。

その後，顧百里（1978）『澎湖群島方言調査』では，澎湖県（ポンフーシェン）の88地点を調査し，方言地図12枚を描いた。1–11枚目は単項目の特徴を表す地図であり，12枚目は「澎湖方言的綜合地圖」と題する方言区画図である。

洪惟仁は1985年より台湾全域の閩南語方言を調査し，方言資料の採集および分類を行っている。さらに，洪氏は2005年より台湾全域の方言区画および分布地図を描くことを目的に，台湾のすべての言語の分布調査を開始した。

【図4】は洪惟仁（2013）「臺灣語種分布區劃圖」である。洪惟仁は台湾の言語を地理的に7州に分けたが，これはおそらく台湾総督府が1920年10月に実施した「地方制度改正」による五州二庁の行政区画に由来するものと考えられる【図5】。そして注意すべきことは，洪氏が分けたこの7州の区画は行政区の概念をあてはめたものであり，方言にもとづく区画ではない可能性があるということである。というのも，洪氏の区画による「州」では，方言にはいかなる親縁関係もなく，方言間の一致性も見出せないからである。

行政区の概念を，方言区画に適応するためには，それなりの慎重さが求められるのではないだろうか。

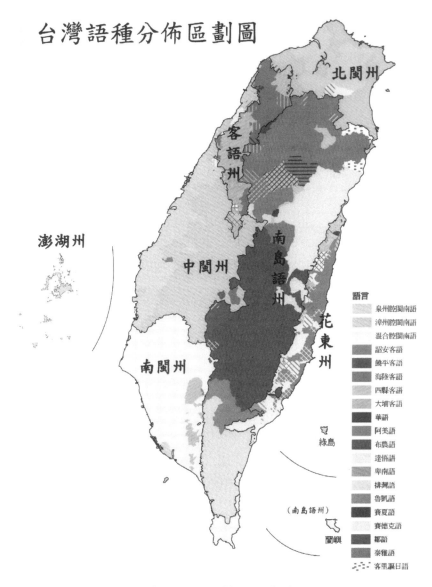

【図4】洪惟仁（2013）「臺灣語種分佈區劃圖」

【図5】1920年の臺灣行政區劃圖[7]

2.2 方言地理学

　方言地理学における言語調査の目標は，まず語彙調査データによって言語地図を作成し，方言分布の理由と歴史的な変化の過程を解釈した上で，言語の伝播と変化をもたらした内的，外的要因を探求することにある。

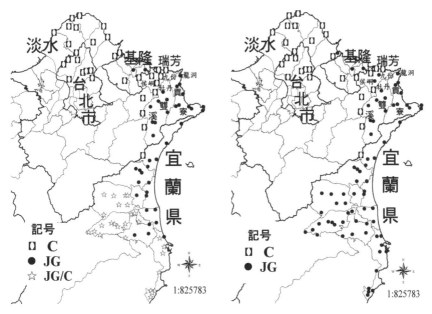

【図6】湯匙（スプーン／チリレンゲ）（李仲民 2014）　　【図7】青江菜（チンゲンサイ）（李仲民 2014）

　【図6】と【図7】は台湾東北地域の「湯匙」（スプーン／チリレンゲ）と「青江菜」（チンゲンサイ）の方言分布図である。チンゲンサイはその形状がスプーンに似ているため，台湾閩南語[8]ではスプーンの方言をもとにチンゲンサイの方言形が形成された。

　スプーンを表す形式には，次の2つの形式がある。IPA に付した数字は調値を表す。上付の数字は基本調値，下付の数字は変調調値を表す。

　　　C：「湯匙仔」thŋ$_{33}$ si$_{33}$ a^{51}
　　　JG：「調羹仔」thiau$_{33}$ kiŋ$_{33}$ŋã^{51}

これに対応してチンゲンサイの形式も2つある。

　　　C：「湯匙仔菜」thŋ$_{33}$ si$_{33}$ ŋã$_{55}$ tshai^{11}
　　　JG：「調羹仔菜」thiau$_{33}$3 kiŋ$_{33}$ŋã$_{55}$ tshai^{11}

「C 湯匙仔」と「JG 調羹仔」の境界線は雙溪郷（シュアン）の北部付近にある。この境界線の北側は「C 湯匙仔」と「C 湯匙仔菜」の地域で，南側は「JG 調羹仔」と「JG 調羹仔菜」の地域である。【図6】の宜蘭県（イーランシェン）南部に見られる星形で表記した地点は，「C 湯匙仔」と「JG 調羹仔」を併用する地域である。この地域は，南島語族原住民の生活区域であり，漢族移民は，100年の歴史しかもっていない。「C 湯匙仔」と「JG 調羹仔」の併用現象が見られるのは，この地域のほとんどの住民は台湾の各地から移住してきた人々である。「JG 調羹仔」と「JG 調羹仔菜」は主に宜蘭県とこれに隣接する雙溪郷・貢寮郷（ゴンリャオ）に分布し，「C 湯匙仔」と「C 湯匙仔菜」は台北市（タイペイシー）という大都市の強大な影響を受けて，その領域を拡大し，多くの地点で分布している。「C 湯匙仔」・「C 湯匙仔菜」と「JG 調羹仔」・「JG 調羹仔菜」は，雙溪北部地域で激しく衝突している。なお，「C 湯匙仔」の分布範囲は「C 湯匙仔菜」の分布範囲よりも広い。

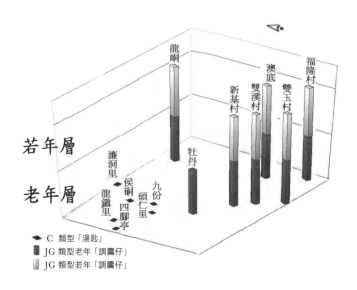

【図8】雙溪北部における「調羹仔」（スプーン/チリレンゲ）の年齢的分布

近代台湾における漢語方言の変化　　165

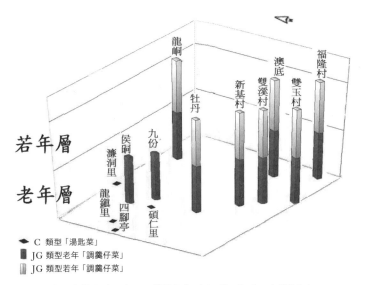

【図9】雙溪北部における「調羹仔菜」（チンゲンサイ）の年齢的分布

　【図8】と【図9】は，雙溪北部の老年層と若年層[9]における「JG 調羹仔」と「JG 調羹仔菜」の分布を示した三次元グロットグラムである。図の棒グラフは上下二層からなり，下半分の黒い部分は老年層，上半分の白い部分は若年層を意味する。「JG 調羹仔」や「JG 調羹仔菜」を使用しない地点は，棒グラフでは示さない。
　これらのグラフから，侯硐（ホウトン）・九份（ジョウフェン）・牡丹（ムーダン）の3地点が「C 湯匙仔」・「C 湯匙仔菜」と「JG 調羹仔」・「JG 調羹仔菜」の攻防前線であることがわかる。「湯匙」（スプーン／チリレンゲ）は，侯硐・九份で「C 湯匙仔」と言う。牡丹では，老年層は「JG 調羹仔」を使用しているが，若年層はすでに「C 湯匙仔」を使用している【図8】。「青江菜」（チンゲンサイ）については，侯硐・九份の老年層は「JG 調羹仔菜」を使用しているが，牡丹では老年層・若年層を問わず「JG 調羹仔菜」を使用する【図9】。
　こうしたことから，侯硐・九份では元々「湯匙」（スプーン／チリレンゲ）を「JG 調羹仔」で表現していたが，「C 湯匙仔」や「C 湯匙仔菜」の侵入により，若年層では徐々にこれらの語形へ変化したと推測される[10]。

3. 台湾西部沿岸における方言分布の特徴

　漢民族の台湾への移民は400年あまりの歴史しかない。台湾西部沿岸地域は漢民族の移民がもっとも早く到達した地域である。1907年に小川尚義が描いた「台湾言語分布図」【図2】によれば，台湾西部の方言は，大まかに2種類に分けられ，それぞれ南北に平行して分布する。1つは沿岸地域に分布する泉州（チュエンヂョウ）方言，もう1つは内陸地域に分布する漳州（ヂャンヂョウ）方言である。本稿ではこのような方言分布の特性に基づき，台湾西部沿岸地域を対象としたグロットグラム調査の成果をもとに以下のような考察を行う[11]。

3.1 蟷螂（カマキリ）

　【表1】が蟷螂の方言語形の分布状況を表すグロットグラムである。【表1】[12]が表すように，「カマキリ」の形式は，主に▲：tɔŋ bɯŋ と○：tshau kau の2つある。▲：tɔŋ bɯŋ は大甲鎮（ダージャー）から福興郷（フーシン），または麥寮郷（マイリャオ）から四湖郷（シーフー）にかけての二区間に集中的に分布しており，○：tshau kau はその他の地域に分布している。

【表1】蟷螂（カマキリ）

	苗栗県			台中県				彰化県					雲林県			嘉義県	台南県				高雄県		
	竹南鎮	後龍鎮	通霄郷	苑裡鎮	大安郷	清水鎮	梧棲鎮	龍井郷	伸港郷	線西郷	鹿港鎮	福興郷	芳苑郷	大城郷	麥寮郷	台西郷	四湖郷	口湖郷	東石郷	布袋鎮	北門郷	將軍郷	七股郷	台南市	茄萣郷	永安郷	彌陀郷	梓官郷
原籍	H J	T	A J	T	H	H	H	H J	H	H	H	H J	H	T H	H	H	T J H	T	H	H	H T	H T J	T H J	H J	T H J	H J	H J	H J
1910E					▲																							
1920E						▲		▲			▲ ▲								○ ○									
1930E	X	○	○	○	▲	▲			▲			☆	▲		▲			*			○	※						
1940E					▲								○		○					○			○ ○	○				
1950E	○		○		X	▲ ▲			X			○			▲		○	△		○								
1960E		○				▲	▲ ▲			▲		▲					○		○	○	○							
1970E		○			▲ X	▲ ▲	▲		X			▲								X	○	X	○					
1980E	○	▲ X	▲		▲				X		X ▲			▲ X	▲	○	○		X	○						○	X	
1990E			X						▲			○				○												

○：tshau kau，▲：tɔŋ bɯŋ，△：tɔŋ bɯ，☆：na tau kua?，*：tshau me?，※：tshau me a，X：NR。
原籍：H（三邑（晋江県・南安県・恵安県）），T（同安県），A（安渓県），J（漳州府）

＊：tshau meʔ，※：tshau me a は，台湾では大多数が「バッタ」を指すが，東石郷（ドンシー）と台南市（タイナンシー）の老年層では「カマキリ」を指すのに用いられる。小川尚義編纂の台湾総督府民政部（1907）を調べてみると，＊：tshau miʔ という項目の中に「螳螂の斧」という説明もなされていることから，＊：tshau meʔ が「螳螂」を指すというのも可能性としてはあり得る。ただし，台湾総督府民政部（1907）を除く先行研究ではこうした記録は確認できず，また＊：tshau meʔ とその他の形式との相互関係を説明する証拠がないことから，誤読であった可能性も否定できない。

通霄郷（トンシャオ）と布袋郷（ブーダイ）の1980年生まれの被調査者が▲：tɔŋ bɔŋ と回答したのは，被調査者が自発的に方言語形を答えられなかったため，調査者が▲：tɔŋ bɔŋ と〇：tshau kau をそれぞれ読み上げて提示し，被調査者に選択させる方法を取ったことが関係しているだろう。

3.2 關（閉める）と青盲（視覚障害者）

【表2】關（閉める）

	苗栗県			台中県				彰化県						雲林県				嘉義県	台南県			高雄県		
	竹南鎮	後龍鎮	通霄郷	苑裡鎮	大甲鎮	大安郷	清水鎮	梧棲鎮	龍井郷	伸港郷	線西郷	鹿港鎮	福興郷	芳苑郷	大城郷	麥寮郷	台西郷	四湖郷	口湖郷	東石郷	布袋郷	北門郷	將軍郷	七股郷	台南市	茄萣郷	永安郷	彌陀郷	梓官郷
1910E					▲																								
1920E							▲		▲	〇	▲									〇	〇								
1930E	〇	〇	▲	〇	▲	▲		▲					▲	〇	▲		▲		▲				〇	▲		〇	〇	〇	〇
1940E					▲								▲	〇				〇							〇	〇	〇	〇
1950E	▲	〇		〇		〇	〇	▲			▲			▲			▲	〇	▲		〇		〇						
1960E			〇		▲			▲			▲	▲	▲		▲					▲						〇	〇	〇	
1970E		〇			〇	▲	〇	▲	▲		〇	▲			▲						〇	〇	〇	〇					
1980E	▲		〇	〇			▲			▲	〇	〇		▲	▲	▲	〇	〇								〇	〇		
1990E				〇				〇				▲																	

▲：kuí，〇：kuaí。

【表3】青盲（視覚障害者）

	苗栗県				台中県				彰化県						雲林県				嘉義県		台南県				高雄県			
	竹南鎮	後龍鎮	通霄郷	苑裡鎮	大甲鎮	大安郷	清水鎮	梧棲鎮	龍井郷	伸港郷	鹿港鎮	福興郷	芳苑郷	大城郷	麥寮郷	台西郷	四湖郷	口湖郷	東石郷	布袋鎮	北門郷	將軍郷	七股郷	台南市	茄萣郷	永安郷	彌陀郷	梓官郷
1910E					▲																							
1920E							▲	▲			▲	▲	▲										○	○				
1930E	○	▲	○	▲	▲		▲				▲		▲	▲		▲	▲	▲				○	○					
1940E					▲		▲											▲				○			○	○	○	○
1950E	▲		○			▲					▲						▲				▲			▲				
1960E		▲		○				▲	▲	▲	▲					▲									○	○	○	○
1970E		▲			▲	▲	▲		▲	▲	▲					▲									○	○	○	○
1980E	○		○	○		▲						○		▲	○	○			▲	○	▲	○	▲				▲	▲
1990E					▲					○																		

▲：tshĩ mĩ，○：tshē mē。

【表2】「關」（閉める）と【表3】「青盲」（視覚障害者）は，それぞれ▲：kuī と○：kuaī，▲：tshĩ mĩ と○：tshē mē という 2 つの形式がある。▲：kuī と▲：tshĩ mĩ は泉州系の方言で，台中県（タイジョンシェン）から雲林県（ユンリンシェン）にかけて集中的に分布している。一方，○：kuaī と○：tshē mē は漳州系の方言で，およそ嘉義県（ジャーイーシェン）から高雄県にかけて分布している。【表3】「青盲」（視覚障害者）において，台南県（タイナンシェン），高雄県の若年層が▲：tshĩ mĩ と答えているのは，おそらく標準語である「青瞑」tɕhiŋ miŋ[13] の母音が影響しているからだと考えられる。

3.3 針（はり）と雙（一対の，ペアの）

「針」（はり）と「雙」（一対の，ペアの）は，それぞれ▲：tsam と○：tsiam，▲：saŋ と○：siaŋ という 2 つの形式がある。▲：tsam と▲：saŋ は泉州系の方言，○：tsiam と○：siaŋ は漳州系の方言である。【表4】と【表5】からわかるように，▲：tsam と▲：saŋ の地理的分布はおよそ台中県から雲林県の間であって，大半の地域では○：tsiam と○：siaŋ が分布している。とりわけ年齢層で言えば，1960 年以後生まれの話者の回答は，ほとんど○：tsiam と○：siaŋ に変わったと言える。

【表4】針（はり）

	苗栗県				台中県				彰化県							雲林県				嘉義県	台南県					高雄県			
	竹南鎮	後龍鎮	通霄郷	苑裡鎮	大甲鎮	大安郷	清水鎮	梧棲鎮	龍井郷	伸港郷	線西郷	鹿港鎮	福興郷	芳苑郷	大城郷	麥寮郷	台西郷	四湖郷	口湖郷	東石郷	布袋鎮	北門郷	將軍郷	七股郷	台南市	茄萣郷	永安郷	彌陀郷	梓官郷
1910E							▲																						
1920E								▲		▲		▲									○	○							
1930E	○	○	○	○			▲					▲		▲	○	▲	○						○	○					
1940E							○									▲										○	○	○	○
1950E	○	○		○			○	▲	▲			○					○	○			○			○			○	○	○
1960E		○		○						○		○	○	○								○				○	○	○	○
1970E		○			○	○	○	○			○	○					○					○	○	○	○				
1980E	○		○	○							○		○	○	○	○		○	○	○	○								○
1990E				○							○					○													

▲：tsam，○：tsiam。

【表5】雙（一対の，ペアの）

	苗栗県				台中県				彰化県							雲林県				嘉義県	台南県					高雄県			
	竹南鎮	後龍鎮	通霄郷	苑裡鎮	大甲鎮	大安郷	清水鎮	梧棲鎮	龍井郷	伸港郷	線西郷	鹿港鎮	福興郷	芳苑郷	大城郷	麥寮郷	台西郷	四湖郷	口湖郷	東石郷	布袋鎮	北門郷	將軍郷	七股郷	台南市	茄萣郷	永安郷	彌陀郷	梓官郷
1910E	▲						▲																						
1920E								▲		▲		▲	○								○	○							
1930E	○	○	○	○			▲			▲				○	○	▲	▲		▲				○	○					
1940E							▲										▲	○				○				○	○	○	○
1950E	○	○		○			○	▲	▲			○				▲		○	▲		○		○						
1960E		○		○					○	▲	○	○				○					○					○	▲	○	○
1970E		○			▲	○	○	○			○	○				○						○	○	○	○				
1980E	○		○	○							○		○	○	○	○		▲	○	○	○								○
1990E				○							○					○													

▲：saŋ，○：siaŋ。

3.4 箸（はし）と魚（さかな）

【表6】箸（はし）

	苗栗県			台中県						彰化県						雲林県				嘉義県	台南県			高雄県			
	竹南鎮	後龍鎮	通霄鄉	苑裡鎮	大甲鎮	大安鄉	清水鎮	梧棲鎮	龍井鄉	伸港鄉	線西鄉	鹿港鎮	福興鄉	芳苑鄉	大城鄉	麥寮鄉	台西鄉	四湖鄉	東石鄉	布袋鎮	北門鄉	將軍鄉	七股鄉	台南市	茄萣鄉	永安鄉	彌陀鄉	梓官鄉
1910E					▲																							
1920E					▲	○	▲	▲										○	○									
1930E	○	○	○	○			▲		▲		○	○		○		○			○	○								
1940E					▲										○		○			○			○	○		○	○	○
1950E	○	○		○		○	▲	▲		▲					○	○		○		○			○	○		○	○	
1960E			○				○			○	▲	○			○					○				○	○	○		
1970E		○			▲	▲	○	○		○	▲					○							○	○	○	○		
1980E		○	○		○								▲	○													○	○
1990E				○						○			○															

▲：ti，○：tɨ。

【表7】魚（さかな）

	苗栗県			台中県						彰化県						雲林県				嘉義県	台南県			高雄県			
	竹南鎮	後龍鎮	通霄鄉	苑裡鎮	大甲鎮	大安鄉	清水鎮	梧棲鎮	龍井鄉	伸港鄉	線西鄉	鹿港鎮	福興鄉	芳苑鄉	大城鄉	麥寮鄉	台西鄉	四湖鄉	東石鄉	布袋鎮	北門鄉	將軍鄉	七股鄉	台南市	茄萣鄉	永安鄉	彌陀鄉	梓官鄉
1910E					▲																							
1920E					▲	○	▲	○										○	○									
1930E	○	○	○	○			▲		▲		○	○		○		○			○	○								
1940E					▲										○	○			○			○		■	○	○	○	
1950E	○	○		○	▲	▲		▲			○		○	○				○					○			○		
1960E			○				○		○	■	○		○						○				■	○				
1970E		○			▲	▲	○	○		○	▲					○							○	○	○	○		
1980E	○		○	○							○		○		○	○	○	○								○	○	
1990E				○						○			○															

▲：hi，■：hu，○：hɨ。

【表6】,【表7】はいずれも中舌狭母音ɨの有無に関わる。「箸」(はし)と「魚」(さかな)の母音には，▲：i，■：u，○：ɨ という3つの形式がある。ただし「箸」には，tu という形式は存在しない。

【表6】と【表7】が表すように，「箸」と「魚」の分布状況はほぼ同じである。唯一の差異は，鹿港鎮（ルーカン）の中年層と茄定郷(チーディン)の老年層・中年層が「魚」を■：hu と発音することである。

3.5 鞋（くつ）と皮（かわ）

【表8】鞋（くつ）

	苗栗県			台中県					彰化県					雲林県					嘉義県	台南県				高雄県			
	竹南鎮	後龍鎮	通霄郷	苑裡鎮	大甲鎮	大安郷	清水鎮	梧棲郷	龍井郷	伸港郷	線西郷	鹿港鎮	福興郷	芳苑郷	大城郷	麥寮郷	台西郷	四湖郷	口湖郷	東石郷	布袋鎮	北門郷	將軍郷	七股郷	台南市	茄萣郷	永安郷	彌陀郷	梓官郷
1910E					■																								
1920E					■		■		■		■								○	○									
1930E	○	■	○	■	■		■		■		■	■	■				○					○	○						
1940E					■											■		○			○					○	○	○	○
1950E	○	■		○	■	■					■		■				■		○			○							
1960E			○		■		■		■		■								○			○				○	○	○	○
1970E		○			■	■	■		■	■	■					○						○	○	○					
1980E	○		○	○		○					○		○	○	○		○	○	○									○	○
1990E				○						○			■																

■：ue，○：e。

【表9】皮（かわ）

	苗栗県			台中県					彰化県					雲林県					嘉義県	台南県				高雄県			
	竹南鎮	後龍鎮	通霄郷	苑裡鎮	大甲鎮	大安郷	清水鎮	梧棲郷	龍井郷	伸港郷	線西郷	鹿港鎮	福興郷	芳苑郷	大城郷	麥寮郷	台西郷	四湖郷	口湖郷	東石郷	布袋鎮	北門郷	將軍郷	七股郷	台南市	茄萣郷	永安郷	彌陀郷	梓官郷
1910E					▲																								
1920E					▲		▲		▲										○	○									
1930E	■	○	○	○	■		○		▲		▲	○	▲				○					○	○						
1940E					▲											■		○	■		○					○	○	○	○
1950E	○	○		○	■	▲			▲			■				○	○		○			○							
1960E			○	■			■		■							○			○			○				○	○	○	○
1970E					▲	▲	○	■	■		■	▲				■						○	○	○					
1980E	○		○	○	■					○		▲	○	○		■	○	○										○	○
1990E				○						○	○																		

▲：phə，■：phe，○：phue。

【表8】の台中県から雲林県にかけての「鞋」（くつ）には，■：ue と○：e という２つの形式の回答がある。■：ue の分布状況からは，この地域では元々は同一で，■：ue 使用地域だったことがわかる。口湖郷（コウフー）はいずれの世代も○：e を使用し，四湖郷・台西郷（タイシー）は老年層のみが■：ue，麥寮郷は老年層・中年層が■：ue を使用している。つまりこれは，○：e の分布領域が台南県や嘉義県から雲林県に向かって拡大したことを示している。

【表9】「皮鞋」の「皮」（かわ）には，▲：phə，■：phe，○：phue という3つの形式がある。清水鎮（チンシュイ）から芳苑郷（ファンユェン）にかけて▲：phə が分布し，その周辺には■：phe が，さらにその外側には○：phue が分布している。分布の特徴を見ると，周圏的に層が形成されているが，この分布を「周圏論」で解釈するのは軽率で，おそらくこれは台湾で発生した新たな変化だと考えられる。

最後に，【表9】と【表10】を併せて見てみることにする。「皮」と「鞋」は，組み合わせると「皮鞋」（かわぐつ）という語を形成する。この語について，福建省（フーチェン）の閩南語では phə ue（▲■），phe ue（■■），phue e（○○）という3つの形式が存在するが，大城郷（ダーチェン）・麥寮郷・四湖郷・口湖郷などの地域では，「皮」○：phue の分布領域が拡大したことによって，phue ue（○■）という新たな形式が生まれることとなった。

3.6 揹（赤ちゃんをおんぶする）と揹巾（おんぶ紐）

【表10】揹（赤ちゃんをおんぶする）

	苗栗県				台中県					彰化県						雲林県				嘉義県		台南県					高雄県		
	竹南鎮	後龍鎮	通霄鎮	苑裡鎮	大安郷	大甲鎮	清水鎮	梧棲鎮	龍井郷	伸港郷	線西郷	鹿港鎮	福興郷	芳苑郷	大城郷	麥寮郷	台西郷	四湖郷	口湖郷	東石郷	布袋鎮	北門郷	將軍郷	七股郷	台南市	茄萣郷	永安郷	彌陀郷	梓官郷
1910E							●																						
1920E										●		●		●	●							●	●						
1930E	●	●	●	●			●			●				●	●	●							●	●					
1940E							●									●	●				●						●	●	●
1950E	●	●		●			●						●		●					●			●				●	●	●
1960E													●		●	●	●			●							●	●	●
1970E													●		●	●	●	●						●					
1980E	●		●										●		●	●	●	●					●						
1990E									●							●													

●：aĩ

近代台湾における漢語方言の変化　173

【表11】揹巾（おんぶ紐）

	苗栗県			台中県				彰化県						雲林県				嘉義県	台南県				高雄県		
	竹南鎮	後龍鎮	通霄鎮	苑裡鎮	大甲鎮	大安郷	清水鎮	梧棲鎮	龍井郷	伸港郷	線西郷	鹿港鎮	福興郷	芳苑郷	大城郷	麥寮郷	台西郷	四湖郷	口湖郷	東石郷	布袋鎮	北門郷	將軍郷	七股郷	台南市	茄萣郷	永安郷	彌陀郷	梓官郷
1910E							△																						
1920E								●		△		△	△								●	●							
1930E	△	●	●	△	●								△	△	△					●					●	●	●	●	●
1940E					△									△		●		●								●	●	●	●
1950E	△	△							◎					△			●			●						●	●	●	●
1960E											△	△				●										●		●	●
1970E					●					X			●					●								●	●	●	●
1980E	●		●	●	●		●	●	●	●	●	●	●			●		●		X						●	●	●	●
1990E				●				●			X		●																

△：iaŋ kun，◎：am kun，●：aĩ kin，X：NR。

「揹」（赤ちゃんをおんぶする）という動詞は，台湾では泉州系のiaŋと漳州系のaĩという2つの形式がよく見られる。ゆえに，「揹」より派生した名詞「揹巾」（おんぶ紐）もiaŋ kunとaĩ kinの2つがある。

しかし，【表10】「揹」はすべて●：aĩであるのに対し，【表11】「揹巾」では苗栗県から雲林県台西郷の1950年代以前に生まれた被調査者は△：iaŋ kunと言っているのである。これら2つの表を比較すると，単音節動詞の変化の速度は複合語（compound word）よりも速いことがわかる。

3.7 蔘（朝鮮人参）と貴蔘蔘（値段がとても高い）

【表12】蔘（朝鮮人参）

	苗栗県			台中県				彰化県						雲林県				嘉義県	台南県				高雄県		
	竹南鎮	後龍鎮	通霄鎮	苑裡鎮	大甲鎮	大安郷	清水鎮	梧棲鎮	龍井郷	伸港郷	線西郷	鹿港鎮	福興郷	芳苑郷	大城郷	麥寮郷	台西郷	四湖郷	口湖郷	東石郷	布袋鎮	北門郷	將軍郷	七股郷	台南市	茄萣郷	永安郷	彌陀郷	梓官郷
1910E							■																						
1920E								☆	▲		X					■				■	■								
1930E	■	X	■	■	■								☆		☆		■		■			■	■						
1940E					■												X				■								
1950E	■	■		■	■		○		▲							○	■				■								
1960E			■		■			○	▲	▲			■			■								X	■	■			
1970E		■	■	■	○		☆									☆								X	■				
1980E	■		X						■					○	X	X	■	■	■	X	X				■	■			
1990E				■				▲					■				X												

▲：sìm，■：sim，○：som，☆：sam，X：NR。

【表13】貴蔘蔘（値段がとても高い）

	苗栗県			台中県						彰化県						雲林県				嘉義県		台南県				高雄県			
	竹南鎮	後龍鎮	通霄郷	苑裡鎮	大甲鎮	大安郷	清水鎮	梧棲鎮	龍井郷	伸港郷	線西郷	鹿港鎮	福興郷	芳苑郷	大城郷	麦寮郷	台西郷	四湖郷	口湖郷	東石郷	布袋鎮	北門郷	将軍郷	七股郷	南市	茄萣郷	永安郷	彌陀郷	梓官郷
1910E							X																						
1920E								☆		▲		☆	○									☆	☆						
1930E	○	○	☆	☆	☆			○		▲			X	☆	X	☆				☆				☆	☆				
1940E					☆									☆			☆				☆					☆	☆	☆	
1950E	○	☆		○		☆	☆	X		▲				○			☆		☆		☆			☆					
1960E		☆			☆			○		○	▲	☆		○			☆						○		X	☆			
1970E		○		☆	☆	☆	☆	☆														☆	☆	☆	X				
1980E	☆		☆	○				○		○	○	☆	☆	■	☆	☆											○	X	
1990E					☆							☆																	

▲：sim，■：sim，○：som，☆：sam，X：NR。

「蔘」（朝鮮人参）の発音は閩南語において，▲：sim，■：sim，○：som，☆：sam という4つの形式がある[14]。【表12】では，■：sim が台湾西部沿岸地域に広く分布し，伸港郷（シェンガン）・線西郷（シェンシー）・鹿港鎮にのみ▲：sim が分布している。○：som は梧棲鎮（ウーチー）・龍井郷（ロンジン）・芳苑郷・口湖郷に散在的に分布しているが，これはおそらく就学や就職のために地元を離れたことで漳州系の方言の影響を受けたからであろう。

しかし，「蔘」から派生した形容詞「貴蔘蔘」（値段がとても高い）は，これとはまったく異なる状況を示している。【表13】に見えるように，伸港郷・線西郷・鹿港鎮の3地点では，単音節の「蔘」と同じように▲：sim が残存している。しかし，大部分の地域においては，使用されて然るべき▲：sim に取って代わり，☆：sam が広く分布している。台湾総督府民政部（1907）に「貴蔘蔘」という語が収録されていないことを踏まえると，近年に発生した語であるかもしれない。

3.8 蚵（牡蠣）

「蚵」（牡蠣）には，★：o，⊕：ɔ，☆：ə[15]という3つの形式がある。古い閩南語では★：o と ⊕：ɔ の音素対立があったと推定されており，「蚵（o）」と「芋（ɔ）」は同音衝突を起こさない。しかし，今日の閩南語におい

【表14】蚵（牡蠣）

	苗栗県				台中県					彰化県						雲林県				嘉義県		台南県				高雄県			
	竹南鎮	後龍鎮	通霄鎮	苑裡鄉	大甲鎮	大安鄉	清水鎮	梧棲鎮	龍井鄉	伸港鄉	線西鄉	鹿港鎮	福興鄉	芳苑鄉	大城鄉	麥寮鄉	台西鄉	四湖鄉	口湖鄉	東石鄉	布袋鎮	北門鄉	將軍鄉	七股鄉	台南市	茄萣鄉	永安鄉	彌陀鄉	梓官鄉
1910E					★																								
1920E							★		★		★	★									★	☆							
1930E	☆	★	★	⊕	★	★		⊕		★			★	★	★		★		★				☆	★					
1940E					★													☆		☆		☆				☆	☆	☆	☆
1950E	★	★		★		★	★	★			★			★			★		☆		☆		☆	☆		☆	☆	☆	☆
1960E		⊕		★		⊕				★	★	★			☆			★					☆	★		☆	☆	☆	☆
1970E		★			★	⊕	★	☆	⊕		★	★				☆							☆	☆	★	☆	☆	☆	☆
1980E	☆		★	☆				★			★	★	★					★	☆										
1990E				★				☆		☆	★							★											

★：o，⊕：ɔ，☆：ə．

て，ɔとoが次第に合流したため，「蚵」と「芋」は同音へと変化した。「蚵」をəと発音するのは，新たに発生した形式である。ただしこれは，福建省漳州市においても同様の現象が見られるため，台湾独自の現象とは言えない。「蚵」と「芋」は，oとɔの音素対立から，əとo（或いはɔ）の音素対立へと変化したのである。

【表14】に見られる★：oは，この地域の古い形式である。嘉義県と雲林県で得た回答から見ると，老年層はこの語形を使用しているが，中年層・若年層はすでに高雄から北へ伝播した☆：əを使用するようになる傾向にある。「蚵」を★：oと発音する地域では，「蚵」と「芋」において同音衝突が起きている。

4. 台湾西部沿岸における方言と原籍地の関係

【表15】は，台湾総督府が1928年に出版した『台湾在籍漢民族郷貫別調査』の記録に基づき，再整理した表である。

【表15】台湾西部沿岸地域の住民の原籍表（1928）

	苗栗縣				台中縣							彰化縣						雲林縣					嘉義縣	台南縣						高雄縣		
	竹南鎮	後龍鎮	通霄鄉	苑裡鎮	大甲鎮	大安鄉	清水鎮	梧棲鎮	龍井鄉			伸港鄉	線西鄉	鹿港鎮	福興鄉	芳苑鄉	大城鄉	麥寮鄉	台西鄉	四湖鄉	口湖鄉		東石鄉	布袋鎮	北門鄉	將軍鄉	七股鄉	台南市		茄萣鄉	永安鄉	彌陀鄉	梓官鄉
安溪	5	40	20	3	15	2	55	29	0			0	22	7	20	0		0	0	0	0		45	36	0	0	14	30		0			2
同安	6	87	0	63	58	15	74	35	33			12	22	22	80	75		6	15	0	19		64	56	22	68	46	127		164			1
三邑	78	13	1	10	93	51	132	53	50			114	268	106	50	0		107	164	138	62		56	115	136	88	79	312		0			139
漳州	43	26	15	34	0	0	2	0	0			0	0	0	2	24		51	0	0	63		34	7	5	30	45	172		68			74

(単位：100人)

【表15】の左側にある安溪（アンシー），同安（トンアン），三邑（サンイー）はいずれも旧福建省泉州府（チュエンヂョウフ）に属する県であり[16]，漳州は旧福建省漳州府（ヂャンヂョウフ）を指す[17]。この表からわかるように，台湾西部沿岸地域の人々の原籍は主に旧泉州府であり，また一部の地域を除いてほとんどは三邑地域である。つまり移民の原籍から言えば，この地域の方言は泉州方言に属するとみるべきである。

【表1】から【表3】を見ると，台中県から雲林県においておおよそ同じ類型が分布しているのがわかる。これらはすべて泉州系方言の特徴であり，この地域の人々の原籍地が福建省泉州地域だという記録と一致する。【表1】にある「螳螂」（カマキリ）の▲：tɔŋ bɔŋ と○：tshau kau という2つの語彙は音韻上の関係がまったくないことから，両者の起源は異なると言える。▲：tɔŋ bɔŋ と○：tshau kau の分布状況を【表15】の原籍表と比較してみると，三邑を原籍地とする人が多数を占める地域では▲：tɔŋ bɔŋ を使い，少数の地域では○：tshau kau を使っている。ここから▲：tɔŋ bɔŋ と○：tshau kau の分布は，移民の原籍地の影響を受けた結果であることがわかる。移民の原籍地が異なることによって，もたらされた語彙も異なり，結果的に，このような整然とした分布が生まれたのである。

【表9】は，「皮」の母音における中舌母音əの有無に関わる。この字の読音は閩南語泉州漳州系においてə，e，ue という3つの形式があり，台湾西部沿海地区では ue-e-ə-e-ue といった ABCBA 分布を呈している。しかし，今日の福建省三邑地域の閩南方言を調べると，ə と e が同時に分布している[18]。よって，この分布状況は「周圏論」で解釈すべきではなく，移民の

原籍地の相違によるものと考えられる。すなわち，清水鎮から芳苑郷にかけてɚが分布し，台中県大甲鎮と大安郷および雲林県にeが分布しているのは，彼らの原籍地においてそのように発音していたものを受け継いだにすぎないと考えられる。

【表15】に示したように，雲林県の4つの郷，および彰化県芳苑郷と大城郷を除く4つの郷は，いずれも三邑を原籍地とする人々が多く占める地域である。しかし，【表6】と【表7】においては，両者の分布状況は異なっている。雲林県の4つの郷では「箸」○：ti，「魚」○：hiと言うのに対し，彰化県の3つの郷鎮では「箸」▲：ti，「魚」▲：hiが見られる。その理由は，雲林県の4つの郷が「泉州市街系」であり，彰化県の福興郷を除く3つの郷鎮は「泉州沿海系」であるためと考えられる。

【表15】によれば，彰化県芳苑郷と大城郷は同安地域を原籍とする人が多い地域である。同安方言では，「箸」と「魚」はそれぞれtu，huと発音する。しかし，近隣の方言の影響を別々に受けた結果，芳苑郷では▲：ti，▲：hi，大城郷は○：ti，○：hiと発音するようになった。

以上より，今日の台湾西部沿岸における閩南語の分布は，移民の原籍と深く関わっていることがわかる。

5．結論

第3節での台湾西部沿岸方言のグロットグラムから，西部沿岸方言の400年にわたる変化の特徴を見出すことができる。

(1) 台湾南部沿岸の高雄・台南と嘉義地域は，漢民族移民が台湾に渡来した際の最初の到達地である。台南は台湾の古い都であり，高雄は今日における台湾の第二の大都市である。2つの都市は距離が近いため，台湾南部の中核となった。雲林県より南は平原地帯であるため，嘉義・台南・高雄などの地域の方言は，融合する速度が非常に速い。一

部の地域において個別的な方言特徴を保持しているのを除けば，大半の地域の方言が一致する傾向にあり，その結果いわゆる「台湾通用訛り」[19] を形成した。この「台湾通用訛り」は，漳州系の特徴を主体とし，部分的に泉州系の特徴を融合させた新たな形式の方言である。「台湾通用訛り」は北へと伝播し，その前衛は嘉義県や雲林県の南部にまで到達した。

(2) 中部地域（台中県・彰化県・雲林県）は，大体において元々の方言分布状況を保持している。この地域で見られる方言の差異は，泉州方言と漳州方言が接触したからではなく，移民の原籍地による違いから形成されたものである。中舌母音について言えば（【表8】，【表9】），閩南語の歴史的変遷では脱中舌母音化の現象がある。台湾中部地域のə, e, ueはABCBA分布を呈しているが，「周圏論」を適用することはできない。清水鎮・梧棲鎮・線西郷・鹿港鎮などに現れる形式は，今日の泉州沿海系方言と類似している。大甲鎮・大安郷・麥寮郷・台西郷・四湖郷・口湖郷などに現れる形式は，今日の泉州市街系方言に近い。ゆえに，この地域の中舌母音が示すABCBA分布は移民の原籍地による差異に因るものにすぎない。

清水鎮と鹿港鎮は中部地域における最大の町であることから，この地域の泉州沿海系方言の中心としての役割を果たしている。その周辺に位置する龍井郷・伸港郷・福興郷の3地点は，泉州系の勢力拡大の影響を強く受けた方言接触地域となっており，中舌母音という特徴の有無において混乱が生じている。

(3) 【表3】から【表14】を観察すると，1つのことがわかる。それは，以前は方言境界線がはっきりと浮かび上がるような分布であったが，1950，60年代以降に生まれた被調査者においては方言境界線が消失し始めているという点である。かつて安定していた方言分布に急激な変化を起こしたのは，おそらく外的な要因によるものだろう。台湾ではここ数十年において，方言の伝播と変化に影響を与え得るい

くつかの重大な出来事が起きている。

(a) 1966 年，国語運動の推進を強めた。『加強推行國語計劃』実施方法第1条によれば，「各課程の学校において，教員と学生は国語を使わなければならない。違反した学生は規則によって処分される」[20]とある。1972 年，政府はテレビ局の台湾語放送時間を1時間以内までと規定した。1976 年の『廣播電視法』第22条によれば，「ラジオ局は，国内ラジオ放送の主たるアナウンス言語を国語とし，方言は次第に減少させるべきである。その占める割合については，新聞局が実際の需要を見て定める」[21]とある。

　このように，一連の国語政策を強行に推し進めた結果，方言の伝播と使用に大きな影響を与えた。

(b) 1962 年，台湾で初めてテレビ局（臺灣電視公司）が誕生し，放送を開始した。テレビ放送は，言語の伝播速度を加速させた。閩南語の番組では，台湾の視聴者の好みに合わせるため，「台湾通用訛り」で発音する場合が多い。こうした方針は「通用訛り」の伝播を加速させ，かつて存在していた方言の差異による地理的境界線を打ち破ったのである。

(c) 1978 年，台湾で初めて高速道路が開通した。1979 年には，台湾鉄路管理局の鉄道路線である縦貫線が，全線ともに電気鉄道化して開通した。この2つの交通網の建設は，台湾地域の人口移動を促進させ，人の移動距離が広がった。その結果，言語の伝播範囲も拡大した。

　1950，60 年代以後に生まれた台湾人はその成長過程において，急激に変化する社会に身を置くこととなった。その結果，方言が急速に台湾通用訛りへ近づいただけでなく，方言を流暢に話す能力も失ってしまった。

　本稿は，台湾移民の原籍，参考文献，グロットグラム（地理と年齢層）の三者の関係を観察し，400 年来の台湾西部沿海方言の変化結果を表した。これによって，台湾西部沿岸地域の地域語のバリエーショ

ンと住民達の原籍には密接な関係がある，ということがあらためて明らかになったと考える。

注

1 台湾の『地方制度法』により，「地方」は「省」と「直轄市」に区分されている。「省」の下部に「県」，「市」（以下「市」と呼ぶ）を設置し，「県」の下部に「郷」，「鎮」，「県轄市」を設置する（以下郷（鎮，市）と呼ぶ）。また，「直轄市」と「市」の下部に「区」を，「郷」の下部に「村」を設置し，「鎮」，「県轄市」と「区」の下部に「里」を設置する。日本の行政区画と比較すると，日本の県は台湾の県より大きく，台湾の「省」に似ている。日本の町は台湾の「村」，「里」に近い。なお，【図1】において，全ての調査地点表示はできていない。調査結果を示した【表1】あるいは【表2】等を参照し，位置関係を理解願いたい。

2 日本国内で，グロットグラム法という場合は，徳川宗賢らが新潟県糸魚川市の早川流域で実施したような下流から上流にむけて直線的に，一方の軸に地点を，もう一方の軸に年齢を取って「地理×年齢」を示すのが一般的であるが，ここではエリア内の方言の変化や伝播の様子をとらえる目的で，地域差と年齢差を同時に示す方法をグロットグラム法とする。

3 台湾の地形は南北に長く東西が狭い形状となっていて，南北に台湾島を縦断している中央山脈を中心に山脈が形成され，台湾を東と西に分割する。台湾の西側は台湾海峡に面する地域であり，北台湾（桃園市（桃園県），新竹県，および新竹市），中台湾（苗栗県，および中市（台中県，市），彰化県，南投県及雲林県），和南台湾（嘉義県，嘉義市，臺南市（台南県，市），高雄市（高雄県，市），屏東県）の非山地の平原地域を含まれている。本文で説明する台湾の西部沿岸は台湾西側の平原地域が台湾海峡に面する地域である。

4 日本統治時代の台湾では，移川子之藏・宮本延人・馬淵東一 (1935)『臺灣高砂族系統所屬の研究』が刊行され，ここには「各族分布図」が1，「移動図」4，「系統別分布図」5 が納められている。

5 本稿は徳川宗賢・真田信治 (1991)『新・方言学を学ぶ人のために』の第九章「方言学の方法」の第一部「方言研究史」の第二節「方言研究の分野と展望」を参考にし，方言区画論と方言地理学を 2.2 と 2.3 で分けて説明する。

6 この調査は鍾露昇が師範大学，輔仁大学の教員であった3年間に，2校の学生を対象に行なわれたものである。協力した学生の年齢は 18–31 歳で

あり，ほとんどが 19–26 歳であった。

7 【図5】は葉高華による。Web サイト：臺灣的行政區 1684-1945（2017年2月6日最終アクセス）
http://mapstalk.blogspot.tw/2010/02/1684-1945.html。

8 台湾閩南語とは台湾で通用している閩南語であり，日本統治時代は台湾語あるいは台語と呼ばれた。方言の分類上，福建省の泉州，漳州和厦門と同じ閩南語泉漳方言である。しかし，音韻と声調は少し相違がある。台湾の閩南語と中国の閩南語は明らかに差があり，それは日本語の発音の影響によるものと考えられる。例：ライターは［lai53 tak2］，ラジオは［la33 dzi53 oʔ5］バックは［bah5 kuʔ2］，デング熱は［thian33 kau55 dziet2］（漢字は「天狗熱」と書く），トマトは［ta33 ma55 toʔ2］或いは［ka33 ma55toʔ2］。

9 この地域は辺境で人口が少ない上に，中年層（40–60歳）は出稼ぎに出る人が多いため，方言データがそろっていない。ゆえに，このグロットグラムではすべての地点を示していない。

10 台湾では「湯匙仔」と「調羹仔」は，泉州訛りと漳州訛りを区別する語彙である。台北市では泉州訛りの人は「湯匙仔」，「湯匙仔菜」と言う。そのため，台北近隣の海岸地域（【図7】の記号 C の地域，元々は漳州訛り）では「調羹仔」・「調羹仔菜」から「湯匙仔」・「湯匙仔菜」に変わった。

11 本稿の閩南語の表記は IPA で書き表す。

12 原籍とは祖先の出身地ということである。

13 閩南語には「視覚障害者」を表す［tshī mī］と［tshē mē］があり，漢字では「青瞑」と書かれることが多いが，本稿では「青盲」を使う。

14 som の実際の音声は［sɔm］である。新しい形式 sam が生まれた原因はここでは議論しない。

15 一部の学者は「蚵」の音価を［ɤ］と表記している。

16 三邑とは，晋江・恵安・南安の三県を指す。

17 清代の漳州府には龍溪県・海澄県・漳浦県・南靖県・長泰県・平和県・詔安県・雲霄県の8県があった。

18 今日の福建省三邑地域の方言には，2つの異なる層が存在する。李如龍 (2001) は，「皮」［phə］・「箸」［ti̠,］・「魚」［hi̠］は「泉州沿海系」，「皮」［phe］・「箸」［ti］・「魚」［hi］は「泉州市街系」であると述べている。「泉州市街系音」は泉州市中心の鯉城区（リーチョンチュー）と接する晋江県，南安県，恵安県の部分エリアである。「泉州沿海系音」は「泉州市街系音」以外のエリアである。

19 「台湾通行腔」（台湾通用訛り）とは台湾閩南語研究における学術概念で，

漳州方言の特徴と泉州方言の特徴が融合することにより生まれた，新しい閩南語方言体系である。実際には，台湾でいわゆる「台湾通用訛り」と完全に一致する方言を話す地域はない。
20 「各級學校師生必須隨時隨地使用國語，學生違犯者依獎懲辦法處理。」
21 「電臺對國內廣播播音語言應以國語為主，方言應逐年減少；其所應占比率，由新聞局視實際需要定之。」

引用文献

小川尚義・浅井恵倫（1935）『原語による臺灣高砂族傳説集』，東京：刀江書院.
台湾総督府官房調査課編（1928）『臺灣在籍漢民族郷貫別調査』，台北：台湾総督府官房調査課.
台湾総督府民政部編（1907）『日臺大辭典』，台北：台湾総督府民政部.
徳川宗賢・真田信治（1991）『新・方言学を学ぶ人のために』，京都：世界思想社.
移川子之藏・宮本延人・馬淵東一（1935）『臺灣高砂族系統所屬の研究』，台北：臺北帝國大學土俗學研究室.
許世融（2011）「語言學與族群史的對話—以台灣西北海岸為例」『台灣語文研究』6 (2), 65–95.
洪惟仁（2013）「台灣的語種分佈與區劃」『語言暨語言學』14 (2), 315–369.
顧百里（1978）『澎湖群島方言調査』，台北：台灣大學碩士論文.
鍾露昇（1967）『閩南語在台灣的分布』，台北：國科會報告.
李如龍（2001）『福建縣市方言志 12 種』，福州：福建教育出版社.
李仲民（2011）「Glottogram（グロットグラム）在地理語言學研究的一個實例」『語言教學與研究』(5), 40–47.

Jung-min Li (李仲民) (2014) "Non-parallel Evolution on Linguistic Geographical Distribution of Word Stem and its DerivedWords: taking a Word Stem "Spoon" and its Derived word "Spoon Vegetable" on Northeast Taiwan as Examples" Paper presented at the 2nd International Conference on Asian Geolinguistics. Chulalongkorn University, Bangkok, Thailand.

付記　　本稿作成において，岩田礼先生（金沢大学）はじめ，張盛開先生（静岡大学），張書瑜さん（富山大学大学院）に，中国語から日本語への翻訳をお引き受けいただいた。記して御礼申し上げたい。

（り・ちゅうみん　台湾師範大学博士後研究員）

Changes of Chinese Dialects in Modern Taiwan
—A Case Study of the Coastal Towns in the West of Taiwan—

Li, Jung-min

The subject of investigation in this paper is the Southern Min dialects used along the western coastal areas of Taiwan. The spread, fusion and change of dialect are studied in the view of geolinguistics.

According to the historical records, we know that a large number of immigrants from Mainland China had moved to the western coastal areas of Taiwan from the late Ming dynasty to the early Qing dynasty. How did the new language form from the Mainland China spread to Taiwan in the past 400 years, and how would it fuse with the local dialects? This 400-year immigration history of Taiwan provides the time indicator to observe the spread, fusion and change of dialect in Taiwan.

The interaction of space and age is observed by the use of 'glottograms', in which is believed the dialect changes at the western coastal areas of Taiwan can be clearly shown.

Keywords: Geolinguistics, glottogram, Chinese immigrants, Southern Min dialects of Taiwan

語彙変化に関わる
言語地理学的要因の再検討[1]

岩田 礼

農村地域の伝統方言を対象とした言語地理学は，その対象の衰退とともにその歴史的使命を終えたかにみえる。しかし，筆者らが進めてきた中国の漢語方言を対象とした研究は，豊かな事例を以って言語地理学が歴史言語学に貢献しうることを証明している。本稿は馬瀬良雄氏が進めた研究をお手本としつつ，漢語方言の事例を日本語方言と対照することで，語彙変化のメカニズムに関する一般化を試みる。この手法を"対照言語地理学"と呼ぶ。対象とする変化の要因は，民間語源，類音牽引，同音衝突，混淆である。これらは，変化の動機，条件から結果に至るプロセスの中で，相互に関連しており，統合して考察すべきであることを主張する。

キーワード：語彙変化，有縁化，民間語源，類音牽引，同音衝突，混淆

1. 方言学は言語学に非ずや？

　ここでいう方言学とは，農村地域を対象とした伝統的な方言学の謂いであり，なかんずくジリエロン（J.Gilliéron）によって創始され，日本では1960年代〜70年代に一世を風靡した言語地理学はその中核をなす。これに対して，下記はほかならぬDialectologyと銘打った書物に現われた批判の一節である。

> In the meantime, the reaction of the dialect geographers seems to have been a profound suspicion of linguistic theorising under almost any disguise. In any case, dialect geography, from the very first studies to the most recent, has scarcely involved itself at all with linguistic theory. Linguistic geography soon came to be seen as an end in itself, and its practitioners have often been preoccupied with the study of minutiae that can hardly affect our understanding of language as human knowledge. The inevitable result was that dialectology and linguistics came to have less and less contact with one another.
> 　　　　　　　　　　（Chambers and Trudgill 1980;1988版 p.17に拠る）

　文中で the reaction of the dialect geographers というのは，都市方言学（urban dialectology），社会言語学（Sociolinguistics）に対する言語地理学の反応を指す。筆者らの主張は明瞭であって，言語理論に裏付けられた方言学を打ち立てようということである。この主張は，この本が世に出た1980年前後の時代的文脈に即せば必然性がある。しかし，なんとか"言語学"と呼ぶに値するのはW. Moultonの構造方言学くらいのものだと言われれば，多くの方言学者は内心穏やかでないであろうし，対置される"理論"がW. Labov流の社会言語学やW. Wang流の語彙拡散（lexical diffusion）理論であれば[2]，言語地理学が対象とする20世紀前半以前の広大な農村地域に存在した夥しい量の言語変異は"言語学"の対象ではないのか？「何か

お忘れではありませんか？」と言いたくなるだろう。そこかしこに方言学者の注意を引く現象が多数あり，それらの生じた所以をひとつずつ解明することは，"understanding of language as human knowledge"に含まれないのだろうか？ 21世紀の今日，このような問いかけはすでにアナクロニズムなのかもしれない。しかし，遅れてこの世界を体験したlate comerとしては，これはまさしく今日的課題なのである。

　1940年代にグロータース神父が，B.Karlgren（カールグレン）の比較方法に対する批判者として颯爽と登場した時，言語地理学は当時カールグレンの手法に従って方言調査を進めていた趙元任等，中国のリーダーたちに一種の驚きを以って受け止められた（董同龢1948，後記）。70年後の今日，農村と伝統方言の衰退に伴って研究対象・方法は多様化した。しかし，歴史言語学をめぐる状況はほとんど変わっていないというべきである。というのも，"音韻法則"に従っていわば真空状態の中で変化を遂げてきた語はむしろ例外であり，多くの語は歴史上多かれ少なかれなんらかの"汚染"を経て現在に至っているという事実に対する認識が乏しいからである。このような歴史認識を欠いた所に打ち立てられた古音の再構は，たとえ理論的整合性があったとしても虚構である。従って，私は改めて次の見解を支持し，その立場を鮮明にしたい。

　　言語地理学は言語史学の一つの方法である。言語地理学の目的は，言語
　　史を構成することにある　　　　　　　　　　　　（柴田武1969: 189）

　個々の語を対象とする言語地理学は経験科学でしかありえない。従って，まず以って経験的な知見の集積が必要であり，その基礎の上に一般化を図る必要がある。ところが大抵の方言学者は，調査，データ整理，作図という作業に疲れ果ててしまい，一般化を図る余裕がない。これが理論派との溝が深まる原因の一つである。その中で，日本の方言学を担った先達が，調査から一般化に至るすべてのプロセスを実践したことは，もっと海外に発信されてよいと思う。上記柴田書をはじめとするすぐれた代表作の中で，筆者が特筆したいのは，馬瀬良雄『言語地理学研究』(1992)である。その序章及び第

一章は，ジリエロンらが提起した言語地理学の基本的な概念について，類型化と一般化を企図したものと評価できる。

　思い起こせば，私が「言語地理学がわかった！」と感じたのは，Grootaers (1994) の訳業を通じて叩き込んだ思考法を中国での方言調査で得たデータに当てはめてみた時のことである。翻訳を終えた解放感から筆の勢いに任せて書いた論文（岩田礼1995）は，グロータース神父を介して馬瀬先生の耳にも入り，わざわざ電話で「抜刷を下さい」と言われた時はいたく感激したが，当時すでに馬瀬書を読んでいたので，こんなprimitiveなものはきっとがっかりされるに違いないと思った。その後，『漢語方言解釈地図』(Interpretative Maps of Chinese Dialects) 二冊を公刊するに及び（岩田礼編 2009, 2012），馬瀬先生が目指された語彙変化の類型化，一般化の必要性を痛感した。というのも，中国には他を圧倒する豊富な事例がある上，歴史の深さが窺われる広域的な事例も多いことがわかったからである。私の見解は岩田礼編 (2009) の Introduction (pp.35-47) でも展開したが[3]，中国語単独でみるのではなく，日本語やフランス語の地図を加えて対照的に示せば，地理的分布と変化の要因に関して説得力のある議論が可能になるのではないかと考えた。この手法を"対照言語地理学"と呼ぶ。本稿は，そのための基本的な問題点を指摘することを目的とする。

2. 語彙変化に関与する普遍的要因：定義

　ここで"普遍的要因"と呼ぶのは，日本語，フランス語，中国語のいずれにも確認され，おそらく世界のすべての言語に見られる要因である。本稿は民間語源，類音牽引，同音衝突及び混淆を扱う。これらの要因は別々に扱われることも多いが，相互に関連するので統合する必要がある。まず，語彙変化を次のような一連のプロセスの総体と定義する。

　　① 変化の動機（motivation）

② 要因が発動される条件（condition）
③ 要因の発動（inducement）
④ 変化の進行・実現（implementation）
⑤ 変化の結果（result）

　語彙変化の動機（①）は言語を越えて普遍的な傾向が存在する。それは語の有縁性を高めること，即ち有縁化（motivé）である。有縁化には大別して二つの種類があり，それはどのような語に変化が加わるかという"対象"（target）と連動する。一つは，名詞で言えば，代名詞，時間詞，親族名詞のように，限られた数の語が一つの"閉じた体系"を形成する場合で，ここではもう一つの要因"類推"が活躍する。類推は各言語の特性を反映して様々なものがあるので，稿を改めて論じたい。但し，本稿でも言及することがある。民間語源，類音牽引，同音衝突，混淆の活躍の場は，主に"孤立して存在する語"であり（Dauzat1922, 邦訳 p.96），虫，鳥，植物などの名称はその代表格である。それらの語の語義が弱化し，語形が単なる無縁記号となる時，語の有縁化が促される。この有縁化の潜在的動機は，"体系化"の追求，即ち，孤立して存在する語がカタチの上での仲間を求め，語形の一部又は全部を共有することである。

　これらの動機があり，それになんらかの条件（②）が加わる時に各種要因が発動される（③）。動機と条件が揃った上で，ある要因が発動されるか否かは，偶然が支配する所が大きい。この点は比較方法の前提も同じであって，例えば，k や h が同じく -i が後続するという条件の下で，tɕi-, ɕi- のように口蓋化した方言とそうでない方言があることについて，我々は理由を述べることができない。

　我々が地図上に見るのは，変化の結果（⑤）たる"分布"である。変化の進行と実現（④）については，地図上に現れた変種やグロットグラムや社会言語学的調査によって明らかになる所が多い。これによって解釈の根拠を示すことができるが，この部分は本稿の範囲を超える。本稿の主要課題は，変化の結果（⑤）を参照しながら，変化の動機（①）と各種要因が発動される条件（②）を指摘することにある。

民間語源と類音牽引の動機と条件には共通点が多いので，次節でまとめて扱う。同音衝突を生む条件は様々であるが，民間語源や類音牽引によってもたらされるケースも多い。混淆は"言語の外部現象"(Dauzat 1922, 邦訳 p. 171 の用語) と位置付けなければ，あまた存在する"ゴリラ＋クジラ／２＝ゴジラ"式の合成語まで含むことになる。言語地理学における混淆は，地理的に隣接する二語形の接触によって生じたものと限定すべきである。そのように定義された混淆は，それを生む動機と条件に同音衝突があるケースがある。
　以下，馬瀬良雄 (1992) に倣い，P, Q は所記（語形），x, y, z は能記（語義）を表す。例は日本語については，主に馬瀬良雄 (1992)，徳川宗賢編 (1979) から引用する。中国語の例は，主に岩田礼編 (2009, 2012) から引用する（2 冊の地図集をそれぞれ IMCD1，IMCD2 と略称する）。結果として，日本語は狭域地図，中国語は広域地図が多くなってアンバランスであるが，対象地域の大小に関わらず同じ原理によって変化が進んでいる。このこと自体が一つの知見と言える。

3. 民間語源と類音牽引

　民間語源は語義を契機とした有縁化，類音牽引は音声を契機とした有縁化と定義できようが，両者はボーダレスな面を有する。民間語源は音声的類似性を条件とすることも多く，また類音牽引はなんらかの意味的関連性がある場合が多い。ここではそのような例を挙げる。

3.1 例示

　A は民間語源，B は類音牽引とそれぞれ目される例である。各例には，(1) からの通し番号をふる。引用符は語義を示す。民間語源，類音牽引の例では，それぞれ＞と⇒によって元の語形と変化の結果を示す。但し，類音牽引では，⇒の右側が──(10) を除き──牽引した語形（牽引の主体）でもあり，変化の結果は同音衝突ともなる。

[1] 日本語方言における民間語源・類音牽引の例

　A. 民間語源
　　（1）メボイト ＞ メボ ＞ メイボ "ものもらい"
　　　　　　　　　　　　　　　　（馬瀬良雄 1992: 36; 徳川宗賢編 1979: 132-135）
　　（2）シラガダユウ ＞ シラガダイオウ "白い大きな毛虫"
　　　　　　　　　　　　　　　　　　　　　　　　（馬瀬良雄 1992: 35）
　　（3）ナメクジ ＞ マメクジ "かたつむり"
　　　　　　　　　　　　　　　　　　　　　　　　（馬瀬良雄 1992:156）
　B. 類音牽引
　　（4）ツクシ "土筆" ⇒ ツクツクボーシ "蟬"
　　　　　　　　　　　　　　　　　　　　　　　（小林好日 1950:122-141）
　　（5）カンジ "萱草" ⇒ ガンジ，ガンボージ "蒲公英"
　　　　　　　　　　　　　　　　　　　　　　　（馬瀬良雄 1992:121-142）
　　（6）ナンリョー "つらら" ⇒ ナンゾ "子供のおやつ"
　　　　　　　　　　　　　　　　　　　　　　　（加藤和夫 1982:15）

[2] 中国語方言における民間語源・類音牽引の例
　音声（IPA）は下線を付した成分についてのみ表示する。＊は推定形式を表す。声調は重要な音声情報だが，煩を厭って必要な場合に限り調類（平声（陰平，陽平），上声，去声）を IPA の右肩に示す（例：a^{去声}）。入声は coda が -p, -t, -k, -ʔ であればそれと予測できるので表示しない。

　A. 民間語源
　　（7）胳肘 ＞ 胳扭 *tʃiəu ＞ niəu "ひじ"　（IMCD1, Map 34）
　　（8）滑拉骨 ＞ 核桃骨 xuaʔ ＞ xəʔ "くるぶし"
　　　　　　　　　　　　　　　　　　　　　　（IMCD1, Map 37）
　　（9）脚膝頭 ＞ 猴孫頭 *siəʔn̩ ＞siən ＞ sẽ "ひざがしら"
　　　　　　　　　　　　　　　　　　　　　　（IMCD1, Map 40-1）

B. 類音牽引
(10) 胳肢窩 "わきの下" ⇒ 胳肘窩 tʂʅ > tʂəu "ひじ"
(IMCD1, Map 39-1)
(11) 蝸牛 "かたつむり" ⇒ 蛾子 uə > ə "ちょう, が"
(IMCD1, Map 17-4, 18)
(12) 脖臍 "へそ" ⇒ 荸薺 いずれも *bət dzei "くわい"
(IMCD1, Map 42)

3.2 民間語源

　前節で挙げた例を，まず民間語源から見ていく。馬瀬良雄 (1992) によれば，(1) のメイボのイボは "疣"，(2) のマメクジのマメは "豆" である。(3) ではシラガダユウの "太夫" の語義が弱化して "大王" となったわけだが，ダユウのダがなければダイオウは生まれなかったと思う。いずれも民間語源の発生条件に音声がある。

　中国語の例 (7) は，"ひじ" を表す無縁形「肘」を有縁化して "ひねる"（扭）にしたものだが，これは「肘」の頭子音 tʃ を n に変えるだけで済んだ。(8) と (9) は，"くるぶし" と "ひざがしら" をそれぞれクルミと孫悟空の頭に喩えたものだが，民間語源を生んだ条件は音声的類似性である。(8) では，第1音節の [xuaʔ]（滑）からクルミ「核 [xəʔ] 桃」が連想され，(9) では，語幹「膝」[siəʔ] の音声が変化したことからサルの頭「孫 [sə̃] 頭」が連想された（詳細は IMCD1, pp.202–203 と p.216 の解説を参照）。

　無論，民間語源には音声的類似性を契機としないものもある。その一つは "同義（類義）置換" である。日本語の例 (1) に関連して，メボイト > メコジキがある。ホイトは乞食を意味したが，語義が弱化したためコジキに置き換えたものである（馬瀬良雄 1992: 36）。中国語も例が豊富で，例えば，山西省一帯には "母の父" を表す「舅家爺」が「舅舎爺」又は「舅廈爺」に変化した方言がある。「舅家」は "母の在所" で，その「家」[tɕia] を類義語の「舎」，「廈」(いずれも [ʂa]) に置き換えたものである (IMCD2: 30)。しかし，この類義置換は母音 [a] を共有する類音置換でもあった。

　例 (10) は，「胳肢窩」（北京を含み広域的に分布する語形）の第2音節

「肢」[tʂʅ]が「肘」[tʂəu]に取り替えられて「胳肘窩」となったものだが，"わきの下"から"ひじ"が連想される必然性はない。因って類音牽引である。しかし同じく身体部位である。「胳肘窩」は「胳肢窩」と隣接して華北の広い地域でみられるが，山西省ではさらに次の変化を遂げた。これは民間語源である。

　　　胳肘窩　⇒　胳肩窩　⇒　胳間窩

胳肢窩＞胳肘窩の変化が実現すると，「肘」の語義が意識されるようになり，"わきの下"が「肘」では具合が悪いから，より近い身体部位である「肩」に置き換えたものと考えられる。「肘」[tʂəu]と「肩」[tɕie]に音声的類似性はないので，これは一種の類義置換である。それがさらに「間」に置き換えられたのは"わきの下"によりふさわしい表現が追求されたためであるが，「肩」と「間」が声調の一致も含めて同音又は類音（[tɕie]，[tɕiæ]など）であったことが変化の条件となった[4]。

3.3 類音牽引

　例（10）について，第2音節の[tʂʅ]と[tʂəu]が類音と述べたことには，首をかしげる向きがあるかもしれない。しかし実際にはIPAで見るほどの差異はない。というのも，ストレスアクセントが発達した北方方言では，三音節の常用語が"中＋弱＋強"型のストレスパターンをとるため，第2音節の声調特性が弱化（"軽声"と呼ばれる）するとともに，母音，子音も弱化するからである。但し，ストレスアクセントは揺れやすいので，上で述べた山西省方言の[tʂəu]のように，一度軽声化したものが「肘」と再認識されることがある。

　三音節の常用語は，第2音節が音声的に弱化して脱落する例も多い。例えば，江蘇省東北部では"ひざがしら"を表す語形「磕膝頭」が「磕頭」に変化した。但し，この変化は類音牽引又は民間語源の産物でもあり，その結果，同音衝突が起きた（下文第4-2節で再述）。

　例（11）は河南省で起きた変化で，"かたつむり"を表す「蝸」[uə]が

"が"や"ちょう"を表す語形の牽引を受けて「蛾」[ə]となった。"が"と"ちょう"は河南省や隣接する山西省，陝西省などでは語形の上で区別しない方言が多い。この牽引は当然，同音衝突の危機を招いたはずだが，河南省は"が"と"ちょう"に関する語形データが少ないので，確かなところは不明である。

　例（12）の"へそ"と"くわい"（Chinese chestnut）は，牽引の歴史が長い稀有な例である。詳細は岩田礼（2011）で論じた。少し長くなるが，ここではそこで触れなかった仮説から説き起こしたい。

　"へそ"を表す「脖臍」の前身は，おそらく「腹臍」であった。「臍」に「腹」を前置することで有縁化したものである（はら＋へそ）。福建省の閩方言は「腹臍」を保存している（例：福州 [puʔ sai]）。標準語形の「肚臍」[tu tɕʰi] は，"はら"の語形が「腹」から「肚子」に変化したことに伴い，第一成分が置き換えられたもの。「荸薺」の語源については諸説があるが，ここでは関わらない。「腹臍」と「荸薺」に中古音（601年撰書の『切韻』が反映する音系）をあてはめると次のようになる。

　　　腹臍 *piuk dzei 平声　　荸薺 *bət dzei 上声

　第2音節は声調のみ異なり，「臍」が平声，「薺」が上声である。第1音節は母音と coda が異なるが，頭子音はいずれも唇音，声調はいずれも入声である。二音節全体で類音状態だったと言える。そこで類音牽引が起きたが，牽引の主体は「荸薺」，牽引されたのは「腹臍」であって，この逆ではなかった。「脖」は古い切韻系韻書にも登録され，"へそ"の義注「胦臍」が付されている（「胦」はおそらくヘソが人体の中央にあることを謂った有縁化成分）。このことからすでにそれ以前から類音牽引が進行し，中古期には変化が完了していたと考えられる。差異は第2音節の声調のみ。

　　　脖臍 bət dzei 平声　　荸薺 bət dzei 上声

「腹臍」と「脖臍」は隋唐以降の中国語方言に併存し続けたと推定される。

「腹臍」はのちに中央方言で「肚臍」になったが,「脖臍」も廃れなかった。それは"くわい"の語形が支えてくれたお陰,換言すれば両者が歴史上長期にわたって語形の上で相互依存関係にあったためでもあろう。

この二語は,類音牽引によって第2音節の声調の差異まで失われるようになった。そこで方言は同音衝突を避けるために二つの方策を講じた。一つは有縁化成分を付加することであり,主に北方方言の"へそ"に適用された。例えば,「眼」(め)を後置して「脖臍眼」,また「肚」(はら)を前置して「肚脖臍」。後者は「脖臍」の語源「腹臍」に遡れば"はら+はら+へそ"という意味になり,モロコシの言語意識が薄れてトウモロコシができたのと同じ原理である。この方策の適用の結果,北方方言の"へそ"語形には三音節語が多い。

これに対して,"くわい"語形は二音節を保持したまま音声形式を変化させた。これが同音衝突を避ける第二の方策である。最も顕著なのは母音で,広域的な相補分布となって現れている。下図はその概略図。太字は頻度の高い母音を示す。これらの母音は-ʔを伴うことも多いが,ここでは捨象する。"淮河 - 秦嶺線"というのは,官話方言を南北に分かつ方言境界線である (IMCD1: 13-14)。

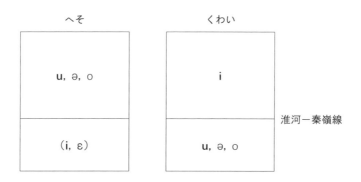

【図1】「脖臍」(へそ)の「脖」と「荸薺」(くわい)の「荸」

まず,方言境界線の北側では"へそ"の「脖」がuであるのに対して,南側では"くわい"の「荸」がuであって,相補的である。次に,「脖」と「荸」の規則形はə又はoなのだが,それらは少数で,頻度が高いのはuと

iである。これは類音牽引が次のように進んだことを示唆する。

```
              へそ       くわい
第1期：  ə, o      / ə, o > u    （方言境界線の南北とも同じ）
第2期：  ə, o > u  / u > i       （方言境界線の北側）
          ---------- / u          （方言境界線の南側）
```

　"くわい"は同音衝突を避けて母音をuに変えたが（第1期），方言境界線の北側では"へそ"が"くわい"を追って母音をuに変えたため，"くわい"はiに逃げ込んだということである（第2期）。方言境界線の南側では"へそ"を表した「脖臍」が廃れたため，"くわい"はuを維持した。

　「脖」と「荸」の頭子音は，p, pʰ, b, m があり，子音を置き換えることも同音衝突回避の一手段であった。いずれにせよ多数の地点では同音衝突が回避されている。なお，北方には"くわい"を意味する語形「地梨」があり，これは民間語源の産物であるが，pi tɕʰi（荸薺）> ti li（地梨）のように二音節の頭子音を置き換えたものである。

　一方，方言境界線の北側にはまったく同音となった地点もいくつかある。例えば，山東省利津方言ではいずれも［pi tsʰi］である。"くわい"は同音衝突を避けて「荸」が pi となったが，一部の北方方言ではとうとう"へそ"に捕まってしまったわけである。

　"へそ"と"くわい"の関係を最初に論じたのは，魏鋼強（2004）であり，IMCD1, Map 42 の作者，植屋高史氏はそれを承けて考察している。魏氏の文献考証と方言語形の観察は詳細であるが，その論旨は，①植物である"くわい"の形状は"へそ"と類似していた，②そのため"くわい"の語形は"へそ"のそれに由来する，というものである。無論，類音牽引の概念は魏氏にはなく，先にあったのは"へそ"の語形だったというのが議論の前提である。事実はこれと逆で"くわい"の語形が先にあり，"へそ"の語形はそれに牽引されたのである。しかし，中国語の"へそ"にとって"くわい"は何故かくも魅力的な存在だったのだろうか？　この点は，形状の類似性を指摘する魏氏が正しいと思う。或いはなんらかの民俗習慣が背景にあったか

もしれない。

　類音牽引については，Dauzat（1922）が，「類音牽引の現象には意味の類似は必ずしも必要ではない」（邦訳 p.93）と述べており，また小林好日（1950）の書きぶりがあまりに歯切れよかったため，IMCD1 の Introduction（p.41）や岩田礼（2011: 24-25）では，類音牽引を発動する条件としての意味の関連性を否定した。

>「山鳩を意味するデデッポッポが蒲公英の名となったり土筆の名となったのは山鳩のなく頃が土筆が出たり蒲公英の咲く時節であったりする為ではない。」
>
>「ドングリ（団栗）を山形県の西村山郡でドングルミと云うのを聞いて意味の穿鑿をするのは差支えないが，宮城県の黒川郡でドングルマと云うからとて，団栗が車とどう云う意味的関連があるのかと問ふのは無益なことである。」
>　　　　　　　　　　　　　　　　　　　　　　（小林好日 1950: 127-128）

　しかし，小林論文が引く伊能嘉矩『遠野方言誌』が述べるように，「山鳩のなく頃が土筆が出たり蒲公英の咲く時節であったりする」ことはありうるし，昔ドングリを独楽に見立てて遊んだことを想起すれば，ドングルマの誕生は意味的連想も手伝ってのことだったかもしれない。

　日本語の例（6）（ナンリョー⇒ナンゾ）は福井県若狭地方で生まれた類音牽引だが，雪国の生活を反映して，やはり意味関連が認められる。加藤和夫（1982: 15）は，「子供がナンゾ（おやつの意）くれって言うと外にあるナンゾ（つららの意）でも食えと言うたもんや」という話者の言を紹介している。この類音牽引はナンリョーの語源意識（江戸時代の「南鐐銭」）の消失を条件とするが，民間語源と紙一重である。

3.4 小結

　民間語源と類音牽引の共通性は次の通りである。

　〈1〉対象：仲間がおらず孤立して存在する語

⟨2⟩ 動機：有縁性の追求（カタチ又はイミの上での仲間を求める）
⟨3⟩ 条件：音声的類似性，意味的関連性
⟨4⟩ 結果：語の有縁化

　類音牽引については，必ずしも語の有縁化が達成されるとは言えない。"くわい"を追いかけた"へそ"のように，いくら追いかけても逃げられ，結局は友達になれないケースが多いからである。追いついた場合，今度は同音衝突という破局が訪れる。

4. 同音衝突

　よく知られるように，同音衝突には"堪えられる"ものと"堪えられない"ものがある。後者は一般に「同一の思考範疇に属する語の場合」（Dauzat 1922, 邦訳 p.80; 馬瀬良雄 1992: 33-34），つまり同一品詞或いは同一意味範疇に属する語の場合である。中国語の"へそ"と"くわい"のように，思いがけない語彙間で"堪えられない"同音衝突がもたらされることもあるが，両者の形態上の類似性はいつまでも認識され続けるわけではないので，全く同音になった方言（上記利津方言）があっても不思議ではない。

　同音衝突が生起する条件は，大別すれば意味変化と音声変化の二種類あり，それぞれさらに二つに下位分類される。これも従来必ずしも明示的でなかった点である。

A. 意味変化を条件とする同音衝突
　　A-1 内的条件：指示対象に対する話者の認知を反映するもの
　　A-2 外的条件：新種，新製品などの導入によるもの
B. 音声変化を条件とする同音衝突
　　B-1 規則的変化：音韻変化
　　B-2 個別的変化：類音牽引，類推

4.1 意味変化を条件とする同音衝突

同音衝突は一つの能記をめぐる二つ以上の所記による闘争である。因ってこの闘争では必ず勝者と敗者が生まれる。下記，各例とも表題及び⇒の左側に敗者，右側に勝者を配置する。2行目の＞の右側は敗者がどのように形を変えたかを示す。JP，CN はそれぞれ日本語，中国語の略称。

A-1 内的条件
 （13）JP "かたい" と "おそろしい"，"疲れた"
    コワイ "かたい" ⇒ "おそろしい"，"疲れた"
   ＞カタイ
 （14）CN "夜"（evening）と "昨日"（yesterday）（IMCD1, Map 10）
    夜来，夜裏 "夜" ⇒ "昨日"
   ＞黒夜，黒来，黒了，後晌

例（13）について，LAJ（『日本言語地図』）42, 43, 44 及び徳川宗賢編（1979: 108-114）は，コワイを "疲れた" の意味で使うか，"おそろしい" の意味で使うかに着目し，両者が地理的な相補分布によって衝突を回避していることを示している。しかし，この二つはいずれもコワイの派生義であり，もう一つ語源的には原義に近い "かたい" の意味のコワイもあって，原理的にはこれも相補分布に参加しているはずである。このことは下文第5節で述べる。

例（14）は，evening を意味した「夜来」，「夜裏」などの「夜」系語形が，唐宋以降に語義（指示対象）を yesterday に変化させたため，衝突を避けるために evening の方は「黒夜」，「黒来」，「黒了」などの「黒」系や「後晌」（「晌」は "お昼"）などの「後」系語形に取り換えられたことを意味する[5]。この変化は淮河-秦嶺線以北の北方地域で広域的に進んだ結果，馬瀬良雄（1992: 57）に示された同音衝突回避の図式に合致した相補分布が生まれた。中国語方言は南北対立を基軸とするので，下図はそれに合わせた修正版。ここで，P (x) = 夜来，夜裏（evening），P (y) = 夜来，夜裏（yesterday）などとなる。

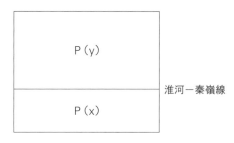

【図2】地理的相補分布

「夜来」や「夜裏」が原義の evening を維持した P（x）は，主に長江流域に分布する。現代標準語の基礎方言である北京方言で「夜裏」を evening の意味で使うのは，それが長江流域から飛び火してきたことを示唆している。北京のこの用法は孤立的で，その周辺部（河北省）では「夜」系語形を yesterday の意味で使うからである。

唐詩には「夜来」を"昨夜"の意味で使う用例が多いが，これはその語義が evening から yesterday に変化する過渡的段階を示すものと考えられる。例えば，孟浩然の「春曉」："春眠不覺曉，處處聞啼鳥，夜來風雨聲，花落知多少"。ここで「夜来」は"昨夜来"の意味である[6]。

evening を表した語形が yesterday に転移する現象は，唐宋以前から存在した。その証拠に，長江以南の南方方言では yesterday を指すのに，「昨夜」，「昨晚」，「昨冥」，「昨暗日」などが使われている（「冥」，「暗」は"暗い"を表す）。一方，morning を表した「朝」が tomorrow に転移する現象も，唐宋以前から存在した。現代方言でも「明朝」が長江下流域から福建省にかけて帯状に長い分布地域を有している。「明朝」は"明日の朝"の意味ではない。"あさ"の概念から"あす"が連想されたもので，日本語の"あした"や英語の tomorrow も同じ原理である。これに対して"よる"は"きのう"である（岩田礼 2007: 11-12）。

A-2 外的条件

（15）JP "もんぺ" と "わらの長靴"　　（馬瀬良雄 1992: 32, 204-223）

　　フンゴミ "もんぺ" ⇒ "わらの長靴"

＞イッコギ
（16）CN "だいず" と "そらまめ"　　　（IMCD1, Map 27, 29, 30）
　　大豆 "だいず" ⇒ "そらまめ"
　　　＞黄豆，黒豆，白豆

　（15）と（16）は，いずれも在来の "もんぺ" ないし "そらまめ" があった所へ，新種がもたらされたことによって生じた同音衝突のケースである。説明の便を図ってまず馬瀬方式の概念図から示す。（16）は中国語方言としては少数派に属す東西対立を示す。

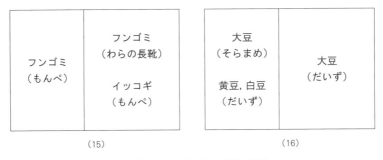

【図3】フンゴミ（日本）と大豆（中国）

　変化の結果はいずれも地理的な相補分布の形成であるが，（15）と（16）は事情がいささか異なる。
　（15）では，長野県のある村落にフンゴミと呼ばれる新種の "もんぺ" が西方から伝播したが，その名称は雪時に履く "わらの長靴" と同音であったために拒否され，イッコギと呼ばれている。このイッコギは今ではもう履かれなくなった古い野良着に対する名称が転用されたものである。
　これに対して，（16）は，12世紀に西域から在来種よりサイズの大きい新種が中国の西北地方にもたらされたことをきっかけとする。（15）の "もんぺ" が西部からフンゴミという名称を携えて伝播したのとは異なり，この "そらまめ" の新種は当初名称を欠いた。命名の必要から，人々が取った方策は，手元にあった "だいず" の名称「大豆」を当てることだった。（15）の "もんぺ" がモノ自体廃れかけた野良着の名称（イッコギ）を活用したの

に対して，この方策は当然"だいず"に災難をもたらした。名称喪失の危機に瀕した"だいず"が選択したのは，「黄」，「黒」，「白」などの色彩成分であった。この名称変更が"だいず"の商品価値を高めたのなら，それは不幸中の幸いと言うべきだが，彼の真の不幸は，この変化の結果，長年連れ添った"あずき"を新種の"そらまめ"に奪われてしまったことである。

大豆（だいず）－小豆（あずき）
＞大豆（そらまめ）－小豆（あずき）

"そらまめ"の在来種は漢代に張騫によって西域からもたらされ，当時は「胡豆」と呼ばれていたという伝承がある。事実，「胡豆」は中国の西南部を中心に残存している（この場合は"そらまめ"の種を問わない汎称）。「胡豆」は (**15**) のイッコギに相当する在来種に対する名称であるので，新種の"そらまめ"が伝来した時に「胡豆」が維持されたのであれば，"だいず"の不幸は招来されなかったはずである。しかし，農民にとっては"だいず"を犠牲にしてまで新種の"そらまめ"の命名に執着する理由があったのだろう。

以上，中国の豆類に関わるエピソードの詳細は，村上之伸氏の執筆になる IMCD1, Map 27-30 の解説を参照されたい。

4.2 音声変化を条件とする同音衝突

B-1 規則的変化
(**17**) CN "筆，ペン" とタブー語　　　　　　　　　　(Li1994, 李榮 1994)
　　pi^{入声} "筆，ペン" ⇒ pi^{陰平} "女性性器"
　＞pei^{陰平}

日本語でも同音衝突は日常的に起きているが，音韻変化を条件として生じた同音衝突及び回避の結果としての地理的相補分布の例を欠く。これに対して，フランス語方言の同音衝突には音韻変化を条件とするものが多いことが

知られている（Dauzat 1922，邦訳 pp.80-90）。南仏で生じた"おんどりとねこの闘争"では，-ll > -t の音韻変化によって"ねこ"を表す gat と同音になりかけた"おんどり"語形が若鶏や雉，さらに助任司祭を表す語形に置き換えられた。ALF（Atlas linguistique de la France『フランス言語地図』）を見ると，-ll > -t の変化が生じなかった地域では"おんどり"の語形が gal になっており，一方，変化が生じた地域では"ねこ"が gat である。つまり，音韻変化を条件とした同音衝突の結果は，変化を被らなかった形式（P）と被った形式（P'）が相補分布をなすと言える。

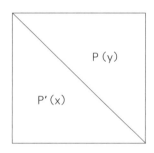

【図4】音韻変化による相補的分布

南仏の"おんどり"と"ねこ"では，P（y）= gal（おんどり），P'（x）= gat（ねこ）となる。

中国語も過去約 1500 年間激烈な音韻変化を経験している。『切韻』の反映する音韻体系は，書面語の規範を反映したものなので比較の対象としては本来ふさわしくないが，音節数は現代北京語の約3倍あり，それより簡略化が進んだ唐代長安音でも音節数は現代北京語の約2倍ある。現代北方方言に至る間に，単音節レベルでは同音衝突のチャンスが飛躍的に高まったと言える。実際のところ，衝突は語形の複音節化によってかなり回避された。例えば，私の調査地域（江蘇省東北部）の南部では，「雁」は［ian］，「燕」は［ien］であるが，北部では標準語と同様，いずれも［ien］である。しかし，弁別が必要な文脈では，「大雁」，「小燕」のように言えばよい。

筆やペンを表す「筆」は，「毛筆」，「鉛筆」，「鋼筆」（万年筆）のように，粘着形式として用いられることも多いが，単独で「我没有筆」（私は書くも

のを持っていない）のように使われることもある。そこで，(17) のような同音衝突は回避する必要がある。故李榮教授は，Li (1994) で山東省の方言地図を示して説明した（李榮 1994 はその中国語版）。「筆」は東部では規則的に [pi^{上声}] となったが，西部では不規則形の [pei^{陰平}] になった。西部の規則形は [pi^{陰平}] であるべきところ，そこには忌まわしいタブー語が居座っていたため，母音を i > ei のように変えたのである。このように母音を変化させるという衝突回避の手段は，上記の"くわい"と同じである。もう一つの手段として"言い換え"があり，筆やペンを「写管」（書くための棒）と言う地点が少数ある。いずれにせよ，一般語がタブー語と争えば必ずと言ってよいほど負ける。例えば，「鳥」は日本漢字音テウからわかるように，語頭子音は [t] であるべきところ，標準語をはじめとして [n] に変化させた方言が圧倒的に多い[7]。これは"男性性器"を表す語と衝突したためである。日本語や他の言語ではどうであろうか。

B-2 個別的変化（類音牽引，類推）

類音牽引は同音衝突をもたらす。因って，衝突回避の結果としての相補分布では，P (x) ／ P (y) のように，P が完全な同音であることが予想されるが，実例をみると類音であることが多いようである。(18) と (19) は日本と中国で分布パターンが類似する例である。

(18) JP "父" と "母"　　　　　　　　　（馬瀬良雄 1992: 113–120 の修正版）
　　　チャチャ "母" ⇒ チャッチャ "父"
　　＞カカ，カッカ
(19) CN "土くれ" と "ひざがしら"
　　　　　　　　　　　　　　（岩田礼 1995: 62-64; Iwata 2006: 1040–1049）
　　　k^{h}ə t^{h}əu "土くれ" ⇒ *k^{h}ə tɕ^{h}iə t^{h}əu "ひざがしら"[8]
　　＞k^{h}ʊ laŋ，k^{h}ə lə

(18) は信越国境で発見された同音衝突である。下図のように，"母"を表すチャチャと"父"を表すチャッチャが綺麗な相補分布をなす。いずれの

図でも右上が越後側，左下が信州側である。語形は音声が重要と考えられるので，馬瀬書のカナ表記をローマ字表記に変える。

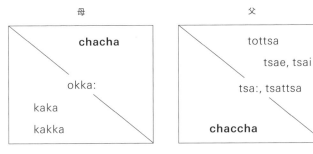

【図5】信越国境の父と母

chacha と chaccha は同音ではないが，それでも相補分布によって衝突が回避されている。馬瀬良雄（1992: 115-118）は，chaccha が生まれた原因を類音牽引に求め，次のように述べている。

　越後側から「母」の方言チャチャは信州側栄村へと侵攻する。しかし，信州側にビッシリと分布するカッカの前になかなか食い込めない。一方，この方言の「父」の方言はあるいはトットのような語形であったとすれば，チャチャとのあいだにある類音関係が成り立ち，「父」と「母」とが極めて近い関係にある語であるので，「母」の方言チャチャはカカの堅塁を崩すことができぬままに，類音関係にある「父」の方言とのあいだに牽引作用が起こり，「父」のトットはチャッチャとなった。（傍点は本稿の筆者）

「この方言」が何を指すか判然としないが，仮に「信州側の方言」と理解する。馬瀬氏は，越後側の"母"の語形 chacha が信州側に攻め込んだ時，そこに布陣した"父"の語形*totto と類音牽引を起こして chaccha となったと解釈されるようである。この解釈は賛同できない。まず，類音牽引は言語の内部現象である。陣取り合戦の最前線で"父"と"母"の語形が牽引している余裕はないだろう。また，より根本的には，これは類音牽引というよ

り，類推作用と呼ぶべきかと思う。上記の類音牽引諸例とは異なり，"父"と"母"は互いに意識され，"孤立して存在する語"ではないからである。

一つの解釈は，信越側であれ，越後側であれ，かつてこの地域全体が母＝cha類，父＝tsa類で覆われていたとすることだと思う。この状態自体がすでに類推の結果であった可能性があるが，その後，信州側でのみ再度の類推作用が働いた。その結果，"父"を呼ぶ語形がtsa＞chaのように変化したが，"母"のchachaとの同音衝突を避けるために促音化させてchacchaが生まれた。しかし，母＝chacha，父＝chacchaのような状態は，語の弁別に有効でなく，不安定であったため，"母"を呼ぶ語形chachaは，南及び西から押し寄せたkakaの侵入を許すことになった。馬瀬氏は，chacchaが「促音を含むところにトット，さらにはそれと対をなす語カッカの影響が読み取られる」と述べるが，それはむしろ逆で，先に生まれたchacchaが，侵入してきたkakaをkakkaに変えたのだろうと考える。また，馬瀬氏が注釈(p.120)で述べるように，*tottoはこの地域でunattestedである。

以上の解釈において重要なのは，信州側の"母"を呼ぶ形式cha類はka類の侵入を受けて淘汰されたが，それ以前に起きた類推の結果，chaは"父"を呼ぶ形式にコピーされて保存されたことである。

実は，これと似たことが中国で起きている。それは河南省を中心とした中原地域でかつて生起した"かささぎ"と"すずめ"の牽引と衝突である。詳細は，木津祐子氏によるIMCD1のMap 16（かささぎ），IMCD2のMap 20（すずめ）の解説及び岩田礼（2011）を参照。但し，岩田礼（2011）で類音牽引の結果とみなした現象の一部は，より本質的には類推作用の産物であり，この点を修正して以下に概要を述べる。

"かささぎ"と"すずめ"は中原地域で次のような変化を遂げた。

	かささぎ	すずめ
第1期	野鵲 *ia tsʰiɑk	家雀 *ka tsiɑk
第2期	野鵲 *ia tsʰiɑk	麻雀 *ma tsiɑk
第3期	麻野鵲	麻雀
第4期	麻野鵲	小虫（小雀など）

ここに挙げた語形はすべて現代方言で確認され，またそれぞれ頻度も高い。第1期，第2期については，語形の音声を中古音で示した。"かささぎ"と"すずめ"の語形がもともと類音関係にあったことを示すためである。まず，語幹の「鵲」*tsʰiɑk と「雀」*tsiɑk はもともと子音が有気音か無気音かのみの差異であった。次に，ɑとɑの母音の違いは中国音韻史上重要な差異であるが，第一成分の「野」，「家」，「麻」は前舌のaを共有する。なお，「野鵲」の祖形は「鴉鵲」*ɑtsʰiɑk であり，これも前舌のaを有する。
　岩田礼 (2011) の誤りは，類音関係に目を奪われて"かささぎ"と"すずめ"の語義的関係を軽視したことである。即ち，華北では前者が"野にいる鳥"，後者が"家にいる鳥"と捉えられたことであり，現代方言でも「野鵲／家雀」のペアを維持する方言は多い。この関係は信越国境の"父"と"母"の関係に近いと言えよう。→ 第1期
　中原地域における変化は，長江流域から"すずめ"を表わす「麻雀」が北上して「家雀」を追い出したことから始まった。その結果，"野にいる鳥"／"家にいる鳥"という語義的関係は崩れ，「野鵲／麻雀」のペアが形成された。このペアは現代方言にも確認されるが少数であり，不安定であったことを物語る。→ 第2期
　岩田礼 (2011) は，この段階で，「麻雀」が類音関係にあった「野鵲」を牽引したため，後者は三音節形「麻野鵲」に変化したと推定した。たしかに類音牽引が作用した働いた可能性もある。しかし一義的には類推の産物，つまり二種の鳥が共通の第一成分「麻」を取ることで有縁性を回復しようとした結果と解釈した方がよい。この変化によって「麻野鵲／麻雀」のペアが形成された。→ 第3期
　「麻野鵲／麻雀」のペアは実際には確認されていない。中原地域で現在みられるペアは第4期のもの，即ち「麻野鵲／小虫」が多数である。"すずめ"語形は「小虫」などという鳥には似つかわしくないカタチに変わり果てたが，それが同音衝突の末の"陥没"の結果であったことは，"かささぎ"の「麻野鵲」と"すずめ"の「麻雀」が地理的な相補分布をなすことから明らかである。3.3節で述べたように，北方方言では三音節の常用語が"中＋弱＋強"型のストレスパターンを取る。"かささぎ"の「麻野鵲」の第2音節が軽声

化し，音声的に"すずめ"の「麻雀」に接近したため，後者は同音衝突を回避する必要に迫られたのである。

　信越国境の"父"と"母"及び中原地域の"かささぎ"と"すずめ"は，地理的な相補分布は同音衝突回避の結果であるという言語地理学の経験則を裏付ける。また，類音牽引の帰結が同音衝突であることも普遍的な真実である。しかし，ここで得られた知見は，語義的な関連性の強いペアについては，類推作用を考慮する必要があることである。類音牽引は類推ともボーダレスな面があるといえる。その上で，類音牽引又は類推によってもたらされた同音衝突では，敗者のカタチの一部が勝者のそれに刻印される，これもまた一つの経験則であることを確認した。

　例（19）は江蘇省東北部で発見された例で，岩田礼（1995）で取り上げた後，Iwata（2006）で詳述に考証した。"土くれ"（畑などにころがっている土の塊）と"ひざがしら"は，次のような分布を形成している。

【図6】江蘇省東北部のひさがしらと土くれ

　このような分布が出来上がったのは，この地域の南部で"土くれ"の［kʰə tʰəu］と"ひざがしら"の *［kʰə tɕʰiə tʰəu］が類音牽引を起こしたためである。［kʰə tɕʰiə tʰəu］は本調査地域には現れないが，これより南に広域的な分布を有する語形であるので，［kʰə tʰəu］の祖型とみなすに足りる。牽引したのは"土くれ"の方で，牽引された"ひざがしら"は［tɕʰiə］を失った。［tɕʰiə］は"ひざがしら"にとって最も重要な要素，即ち語幹の「膝」であり，取り返しのつかない損失というべきである。なお，岩田礼（1995:

64）では，この変化を類音牽引ではなく，"ひざがしら"の形状が"土くれ"に似ることに起因する民間語源と述べた。本稿の趣旨からすればそれも正しい。いずれにせよ，これは"堪えられない"同音衝突であったのである。

こうして"ひざがしら"は傷を負ったが，その後，[kʰə tʰəu]をめぐる戦いにおいては，"土くれ"に勝利した。使用頻度が関係しているかと思う。敗れた"土くれ"が取った方策は，"くわい"や"筆"の場合と同様二通りあった。一つは[kʰə]の母音を[ʊ]に変えることで，【図6】には示さなかったが，[kʰʊ tʰəu]という形式も確認される（Iwata 2006: 1042）。もう一つは，第2音節を取り替えて[kʰʊ laŋ]とすることで，これが多数派であった。この語形は"地面にえぐられた穴"という意味で，フランス南部の"おんどり"語形が雛鳥や雉の語形に取り換えられたのと同様，類義語による置換と言える。

4.3 小結

同音衝突を民間語源，類音牽引（又は類推）との関連でまとめると次のようになる。

〈1〉対象：原則として"同一思考範疇に属する語"。（17）のタブー語は例外。「筆」の使用頻度の高さに起因するのだろう。
〈2〉動機：衝突の回避。
〈3〉条件：意味変化と音声変化がある。前者は内的条件によるものと外的条件によるものを含む。後者は規則的な音韻変化と類音牽引や類推による個別変化を含む。
〈4〉結果：闘争の敗者の陥没と地理的相補分布の形成。

条件と結果に関しては，かなり普遍的と思われる傾向が明らかとなった。それは，音声変化を条件とする同音衝突の場合，変化した方が負ける，牽引した方が負ける，ということである。しかし，類音牽引や類推に起因した闘争では，敗者のカタチの一部が勝者のカタチに刻印される。負け組もただでは転ばない。

5. 混淆

　上で定義したように，混淆は言語の外部現象である。広く言えば，それは――同音衝突に対する――同義衝突を回避する手段である。岩田礼（2003: 18），Iwata（2006: 1049-1055）では，同義衝突が地理的な相補分布によって回避された例を紹介したが，そのような事例は多くないのであろう。一般に，地理的に隣接する同義語 P（x）と Q（x）が争えば，その帰結は下記三つのうちの一つとなる（IMCD1: 25, 45）。

　　〈1〉P（x）又は Q（x）の勝利。敗者は消滅（分布領域の縮小）
　　〈2〉意味の分担：P（x）/ Q（x'）
　　〈3〉混淆形の形成：[P+Q] / 2（x）

　意味の分担については，徳川宗賢編（1979: 114-118），岩田礼（1995: 64-66）などに例がある。IMCD2 の Map 41（"雨が降る"）では，北方の「下雨」と南方の「落雨」が長江辺りで衝突するが，等語線付近の地点は二語形併用が多い。この場合，default は「落雨」で，激しく降る時に「下雨」を使うという内省報告が得られている。元あったのは「落雨」で，北方から伝播した「下雨」を受容した結果，このような分担が図られたのだろう。この関係は，九州の地震を表わす語形で，新来のジシンが大きい揺れ，在来のナエが小さい揺れという分担が図られたのと，"程度"の点で全く平行的である（徳川宗賢編 1979: 117）。

　混淆の例は，前節で挙げたいくつかの例で代用する。まず【図3】の"もんぺ"と"わらの長靴"では，境界線付近（東側）の数地点で「フンゴミイッコギ」という混淆形が生まれた。【図5】の"父"と"母"について，馬瀬良雄（1992: 115）は，境界線付近に現れる"父"を表す tsattsa を北東部の tsae と南西部の chaccha の混淆形と見なしている。この見解には賛同する。但し，chaccha と接触したのは，直接には tsattsa と隣接して分布する tsa: であったかもしれない。

　中国語では【図6】の"ひざがしら"で北の [kə pai] と南の [kʰə tʰəu]

を足して二で割った［kʰə pai］が生まれた。"足して二で割った"と言っても，北の語形［kə pai］からみれば，語頭子音を k から kʰ に変えただけのことだが，言うまでもなくこれは音声変化ではなく，語の第一成分を取り替えた語彙変化である。

最後に，4.1 節の例 (13) で挙げた日本語の"かたい"と"おそろしい"に戻る。これは私の母語のケースで，"おそろしい"をオソガイと言うのは，東部のオソロシイと西部のコワイの混淆の結果である（osoroshi:+kowai = osokowai>osogowai>osogwai>osogai）。

【図7】東海地方のオソガイ

オソガイは，動乱の中でいかに生き延びるかを身につけた我が祖先の苦心の創造であった。即ち，西部より関ヶ原を越えて侵犯を繰り返す中央語に抗して，己のカタチを一部保ちつつ妥協した結果がオソガイである。実は，有力な防衛手段を内部に有していた。それが古義に近い"かたい"を意味するコワイである。そのため"おそろしい"を意味するコワイは容易に侵入できなかったが，敵は浜名湖付近まで"おそろしい"のコワイを飛び火させて包囲網を作ったため（LAJ 42 参照），とうとう妥協を図ることになったのである。

以上すべての例において，混淆形は同音衝突を防ぐための防波堤としての機能を担って作られた（Iwata 2006: 1043）。

同音衝突の最前線では，標準語形ないし地域共通語形が（神の手によって？）出現することも知られている。南仏の"おんどり"では標準語の coq が現れる。また，上記【図5】の"母"では okka: が現れる。但し私見では，これは kaka の先導隊であった可能性がある。

6. おわりに

　中国語方言が提供しうる事例は，実に豊富である。IMCD の扱った項目は二冊合わせて 95 に過ぎず，しかも一般的な基礎語彙が多い。それでも馬瀬良雄（1992）が示す分布パターンの多くが揃っている。例えば，次の二パターンがある。

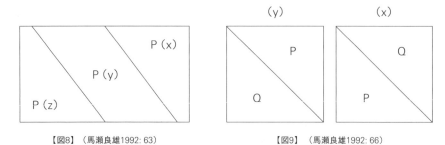

【図8】（馬瀬良雄1992: 63）　　　【図9】（馬瀬良雄1992: 66）

　【図8】は三種類の同音異義語が隣接して分布するケースであり，中国語では，「蟬」を有する語形の指示対象が，山西省から陝西省にかけての地域で，"せみ"→"こおろぎ"→"蝶（又は蛾）"のように推移する例がある（岩田礼・劉艶 2013）。

　【図9】は語形と指示対象の逆転現象であり，IMCD1 の Map 30（そらまめ）と Map 31（えんどう）及び IMCD2 の Map 38（house と room）は，いずれもその広域的な事例である。

　中国の研究者がもし本稿のような観点から研究を進めたならば，省以下の県や地区を単位とした狭域地図において，驚異的な量の事例が発見されるだろう。それら中国語の事例と日本語，フランス語などの事例をすべて説明できる一般化が求められる。

注 1 本稿は，科研費基盤研究（B）「語史再構における言語地理学的解釈の再検討―類型的定式化の試み―」（研究代表者：岩田礼）の研究成果の一部である。研究会の場でご助言いただいた大西拓一郎，中井精一，川口裕司の各位に謝意を表する。本稿の同音衝突の捉え方は大西氏に依る所も多い。また，類音牽引の事例を教えて下さった加藤和夫氏に謝意を表する。
2 W.Wang（王士元）氏の提唱になる語彙拡散理論 (Wang ed. 1977) の原点は，北京大学中文系の調査になる字音調査資料であり，調査地点の多数は大都市である。ある漢字の発音に複数の変異形が存在する時，それらは歴史的な音声変化を反映するのではなく，他方言からの借用層を反映しているのだとする議論は昔からあり，筆者もそれに賛同する。
3 岩田礼編 (2009, 2012) は，中国語圏のみならず英語圏への発信も意図して，各地図には中国語による解説のほか，やや詳細な英語サマリーを付している。岩田礼編 (2009) は，中国語版の"緒論"と英語版の Introduction を載せているが，後者は前者の英訳ではなく，一般言語学と歴史言語学への貢献を意図している。
4 「肩」と「間」は標準語では同音であり，山西省でも同音となる方言が多いが，一部では区別が保存されている。
5 標準語においては，evening と night が「晚上」／「夜裏」のように区別されている。しかし，このような区別が古代から存在したとは考えられない。IMCD1, Map 5-2 の解説 (p.82) では，このような区別は長江沿いの方言で比較的新しい時代に形成されたと推定した。
6 "昨日"を表わす語形については，グロータース (1994: 109–112) 及び同書 pp.126-127 の訳注を参照されたい。
7 正確に言えば，"「鳥」という語に性的悪罵に使うような特殊な派生義が生じた" (平山久雄 1993) ということになる。鳥類はそのような連想を与えやすいようで，「鳥」のほかに本節 B-2 で登場する「雀」も，汎用的な bird の意味からタブー語的語義を派生させた。
8 [kʰə] の母音は [e] である地点もある。

引用文献   岩田礼（1995）「漢語方言史の不連続性―中国語言語地理学序説」『人文論集』45-2, 静岡大学人文学部, 43–77.
岩田礼（2003）「方言地図の作成とその解釈―中国語言語地理学序説（続）―」『金沢大学中国語学中国文学教室紀要』第 7 輯, 1–32.

加藤和夫（1982）「周圏分布と方言周囲論―分布に探る「つらら」方言の音韻変化過程―」『国語国文学』第23号，福井大学国語国文学会，9-24.
グロータース（Willem Grootaers）（1994）『中国の方言地理学のために』，東京：好文出版.（岩田礼，橋爪正子共訳）
小林好日（1950）『方言語彙学的研究』，東京：岩波書店.
柴田武（1969）『言語地理学の方法』，東京：筑摩書房.
徳川宗賢編（1979）『日本の方言地図』，東京：中央公論社.
平山久雄（1993）「中国語における音韻変化規則の例外―それを生み出す諸原因について―」『東方学』85，東方学会，127-140.
馬瀬良雄（1992）『言語地理学研究』，東京：桜楓社.

董同龢（1948）「華陽涼水井客家話記音」『中央研究院歷史語言研究所集刊』19，台北：中央研究院，81-201.
岩田礼（2007）「漢語方言〈明天〉、〈昨天〉等時間詞的語言地理學研究」『中國語學』254，日本中国語学会，1-28.
岩田礼（2011）「論詞匯變化的"非連續性"―類音牽引和同音衝突二例―」『語言教學與研究』2011年第5期，北京語言大學，20-29.
岩田礼・劉艷（2013）「"蟬"義詞形的系譜及其地理分布」『金沢大学中国語学中国文学研究室紀要』第12輯，1-22.
岩田礼編（2009）『漢語方言解釋地圖 The Interpretative Maps of Chinese Dialects』，東京：白帝社.
岩田礼編（2012）『漢語方言解釋地圖續集 The Interpretative Maps of Chinese Dialects, Volume Two』，東京：好文出版.
李榮（1994）「禁忌詞舉例」『方言』1994年第3期，北京：中国社会科学院語言研究所，161-169.
魏鋼強（2004）「"荸薺"考」『方言』2004年第3期，北京：中国社会科学院語言研究所，260-266.

Chambers, J.K. and Peter Trudgill (1980) *Dialectology*. Cambridge: Cambridge University Press.
Dauzat, Albert (1922) *La géographie linguistique*. Paris: Librairie Ernest Flammarion.（邦訳：A.ドーザ著，松原秀治，横山紀伊子共訳『フランス言語地理学』，東京：大学書林，1958）
Iwata, Ray (2006) "Homonymic and Synonymic Collisions in the Northeastern Jiangsu Dialect - On the formation of geographically

complementary distributions - ", *Linguistic Studies in Chinese and its Neighboring Languages: Festschrift in Honor of Professor Pang-hsin Ting on His Seventieth Birthday*, Language and Linguistics Monograph Series Number W-6, Taipei: Academia Sinica, 1035–1058.

Li, Rong (1994) "A tabu word in Chinese". In H. Kitamura, T. Nishida and Y. Nagano eds., *Current Issues in Sino-Tibetan Linguistics*, Osaka, 421–427.

Wang, Willian S-Y. ed. (1977) *The Lexicon in Phonological Change*, The Hague: Mouton.

（いわた・れい　金沢大学教授）

Rethinking the Geo-Linguistic Factors Contributing to Lexical Changes

Iwata, Ray

Traditional dialectology, which focuses on rural dialects, is on the decline and has mostly been replaced by urban dialectology and sociolinguistics. However, recent findings in the Chinese field, especially those by the present author and colleagues, proves the method of linguistic geography to still be effective in the study of linguistic change, and in particular, lexical change, and continues to contribute to historical linguistics. Crucially, the efforts for generalizing the process of change, comprised of motive, condition, inducement, implementation and result, has been insufficient from the point of view of the dialectologist. This paper aims at generalizing the process of lexical change by comparing the results in Japanese dialectology and our recent findings in the Chinese field. Four factors, *folk-etymology, phonetic attraction, homonymic clash* and *word blending*, are reexamined from a contrastive perspective. These factors are mutually related and cooperate in the process of lexical change. The common targets of these factors are generally those words that are not incorporated in the lexical system, i.e., isolated words, such as the names for insects, birds and plants. Folk-etymology and phonetic attraction contribute to motivate the words, and similarities between them are conditions for their inducement. Homonymic clash is usually induced by lexical or phonetic change. The result of the change is the formation of geographically complementary distribution, with word blending possibly contributing to the avoidance of homonymic clash.

Keywords: lexical change, motive, folk-etymology, phonetic attraction, homonymic clash, word blending

談話論からみた松本方言の
判断終助詞と通知終助詞

沖裕子

本論の目的は，長野県松本方言を対象に，終助詞を，形態的，構文的，談話的な観点から，その特徴を体系的に明らかにすることにある。

松本方言において，終助詞文の文末イントネーションを上昇させたとき，〔質問〕の談話的意味が生じる文と，〔質問〕の談話的意味が生じず〔押付〕の談話的意味が生じる文があることを指摘し，前者の終助詞を判断終助詞，後者の終助詞を通知終助詞と呼び，分別する。他方，語基となる動詞等1語のみの終止文に文末上昇イントネーションをかぶせると，終止形終止文の談話的意味は〔質問〕となり，連用命令形と志向形終止文の談話的意味は〔押付〕となることから，これと並行的な現象が，終助詞終止文にもみられたことが指摘できる。

これらの観察より，終助詞はすべて，述語の語基となる動詞等の活用形がもつ文終止と同質のムードを文法的意味として有していること，また，終助詞が語として有する命題評価の文法的意味と協働して，文末ムードを多様に展開する働きを担っていることを主張する。

キーワード：松本方言，談話論，文末上昇イントネーション，終助詞，構文的機能

1. はじめに

　本論の目的は，長野県松本方言を対象に，終助詞の機能を談話論の視点から再考し，体系的に明らかにすることにある。
　ここでは，次のことについて述べていく。松本方言において，文末が終助詞で終わる文（以下，終助詞文）の文末イントネーションを上昇させたとき，〔質問〕の談話的意味が生じる文と，〔質問〕の談話的意味が生じない文があることを，指摘する。このことによって，松本方言終助詞は，構文的機能の点から，2種の体系を有していることを明らかにする。前者の終助詞を判断終助詞，後者の終助詞を通知終助詞と呼び，分別する。

2. 先行研究

　従来の終助詞研究においては，特定の語詞をとりあげ，その意味分析を行う研究が蓄積されてきており，一定の成果をあげている。しかし，意味分析に際してイントネーションに着目する場合には，たとえば，「よ↑」と「よ↓」を別の形式として立てるというような扱いが多く，上昇と下降の音価は問題にされず，また，イントネーションの性質そのものへの配慮も不十分であったといえる。
　他方，終助詞を体系的に扱った先行研究は数少なく，管見では，尾鷲市方言，稲沢方言等を対象とした丹羽一彌（2003），長野県松本方言を対象とした沖裕子（2015），共通語を対象とした佐治圭三（1957）などをみるにすぎない。また，いずれも，イントネーションとの関係をふまえた記述研究は行われていない。
　本論では，論者の母方言である長野県松本方言を対象に，イントネーションと終助詞の関係を視野に入れながら，形態，構文，談話のレベルを分別しつつ考察を行う。こうした，形態，構文，談話のレベルを列あるいは層としてとらえ，それぞれの列あるいは層が時間的に同時に結節していくとする談

話観に立って分析を進めるものである（沖裕子 2006, 2010）。この談話観に立つことで，終助詞を含む文列と，それにかぶさるイントネーション列との関係がとらえやすくなる。ただし，術語が，現在，必ずしも一般的ではないことから，本論では，同時結節という記述モデルに立脚するが，用語としては積極的に用いずに述べていく。

　資料としては，論者の内省（1955 年生まれ，外住歴は 20 年，1955 年〜1973 年 松本市，1973 年〜1982 年 東京都区内，1982 年〜1993 年 関西圏，1993 年〜現在 松本市）のほかに，馬瀬良雄（1992）の記述と，論者が行った調査資料を適宜参照した。

【図1】長野県の方言区画（馬瀬 1992 より）

　馬瀬良雄（1992）によると，長野県は 5 つの方言区画に区分される【図1】。微細に観察すれば，世代や個人によっても終助詞の使用実態は異なるが，本

論における松本方言とは，おおむね，【図1】の中信方言（D）に松本市と記された場所を中心に松本平と呼ばれる地域で使用される広域方言を指す。馬瀬良雄（1992: 399）では，中信地方の終助詞について，「（略）松本平・周辺地方の方言一般にそうであるが，終助詞（間投助詞を含む）が丁寧表現として非常に多く用いられ，この方言に色どりを添えている」と述べられている。

3. 対象とする松本方言終助詞

松本方言終助詞に分類される語詞には，どのようなものがあるか，まずみておきたい。形態論の枠組みで整理した先行研究に沖裕子（2015）がある。それを，引用修正して示すと【表1】になる（形態論は，概略，宮岡伯人（2002）にしたがっている）。

【表1】接続形式からみた主要な松本方言終助詞の分類（沖2015を修正）

前接形式	後接形式	後接終助詞を必ずとる（終助詞化不完了＊）	後接終助詞をとれる	後接終助詞をとらない
名詞にも，活用語終止連体形にも直接接続できる（過去形に接続する）	一部の終助詞に接続できる		ダ，カ△，サ，ズラ，ジャン，ジャネー	セ，ドー
名詞に直接接続できないが，活用語終止連体形に直接接続できる（過去形に接続する）	一部の終助詞に接続できる	モン	イ△，ワ，ゾ，コト，デ，ニ，ガ	ジ，ンネ
名詞に直接接続できないが，活用語終止連体形に直接接続できる。（過去形，テ形，命令形++もしくは連用命令形+に接続する）	一部の終助詞に接続できる		ヨ（++），ッテ（++, +）	ネ（+），ナ（+），ヤ（++），ッテバ（++, +）

△志向形 V-zu にも接続する。　＊使用者によって，モンで文を終結させる場合がある。

【表1】でも分かるように，松本方言では，「ダ，カ，サ，ズラ，ジャン，ジャネー，セ，ドー」は，名詞にも，活用語の終止連体形にも後接する。特に，ダ[1]が，活用語の終止連体形にも後接することは，共通語にある同形の倚辞「だ」とは異なっている。（なお，ダは活用するが，活用することをもって倚辞でないとはされない[2]。）

　共通語では，「事物名詞・状態名詞＋だ」や，推量の「だろう」は，判断のムードを担うとされる一方，「これは，花さ」という「名詞＋さ」の用法があってもなお，「さ」は終助詞とされて，「だ」「だろう」とは一線を画する扱いが一般的である。名詞に後接して文を成立させるこれらの語詞は，同じ文法的範疇に属すとして統一的に考察することが妥当だと，論者は考えている。

　なお，【表1】にあげた終助詞は，活用語の終止連体形および過去形には，ひとしなみに接続する。終止連体形は，文成立において名詞的ふるまいをすることからみても[3]，【表1】の語詞は，形態構文論的に同一の範疇に属していると考えている。

4. 終助詞とイントネーションに関する本論の立場

4.1 終助詞の定義と特徴

　終助詞の位置づけについては，沖裕子（2015）に従う。部分を引用しつつ要約して示しておきたい。

> ① 終助詞とは，文の末尾に位置して文を完結させる働きをもつ倚辞の一群を指す。これらの倚辞は，相互に承接することが特徴である。たとえば，「行クサネ（行くよね）」では，動詞「行ク」に後接した「サ」「ネ」が終助詞であるが，それらは１文の中で重ねて用いることができ，使用に際して相互に排他的関係には立たない[4]。

② 終助詞は，構文的には「文の末尾に位置して文を完結させる働きをもつ」と定義できるが，これらの倚辞は，語義にも共通する点がある。それは，その文の命題に対する話し手の捉え方を示していることである。命題と終助詞との意味的関係のありかたは，文副詞の働きと類似している（宮岡伯人 2002, 沖裕子 2013）。文副詞は，「<u>幸い</u>，事故に合わなかった。」「<u>からくも</u>，逃げおおせた。」などのように，文の命題内容全体を修飾している。日本語では修飾語は被修飾語の前に置かれるため，終助詞は文法的には修飾の働きはもたないことは言うまでもないが，命題と語詞の意味的関係に注目したときに，命題内容全体に対する話し手の見方（評価のしかた）を示しているという点で，文副詞の意味のありかたとの類似性が指摘されるのである。

③ 終助詞は，意味的には，命題に対する話し手の捉え方を示す語詞であり，かつ，文末に位置して文を完結させる働きがあることから，文成立にかかわるムード性を担う語詞でもある（7.2，7.3 に詳述）。

4.2 イントネーションの定義と松本方言の特徴

松本方言談話におけるイントネーションの位置づけについては，沖裕子（2012）に従う。部分を引用しつつ要約して示せば，次のようなものである。

① アクセントは，語に付帯する所与の単位であって，話者が勝手に変更できない単位であるのに対し，イントネーションは話者の意図の表現のひとつであり，イントネーション文法に従って話者が表現を整備，産出し，また表現の意味や意図の解釈において参照される談話上の単位である。

② イントネーションは，アクセントを弱化させたり，除去したりすることから（Wells, J.C. 2006），<u>アクセントの上にかぶさる超分節的単位</u>であるといえる。松本方言においては，アクセントもイントネーションも，ピッチの高下によって表現される[5]　（以後,ピッチの高下

の記号は，［　,　］等で表記する）。

③ 松本方言の句末イントネーションの聞こえについては，次のように観察される。
    1. 句末の音調形式には，／上げ・平ら・下げ／の3種がある。
    2. ／上げ・平ら・下げ／には，次の具体相［A種，B種，組合せ種］が認められる。
        A種：句末拍と-2拍との高さの関係で，／上げ・平ら・下げ／が決定される形式
        B種：句末母音の伸長による漸次的高さの方向性で，／上げ・平ら・下げ／が決定される形式
        組合せ種：A種とB種，B種とB種の組合せによる形式

④ 句末音調の聞こえにおいては，アクセントの干渉がみられる場合がある。
    ・アクセントがそのままイントネーションとして顕現する場合の聞こえは／平ら／である。
        例：平板アクセント〈小豆〉：コ［レ］　ア［ズキ（イントネーションの聞こえは平ら）
        中高型アクセント〈眼鏡〉：コ［レ］　メ［ガ］ネ（イントネーションの聞こえは平ら）
    ・句末音調の聞こえにおいては，その句の句立てのピッチが高いところより，さらに高いピッチを実現した場合に／上げ／と聞こえる。［［ は，音調句内の句立てに利用される上がり目のピッチより，さらに高いピッチになるか，アクセントの上がり方の実相より大きく上がることを示して用いる。
        例：用言複合体にかぶさる句末音調の聞こえ
            二十歳だよ：／ハタチ＝ダ＝ヨ／（以下のイントネーションは，例示）
                ／上げ／A種　　［ハ］タチダ［［ヨ

　　　　　　　　　　B種　　［ハ］タチダヨ［［ー
　　／平ら／A種　　［ハ］タチダヨ，［ハ］タチダ［ヨ，
　　　　　　　　　　B種　　［ハ］タチダヨー
　　／下げ／A種　　［ハ］タチダ］ヨ
　　　　　　　　　　B種　　［ハ］タチダヨ］ー

5. 文末上昇イントネーションがかぶさったときの述語文の意味

5.1 述語終止文の文法的ムードと談話的意味

　終助詞の考察に入るまえに，まず，終助詞をはじめとした用言複合体へと拡張する形式が接続していない，語基となる動詞等の述語1語で終わる文（これを本論では述語文あるいは述語終止文と仮に呼んでおく）を対象に，その活用形の文末ムードを，当該文に文末上昇イントネーション（上げイントネーションをさす，以下同様）をかぶせたときの談話的意味との関係において整理しておきたい。

　以下では，動詞述語終止文を例にとって説明したい。文末上昇イントネーションに共通する意味は〈発話内容を聞き手になげかける〉ことにあるが，観察してみると，述語活用語尾のムードによって，次のように，談話的意味が異なることが知られる。

5.2 述語文が終止形終止の場合

　主語の人称にかかわらず，述語が終止形（拡張語尾，-a-rer-u，-a-ser-u なども含む）の場合は，活用形が有するムードは〈判断〉（〈叙述〉とも）となる。そして，〈判断〉のムードを文末上昇イントネーションによって聞き手になげかけると，(1) から (4) のように，当該の文の意味内容について，聞き手の意見を求める談話的意味，すなわち〔質問〕が生じると考えられる。以下に，用例（イントネーションは例示，以下同様）をあげる。

(1) ア［シタ　ア］メ　［フ］ル［［ー
　　（明日，雨，降る？）〔質問〕
(2) ア［シタ　ク］ロダクンワ　イ［［ク
　　（明日，黒田君は，行く？）〔質問〕
(3) オ［マエ］　ア［シタ　イ［［ク
　　（お前，明日，行く？）〔質問〕
(4) ア［シタ］　ワ［タシ　イ［［ク
　　（明日，私，（手伝いに，）行く？）〔質問〕

5.3　述語文が連用命令形終止・志向形終止などの場合

　終止形終止文に対して，連用命令形終止文（5）の場合は，その法（ムード）は，〈軽い命令〉となる。この場合，文末上昇イントネーションがかぶさっても，〔質問〕の談話的意味は生じないことが，本論であえて指摘したいことである。〈軽い命令〉という策動ムード（相手に働きかけるムード）に，文末上昇イントネーションがかぶさると，その談話的意味は，〈軽い命令〉を聞き手に申し渡すという〔押付〕になるのである。

(5) オ［マエ］　ア［シタ］　イ［［キ
　　（お前，明日，行きな）〔押付〕

　また，連用命令形終止文だけではなく，次のように，志向形終止文（6）でも同様である。志向形終止文に文末上昇イントネーションがかぶさっても，当該文の談話的意味は〔質問〕にはならない。話し手の意志を相手に申し渡す，〔押付〕の談話的意味になるのである。（談話において，話し手の意志を聞き手に押付け，かつ，聞き手が受諾・拒絶・受流しなどの反応を示したとき，それらの対話的談話のやりとりのなかで，志向形終止文には〔勧誘〕という談話的意味が生じると考えられる。）

(6) ア［シタ］　イ［コ［ー
　　（明日，行こう）〔押付〕＊非質問

なお,「イケ(行け)」「オキロ(起きろ)」などの命令形終止文は,文末上昇イントネーションがとりにくい。文意が,相手に考慮する余地を与えないからであろう。表現的な理由から,あえて文末上昇イントネーションをかぶせることは可能ではあるが,その場合にも,〔質問〕の意味は生じない。「[ハ]ヤク イ [[ケ(早く,行け)]」「[ハ]ヤク オ [キ]ロ [[ー(早く,起きろ)」など,〔押付〕か〔問い返し〕(〔問い返し〕については,森山卓郎(1989)参照)の意味になる。

6. 終助詞文のムードと談話的意味

6.1 終助詞文にかぶさる文末上昇イントネーションと談話的意味

それでは,終助詞を用いた文に文末上昇イントネーションがかぶさったとき,終助詞文の談話的意味は,どのように観察できるであろうか。

結論を先に示すと,次の,(ア)(イ)(ウ)の3種が認められる。

文末上昇イントネーションと談話的意味
 (ア) 文末上昇イントネーションがかぶさったときの談話的意味が,〔質問〕になる終助詞文(ダ,カ,ズラ,ジャン,ジャネー,イ,コト,ネ,ナ)
 (イ) 文末上昇イントネーションがかぶさったときの談話的意味が,〔質問〕にならず,〔押付〕になる終助詞文(サ,セ,モン,ゾ,ジ,ンネ,ニ,ヨ)
 (ウ) 文末上昇イントネーションをとりにくい終助詞文(ワ,ドー,ッテ,バ,デ)

6.2 文末上昇イントネーションにより〔質問〕の意味になる終助詞

以下に,用例をあげてみたい。これらの終助詞は,語義(命題に対する話し手の捉え方)が異なり,待遇的意味も含め,細かなニュアンスの違いや,

使用頻度の異なりがあるが,本題に関係しないため,( )内に,おおよその共通語訳を漢字平仮名混じり文で示すにとどめる。次の(7)から(15)は,文末上昇イントネーションがかぶさった場合に,当該文の談話的意味が〔質問〕になる終助詞文である。

(7) ア［シタ］ イ［ク［ダ
　　(明日,行くのか?)〔質問〕
(8) ア［シタ］ イ［ク［カ
　　(明日,行くか?)〔質問〕
(9) ア［シタ］ イ［ク］ズ［［ラ
　　(明日,行くだろう?)〔質問〕
(10) ア［シタ］ イ［ク［ジャン
　　(明日,行くじゃん?)〔質問〕
(11) ア［シタ］ イ［クジャ］ネ［［ー
　　(明日,行くじゃない?)〔質問〕
(12) ア［シタ］ イ［ク［イ
　　(明日,行くでしょう?)〔質問〕
(13) ア［シタ イ［クコ［［ト
　　(明日,行くこと?)〔質問〕
(14) ア［シタ］ イ［ク［ネ
　　(明日,行くね?)〔質問〕
(15) ア［シタ］ イ［ク［ナ
　　(明日,行くな?)〔質問〕

6.3 文末上昇イントネーションにより〔質問〕の意味にならない終助詞文

上記に対して,次の(16)から(23)の例は,文末上昇イントネーションがかぶさった場合に,当該文の談話的意味が〔質問〕にはならない終助詞文である。これらの終助詞文は,話し手が命題の意味内容を,聞き手に申し渡す談話的意味〔押付〕となる。

(16) ア［シタ］ イ［ク］サ［［ー
　　（明日，行くさ）〔押付〕
(17) ア［シタ］ イ［ク］セ［［ー
　　（明日，行きますよ）〔丁寧な押付〕
(18) ア［シタ］ イ［ク［モン
　　（明日，行くもん）〔押付〕
(19) ア［シタ］ イ［ク［ゾ
　　（明日，行くぞ）〔押付〕
(20) ア［シタ］ イ［ク［ジ
　　（明日，行きますよ）〔丁寧な押付〕
(21) ア［シタ］ イ［ク］ン［［ネ
　　（明日，確かに行きますよ）〔丁寧な押付〕
(22) ア［シタ］ イ［ク［ニ
　　（明日，行きますよ）〔丁寧な押付〕
(23) ア［シタ］ イ［ク［ヨ
　　（明日，行くよ）〔押付〕

6.4 文末上昇イントネーションをとりにくい終助詞文

次の（24）から（30）は，そもそも，文末上昇イントネーションをかぶせにくい終助詞文である。

(24) ア［シタ］ イ［ク］ワ［［ー
　　（「明日，行くわ」だって?）〔問い返し〕
(25) オ［レ イ［ク］ド［［ー
　　（「俺，行くんだわ」だって?）〔問い返し〕
(26) ア［シタ］ イ［ク］ッテ
　　（明日，必ず行く）
　　※文末上昇イントネーションをとりにくい。自己判断をかけない命題の時は文末上昇イントネーション〔質問〕が可能だが，引用の格助詞で別語である。

(27) ア［シタ］イ［ク］ッテ］バ
　　（明日，必ず行くってば）
　　※文末上昇イントネーションをとりにくい。
(28) ア［シタ］イ［ク］デ
　　（明日，行くから）
　　※文末上昇イントネーションをとりにくい。
(29) ア［シタ］イ［ク］ガ
　　（明日，行くけれども）
　　※文末上昇イントネーションをとりにくい。
(30) ド［コ　イク［［ヤ
　　（どこにいくのかね）
　　※ヤが終止連体形に接続するのは，疑問詞を用いた文の場合のみである。そして，これに文末上昇イントネーションをかぶせると談話的意味が〔質問〕になるが，それは，疑問詞があることによる。

(24)(25)は，あえて文末上昇イントネーションをかぶせれば，談話的意味として，〔問い返し〕のみが生ずる（なお，〔問い返し〕は，すべての文で可能である（森山卓郎1989）。したがって，文末上昇イントネーションをかぶせても〔問い返し〕の談話的意味しか生じないことは，〔質問〕や〔押付〕の意味が生じていないということである。これが重要な点であると考える）。このことは，(24)(25)のワ，ドーという終助詞の語の意義特徴が，〈自問的主張〉にあることが要因だと考えられる。〈自問的主張〉であれば，文末上昇イントネーションを用いて談話的に相手に命題内容を問うたり，押付けたりすること自体が生じないからである。
　また，文末上昇イントネーションをかぶせにくい(26)(27)のッテ，テバの意義特徴は，命題に話し手の主張内容が立つ〈強い主張〉であるためだと考えられる。聞き手の反応を期待する文末上昇イントネーションを選択してかぶせると，文意と談話的意味に齟齬が生じるためであろう。(28)(29)の終助詞デ，ガは，接続助詞から転成した終助詞であり，終助詞化が完了す

る途上であるとも考えられる。（あえて，文末上昇イントネーションをかぶせると，〔問い返し〕の談話的意味しか生じない。なお，同じく接続助詞から転成したニは，文末上昇イントネーションをかぶせることができる）。(30)の終助詞ヤは，※に記したところの理由による。

6.5 通知終助詞と判断終助詞

　文末上昇イントネーションがかぶさった場合に〔質問〕の談話的意味が生じる終助詞文の終助詞は，「ダ，カ，ズラ，ジャン，ジャネー，イ，コト，ネ，ナ」であった。これらの談話的意味が〔質問〕となるのは，命題に対する何らかの〈話し手の判断〉を，終助詞が，語の文法的意味（ムード）として担っているからと考えられる。命題に対する〈話し手の判断〉という文末ムードを有する終助詞終止文に対して，聞き手がどう思うかを文末上昇イントネーションを選択して問うから，談話的意味が〔質問〕となると考えられる。そこで，これらを判断終助詞と名づけておく。

　また，文末上昇イントネーションがかぶさった時に〔質問〕の談話的意味が生じず，〔押付〕の談話的意味が生じる終助詞文の終助詞は，「サ，セ，モン，ゾ，ジ，ンネ，ニ，ヨ」であった。これらは，命題に対する何らかの〈話し手の意図の通知〉を終助詞がムードとして担っていると考えられる。〈通知〉を文末上昇イントネーションによって相手になげかけても，〔質問〕の意味は生じない。そこで，これらを通知終助詞と名づけておく。

7. 文末ムード体系からみた判断終助詞と通知終助詞の性格
―― 終助詞とは何か ――

7.1 述語終止文のムード体系と終助詞終止文のムード体系の共通性

　判断終助詞と通知終助詞の区別が，文法的には何を意味しているのか，考察してみたい。

文末上昇イントネーションがかぶさったときの当該文の談話的意味から，文末の文法的ムードを整理すると，文末に位置する終助詞群には，判断終助詞と通知終助詞の別があることをみた。さらに，この事実は，次のように，終助詞終止文だけではなく，述語1語で終わる述語終止文に，並行的にみられる事実でもあることを，ここでは指摘したい。なお，文末上昇イントネーションをかぶせにくい命令形終止文，および，その他の終助詞については措いて示す。これらは，いずれにしても〔質問〕の意は生じず，〔押付〕もしくは〔問い返し〕となるからである。

文末上昇イントネーションがかぶさった場合
　　終止形終止文の場合
　　　　〔質問〕の談話的意味になる。
　　　　文法的ムードは〈判断〉。
　　連用命令形・志向形終止文の場合
　　　　〔押付〕の談話的意味になり，〔質問〕の談話的意味は生じない。
　　　　文法的ムードは，〈軽い命令〉〈意志〉。

文末上昇イントネーションがかぶさった場合
　　判断終助詞終止文の場合
　　　　〔質問〕の談話的意味になる。
　　　　文法的ムードは〈判断〉。
　　通知終助詞終止文の場合
　　　　〔押付〕の談話的意味になり，〔質問〕の意味は生じない。
　　　　文法的ムードは，〈意図の通知〉。

　上記を，整理してみると，【表2】のようになる。

【表2】述語終止文と終助詞終止文の文法的ムードと文末上昇イントネーションをかぶせたときの談話的意味

述語終止文		終助詞終止文	
文法的ムード（活用形）	談話的意味（イントネーション上げの場合）	文法的ムード（語）	談話的意味（イントネーション上げの場合）
〈判断〉（終止形）	〔質問〕	〈判断〉（ダ，カ，ズラ，ジャン，ジャネー，イ，コト，ネ，ナ）	〔質問〕
〈軽い命令〉（連用命令形）	〔押付〕	〈意図通知〉（サ，セ，モン，ゾ，ジ，ンネ，ニ，ヨ）	〔押付〕
〈意志〉（志向形）			

7.2 終助詞とは何か

終助詞には，次のふたつの働きがある，と先に述べた。

終助詞が語として有する文法的意味

① 命題内容全体に対する話し手の見方をあらわす（命題評価）
② 文成立にかかわるムード性を担う（文末ムード）

これら①②は，ともに，すべての終助詞が，語であることから有している文法的意味であると本論は考えている。そのため，すべての終助詞は，文成立にかかわるムード性を文法的意味として有し，その語が文の末尾に位置したとき，その語がもつムードの性質によって，文全体のムードが決定すると考えるものである。

また，このことは，活用語が文末に位置した場合，文終止に関わる活用形によって，文全体のムードが決定されることと同様であることを指摘してきた。さらに，活用語の文終止のムードと，終助詞の文終止のムードは，体系的に相同の様相を示すことも，本論では，新たな事実として指摘するものである。

以上述べてきたように，終助詞とは，①命題内容全体に対する話し手の見方（評価のしかた）と，②文成立にかかわるムード性とを，語の文法的意味として備えた，倚辞群（語群）であると記述できる。
　構文的にみれば，終助詞は，述語活用形語尾がもつ文終止のムード変異（-u がもつ〈判断〉や，-i がもつ〈軽い命令〉，-e が持つ〈命令〉，-oo が持つ〈意志〉など）を，倚辞が語的に分担して担っているものだと考えられる。そこで，終助詞とは，用言複合体の最末尾に位置して，文終止のムードを語的に備えることで，日本語の文末を多彩に展開する機能を果たしているといえる。
　述語活用形の活用の数に比べ，松本方言の終助詞の数は多い（馬瀬良雄1992: 399）。そのため，文末ムード②としては〈判断〉と〈通知〉を主として担いながら，その文法的意味①のありかたによって，結果的に文末を多彩に展開することになるのだと考えられる。
　加えて，文が実際に発話されるときには，話し手の意図の表現のひとつである文末イントネーションが同時に選択される（＝同時結節する）。選択されたイントネーションが有する意味が，文字列の意味に加わることで，さらに，談話的意味も，多彩に展開されることになるのだと考えられるのである。
　終助詞のこうした，語的，文法的，談話的特徴は，共通語を含めた日本語方言の基本的な言語的特徴としても記述できることと思う。

7.3 従来の終助詞観と本論の終助詞観の異同について

　これまで終助詞は，その語がもつ意味的側面を中心に研究されてきており，その成果の蓄積は厚い。
　一地域の方言終助詞を対象とした意味記述については，井上優の一連の富山県砺波方言を対象とした研究群があり（井上優1995など），また，井上優（2002）では，方言終助詞の記述のための手引きの概略もまとめられている。また，渋谷勝巳による山形方言終助詞を対象とした一連の意味記述（渋谷勝巳1995など）も蓄積されつつある。共通語を対象とした「よ」「ね」については，多くの研究者が論を展開しており，大曾美恵子（1986）の問題提起に始まり，金水敏（1993），蓮沼昭子（1995, 1997），伊豆原英子（2003）を始め

とした数多くの論考が発表されている。なお，共通語終助詞「ね」をめぐっては，宮崎和人（2002）に，要を得た研究小史がまとめられている。

　これら終助詞各語の意味記述を重ねる論考とは別に，終助詞とは何かを文法的，体系的に問う論考が少ないことは本論冒頭でも触れたところである。

　たとえば，佐治圭三（1957）では，共通語終助詞を対象として，「聞き手めあて」の終助辞（第1類）と，「判断めあて」の終助辞（第2類）を分類し，終助辞群をムードの点から2類に分けている。この考え方では，終助詞という語群は，「聞き手めあて」の意味を有した終助詞と，「判断めあて」の意味を有した終助詞とに分かれることになる。概略，「聞き手めあて」の意味とは，本論が述べる終助詞の文法的意味②にあたり，「判断めあて」の意味とは，本論が述べる終助詞の文法的意味①にあたる。本論の主張は，形態と意味の双方を重視して観察すると，文法的意味①②は，ともに，すべての終助詞が有していると考えるところにある。そこが，従来の終助詞観との相違である。

　佐治圭三（1957）に示されたようなムード（あるいはモダリティー）の考え方は，その後の日本語文法論におけるモダリティーの階層性という考え方にも受け継がれていっている。たとえば，仁田義雄（1991）では，文を言表事態と言表態度からなっているとし，後者にモダリティが含まれ，モダリティを「言表事態めあてのモダリティ」と「発話・伝達のモダリティ」の2種に分けていく（なお，丹羽哲也（1992）は，その書評のなかで，こうしたモダリティの分類に疑義を呈している）。また，益岡隆志（1991）では，命題の後部に，「取り立て―みとめ方／テンス―説明―価値判断／真偽判断―表現類型―ていねいさ／伝達態度」というモダリティーが階層的に後続していき，終助詞「ね」「よ」は，「伝達態度のモダリティ」に関係する，というモダリティーを階層的にとらえる考え方を示している。

　ちなみに，丹羽一彌（2003）は形態を重視する点では本論と立場が近いが，終助詞の排他的階層性を認めていることでは，モダリティーの階層構造を認める立場に寄っているともいえる。

　くりかえしにはなるが，本論では，こうしたモダリティーの階層性という考え方をとらない。終助詞という語は，それが語であることから，すべての

語それ自体のなかに，文法的意味①②を含んでいると考える。その文法的意味のなかに文成立に関わるムード性②があり，文の最末尾にくる語のムードによってその文終止のムードが発現すると考えるものである。実際に，松本方言終助詞について，終助詞どうしの相互承接について観察してみても（沖裕子 2015 参照），承接順序におおよその順序性はみられても，語ごとにグループを成して階層が認められるとはいいにくい。

なお，終助詞が相互承接することについては，副詞や，副助詞などの，語が 1 文のなかで重ねて用いられることと同様の現象であると考えている（「<u>もっと</u>，<u>はっきり</u>，言って。」や，「東京<u>まで</u> <u>も</u>，一人で行ける。」など）。

8. おわりに

長野県松本方言を対象に，以上述べてきたことをまとめて示したい。

文末上昇イントネーションがかぶさった場合，述語文では，活用形の有するムードによって，談話的意味が〔質問〕になる文と，〔質問〕にはならず〔押付〕になる文とに分かれる。

これと並行的に，終助詞文に文末上昇イントネーションがかぶさったとき，談話的意味が〔質問〕になる文と，〔質問〕にならず〔押付〕になる文とがみられる。このことから，終助詞が担っているムードによって，判断終助詞と，通知終助詞に，大別することができる。終助詞とは，①命題内容全体に対する話し手の見方（命題評価），②文成立にかかわるムード性（文末ムード）を，文法的意味として備えた倚辞群であると記述できる。なお，終助詞が相互承接する場合は，最末尾の終助詞の性格によって文のムードが決定される。

形態論的な分類【表 1】と，文法機能的な分類【表 2】では，終助詞の分類結果が異なっていた。言語の恣意性を反映して，形と意味は，異なる原理で体系化されていたといえる。

注　1　松本方言では,「ア,財布ガ　ナイ」とも,「財布ガ　ナイダ」とも言う。前者の発見的状況では,ダは用いられない。聞き手に説明するような後者の状況で,ダが使用される。
　　2　松本方言のダは,ダ,ダッタと活用する(ノ,ナ,ナラ,デは助詞で,ダの活用形とは考えない)が,倚辞であることに変わりはない(宮岡伯人2002参照)。【表1】にあげた語詞は,ダ以外は,ズラも含めて活用しない。
　　3　「オレ　ヤル(私が,する)」などでは,-u が意志を表わすというよりは,テンスフリーで名詞的に表現した文(尾上圭介1979)が,談話レベルにおける文脈の支えで,〔話し手の意思〕に解釈されたものと考える。
　　4　丹羽一彌(2003)では,いわゆる終助詞を,終助詞,文末助詞,間投助詞に分けて,それぞれ別のパラディグムに属するとしているが,本論では,そうした考えには立たない。終助詞が相互承接するのは,語彙的な理由によると考える。副助詞のように,重ねて用いられる助詞と同様である。
　　5　松本方言は,東京式アクセント。句音調も,東京方言と同様の音声文法を有する。

引用文献

伊豆原英子(2003)「終助詞「よ」「よね」「ね」再考」『愛知学院大学教養部紀要』51巻(2).
井上優(1995)「方言終助詞の意味分析―富山県砺波方言の「ヤ／マ」「チャ／ワ」―」『研究報告集』16, 国立国語研究所.
井上優(2002)「方言終助詞の記述研究のために」『日本語学』21-2, 東京：明治書院.
大曾美恵子(1986)「誤用分析1「今日はいい天気ですね。」―「はい,そうです。」」『日本語学』5-9, 東京：明治書院.
沖裕子(2006)『日本語談話論』, 大阪：和泉書院.
沖裕子(2010)「依頼談話の結節法」『日本語学研究』28, ソウル：韓国日本語学会.
沖裕子(2012)「談話論からみた句末音調形式の抽出」『国立国語研究所論集』5.
沖裕子(2013)「終助詞を用いた推量表現―談話論による松本方言の分析―」『人文科学論集＜文化コミュニケーション学科編＞』47, 信州大学人文学部.
沖裕子(2015)「松本方言終助詞の文法体系―談話研究の基礎―」『信州大学人文科学論集』2, 信州大学人文学部.

尾上圭介（1979）「「そこにすわる！」―表現の構造と文法」『月刊言語』8-5, 東京：大修館書店.
金水敏（1993）「終助詞ヨ・ネ」『月刊言語』22-4, 東京：大修館書店.
佐治圭三（1957）「終助詞の機能」『国語国文』26-7, 京都：臨川書店.
渋谷勝巳（1995）「山形市方言の文末詞ハ」『阪大社会言語学研究ノート』1, 大阪大学大学院文学研究科社会言語学研究室.
仁田義雄（1991）『日本語のモダリティと人称』, 東京：ひつじ書房.
丹羽一彌（2003）「日本語「終助詞」の分類」『人文科学論集〈文化コミュニケーション学科編〉』37, 信州大学人文学部.
丹羽哲也（1992）「書評 仁田義雄著『日本語のモダリティと人称』」『国語学』171.
蓮沼昭子（1995）「終助詞「よ」の談話機能」『言語探究の領域 小泉保博士古稀記念論文集』, 東京：大学書林.
蓮沼昭子（1997）「終助詞「よ」の談話機能―その2―」『日本語教育論文集―小出詞子先生退職記念―』, 東京：凡人社.
益岡隆志（1991）『モダリティの文法』, 東京：くろしお出版.
馬瀬良雄（1992）『長野県史 方言編 全一巻』, 長野：長野県史刊行会.
宮崎和人（2002）「終助辞「ネ」と「ナ」」『阪大日本語研究』14.
宮岡伯人（2002）『「語」とは何か―エスキモー語から日本語をみる』, 東京：三省堂.
森山卓郎（1989）「文の意味とイントネーション」『講座日本語と日本語教育 第1巻』, 東京：明治書院.

Wells, J.C. (2006) *English intonation*: An introduction. Cambridge: Cambridge University Press.

付記　本論は，日本方言研究会第102回研究発表会（於学習院大学　2016年5月13日）における口頭発表「談話論からみた長野県松本方言の判断終助詞と通知終助詞」に加筆したものである．席上，有益なご指摘を賜ったことに感謝申し上げたい．
本研究は，JSPS科研費15K02561の助成を受けた．記して謝意を表する．

（おき・ひろこ　信州大学教授）

On Declarative Final Particles and Imperative Final Particles in Matsumoto Dialect Analyzed by Speech Discourse Theory

Oki, Hiroko

The purpose of this paper is to consider the final particle in Matsumoto dialect from the viewpoint of morphology, syntax and discourse and to describe it systematically. The method employed in this research is based on synchronous discourse theory.

First, the author indicates that there are two types of predicate in the final position of the sentence with rising intonation: the conclusive form, which signals an interrogatory mood; and an adverbial functioning as an imperative form, which signals not an interrogatory but an imperative mood.

Second, the author describes the two types of final particle found in Matsumoto dialect: i) Declarative final particles, with a rising intonation at the end of the sentence, which signal an interrogatory mood at the discourse level; and ii) Imperative final particles, also with a rising intonation at the end of the sentence, which signal not an interrogatory but an imperative mood at the discourse level.

From the above, it follows that the mood system of final particles is similar or parallel to the mood system of predicate words such as verbs which occur in the final position of a sentence. Previous studies did not focus on the final particle mood system in this way, but on the fact that final particles have two types of mood in their syntagmatic meanings.

Keywords: Morphology, Syntax, Discourse, Word, Mood system, Intonation

瀬戸内海域方言における
コピュラ形式の分布と変化

峪口有香子

　本論では，瀬戸内海域の方言におけるコピュラ形式の分布と変化について取り上げる。当地域では，すでに60年代に瀬戸内海各地の老年層と少年層を対象にした調査結果が藤原与一・広島方言研究所（1974）『瀬戸内海言語図巻』上下巻として報告されている。この老若のデータを比較することによって当時の見かけ時間軸でのコピュラ形式の世代差について知ることができる。また，この調査から半世紀を経た今，同地域で現在の老年層のみを対象とした通信調査を実施し，言語変化の状況を実時間上の観点からとらえることを試みた。この結果，おおむね，『瀬戸内海言語図巻』における少年層での結果が今回の老年層を対象とした結果と一致していることが確認できた。コピュラ形式においては，見かけ時間上の変化は，実時間上の変化とほぼ一致していたといえる。また，瀬戸内海東部においては，経年変化に伴い，「ジャ」から「ヤ」への変化が著しいばかりではなく，地理的分布状況から「ヤ」が西進していく様子をとらえることができた。

キーワード：『瀬戸内海言語図巻』，空間分析，方言分布，追跡調査，経年変化

1. はじめに

本論では，藤原与一・広島方言研究所 (1974)『瀬戸内海言語図巻』(以下 LAS と略す) の追跡調査を行う。当該地域における言語の進行中の変化の様相をとらえると同時に，経年変化による言語変化の実態を解明することを目指す。LAS 調査が開始されてから 50 年以上が経過し，瀬戸内海域での言語変化がどのように進んだか，この点を明らかにするため，これまで瀬戸内海域を中心に近畿・中国・四国・九州の各沿岸部も含めた通信調査を実施した。また，おもに淡路島，小豆島[1]といった瀬戸内海島嶼部東部の島々においては別途，通信調査や面接調査を交えた調査を行った (岸江信介他編 2013, 岸江信介・峪口有香子編 2015)。

これらの調査の目的は，いずれも方言の経年変化に目を向けようとするものである。

以下では，この調査結果の一部である「コピュラ形式」に関する項目の結果を紹介し，50 年以上に及ぶ歳月の流れの中で，ことばにどのような変化が及んでいるのかといった点に触れつつ，地理的分布形成の状況を把握したい。

2. 本論で扱う調査研究

本論で比較・考察の対象とするのは，LAS，小豆島における調査 (岸江信介・峪口有香子編 2015, 以下,「小豆島調査」と呼ぶ) および著者が実施した瀬戸内海域言語通信調査 (2011-2014) である。なお，瀬戸内海域言語通信調査を以下「追跡調査」と呼ぶ。

2.1 LAS

LAS は，瀬戸内海島嶼部および瀬戸内海に面する沿岸部の集落，計 925 地点 (瀬戸内海島嶼部 701 地点，沿岸部 141 地点，奥まった地域 83 地点)

を対象に，各地点で，当時，老年層（明治生まれ60代女性）と少年層（中学1・2年生女子）の二世代を面接調査し，各項目二層の図を各ページ上下に対照させた上下二巻，計241図（音声・挨拶・文法・語彙）からなる言語地図集である。調査実施者は，LASの解説書である，藤原与一（1976）によると，研究協力者12名，実地調査者22名（他略），言語地図押印者13名である。調査期間は，1960〜1965の6年間である。本論では，LAS第59図「火事だ」を扱う。質問文は「①火事を人に知らせる時，どう言って知らせますか。②「火事ジャ。」とか「火事ヤ。」とか「火事ダ。」とか言いませんか。」[2]である。

2.2 「小豆島調査」

基盤研究（A）「方言分布変化の詳細解明—変動実態の把握と理論の検証・構築—」（代表：大西拓一郎）の一環として実施された調査である。香川県小豆島を対象に徳島大学日本語学研究室が中心となり，島内の主な地点で中年層・老年層（1920年〜1957年生まれ）の男女を対象に，面接調査が行われた。

第一次調査は2012年3月24日〜同年3月27日，第二次調査は2013年6月29日〜同年7月1日，第三次調査は2014年9月14日に行われた。総調査地点は，94地点である。調査項目は，計112項目（挨拶・文法・語彙・アクセント・民俗）で，調査票番号21「雨だ」・22「雨だった」・23「雨だろう」を扱う。質問文は21「心やすい友達に，「明日は雨だ」という時，「雨だ」の部分をどう言いますか。」，22「心やすい友達に，「昨日も雨だったなあ」という時，「雨だった」の部分をどう言いますか。」，23「心やすい友達に，「明日は雨だろう」という時，「雨だろう」の部分をどう言いますか。」である。

2.3 「追跡調査」

瀬戸内海域を対象に，通信調査と面接調査も一部並行し，筆者が単独で行った調査である。通信調査では第一次調査（2011年10月〜12月），第二次調査（2012年8月〜9月），第三次調査（2013年4月〜2015年1月）

を実施した。当調査では，瀬戸内海域の市町村教育委員会，公民館，漁業協同組合等の協力を得，中年層・老年層（1915 年〜 1962 年生まれ）の男女生え抜きの方々から回答があった。面接調査は，2011 年 10 月〜 2014 年 11 月にかけて随時，各地を訪問し調査を実施した。訪れた地は，23 地点である[3]。その結果，第一次・第二次・第三次調査（1907 地点），面接調査（23 地点）あわせて，50 代以上の各地の生え抜き話者の調査協力を頂き，総調査地点は，1,930 地点である[4]。調査項目は，計 161 項目（挨拶・文法・語彙・民俗）である。

これらのうち本論では，調査票番号 21「雨だ」・22「雨だった」・24「雨だろう」を扱う。質問文は 21「心やすい友達に，「明日は雨だ」という時，「雨だ」の部分をどう言いますか。」，22「心やすい友達に，「昨日も雨だったなあ」という時，「雨だった」の部分をどう言いますか。」，24「心やすい友達に，「明日は雨だろう」という時，「雨だろう」の部分をどう言いますか。」である。

なお，本論では点検を終えた 1,389 名分のデータを対象に言語地図化を行っている。

3. 研究手法

LAS，「小豆島調査」，「追跡調査」各々の調査結果を比較するため，GIS（ArcGIS10.0）を援用して，LAS の電子化を行うとともに，今回の「追跡調査」の結果も同時に電子化した。

GIS を用いた調査結果について，空間統計「地理的分布特性を算出」し，分布指向性分析[5]を用いて解析を試みる。また，瀬戸内海域の分布において，追跡調査地点は LAS と比べ広域に調査地点をとっているため，LAS と同じ調査範囲内のポリゴンデータ[6]を作成し，その範囲内のポイントデータ[7]を空間検索[8]し，作図を試みている。コピュラ形式のテンス現在における調査結果の比較から，方言形式ごとの地理的分布傾向として，拡張・退縮するもの

と，変化のないものといった視点から実時間上に基づく経年分布による比較を通じて，具体的にどのような変化がみられるのか，述べてみることにしたい。

なお，ここでの分析はコピュラ形式のテンス現在にとどめ，コピュラ形式のテンス過去および推量形式については，LAS の項目として取り上げられていなかったため，空間分析は行っていないことを断っておく。

4. コピュラ形式に関する先行研究

これまでに行われた全国調査では，国語調査委員会『口語法分布図』19図（1906年）・国立国語研究所編『日本言語地図』（LAJ 第1集・第46図「今日はいい天気だ」）が挙げられる。これら二つの調査の分布は「ダ」が東日本と山陰にみられ，「ヤ」が北陸・近畿に，「ジャ」がそれ以外に分布している。

香川県小豆島付近の分布を詳しくみると，まず国語調査委員会の調査では，香川県小豆島は「ヂャ」となっており，LAJ では「ジャ」「ヤ」が分布している。藤原与一（1976）では，「ダ」のもとは「デア」であり，他方「デア」から「ヂャ」あるいは「ジャ」へと変化したあと，「ヤ」が成立したとする。この記述によると，日本語史上で起きたとされるコピュラ形式変遷の過程を瀬戸内海域においても当てはめているとみなすことができる。

例えば「ジャ」の前身である「デア」ないし「デア」は後述するように東讃方言で観察されている（岸江信介編 2011）。さらに，西日本では「ジャ」から変化したと思われる「ヤ」が近畿地方から九州地方の広範囲に使用されている。特に近畿地方では，老年層・少年層とともに「ヤ」を用い，この変化が既に完了したものとみられる。

西日本で使われているコピュラ形式「ヤ」については，前田勇（1961）によると，「ヤ」は，「である」を基として，「ダ」「ジャ」「ヤ」に変化していったことが示されており，近畿では近世期にこの変化が生じたとされる。

さらに，藤原与一（1962）は「ジャ」と「ヤ」について，「ことによれば，『ジャ』終止形から『ヤ』終止形ができたのよりは，『ジャッタ』というのから『ヤッタ』ができ，『ジャロ』というのから『ヤロ』ができたのが，むしろさきではなかったか。言ってみれば，『ヤ』助動詞の成立では，連用形などのうごきが，きっかけになりはしなかったかということである」と述べている。
　一方で，「ヤ」の広がりについて，今石元久（1968）は，「「ヤ」助動詞の勢力は，近畿中央に直接している兵庫県南部地方へ強いところからみて，この分布は新興・新来の勢力と解することができる」という。近年の研究をみても，友定賢治（1999）は，「ダ」が使用される出雲方言地域でも，わずかであるが少年層には「ヤ」が認められるとし，「ダ」から「ヤ」へ変化している様子を報告している。関西方言が広島方言においてどのような影響をみせるのか，灰谷謙二（2005）は，広島県で「ヤ」を使う傾向は低く，広島方言形の「ジャ」を保ちつつ一定の音環境の中から徐々に共通語形式を組み込みつつある状況が窺えると指摘している。
　また，四国・九州地方および中国地方について，仙波光明他（2000）は，「ジャ」から「ヤ」への変化が進行中であり，とりわけ，九州地方では中国地方に先んじ，各県とも若年層ではこの変化がほぼ完了していると述べている。
　以上をまとめると，西日本各地では「ジャ」から「ヤ」へ変化しつつあるが，その変化のスピードは地域によって異なるようである。また，この変化は，言い切り形のみで考察すべきではなく，先に掲げたように藤原与一（1962）の指摘した「ジャッタ」から「ヤッタ」，「ジャロー」から「ヤロー」への変化などとも合わせて考察する必要があろう。
　以上，コピュラ諸形式とその使用地域を踏まえ，調査結果をみていくことにしたい。

5. 結果・考察

5.1 テンス現在「ーだ」における方言分布の概観

　まず，LAS 第 59 図「火事だ（老年層図）」から作図した【図1】〜【図3】を取り上げる[9]。瀬戸内海東部では「ヤ」が和歌山県，大阪府，兵庫県など大阪湾の沿岸部で使用されるのに対し，淡路島北部では「ヤ」を使用し，南部にいくほど「ジャ」の使用が目立つようになる。つまり関西中央部の「ヤ」が淡路島へ流入したあと，淡路島を南下している状況をつかむことができる。瀬戸内海西部では，「ジャ」が優勢なことに対し，わずかだが「ヤ」が広島県・山口県島嶼部，愛媛県と点在し確認することができる。さらに，「ダ」は山口県島嶼部に 2 地点のみ使用が認められる。

　また，少年層図（【図4】〜【図6】）では，「ヤ」が西進している様子をつかむことができる。大阪湾沿岸で「ヤ」が使用されているのは老年層図と同じだが，明らかに相違する点は島嶼部の淡路島，家島諸島，小豆島で「ヤ」の使用地域がひろがっていることである。淡路島では先述したように，北部から入ったとみられる「ヤ」がその使用領域を拡大させ，南部にまで達している。ただし，淡路島南部ではコピュラ形式が用いられず，文末詞のみの形式が多いことが窺える[10]。また小豆島では，小豆島町を中心に「ヤ」が広域にひろがっている。家島諸島でも，老年層図では「ヤ」と「ジャ」が混在していたが，少年層図ではすべて「ヤ」に変化している。つまり，LAS 老年層・少年層の両図は，「ジャ」が「ヤ」に変化していく，言語流動の様子を物語る，二層図なのである。

　瀬戸内海域の現状をみるために，「追跡調査」にもとづき，作成したのが【図7】〜【図9】である[11]。まず，LAS 老年層図【図3】・LAS 少年層図【図6】と「追跡調査」【図9】を比較してみると，追跡調査では「ダ」を使用する地点が増えたことがわかる。一見，共通語化のようにも映るが，地域によっては，共通語化というよりもむしろ「ダロー」や「ダッタ」のように「デア（デァ）」から「ダ」に地域よっては独自に変化したあと，テンス現在言い切り形もこれらの影響を受けて類推変化した可能性もある。また，淡路島ではこれらの形式が伝播したケースも否めず，一概には共通語化とは断定

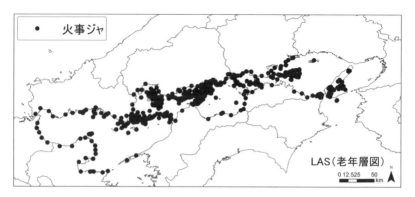

【図1】LAS「火事ジャ」（第59図・老年層図から作図）

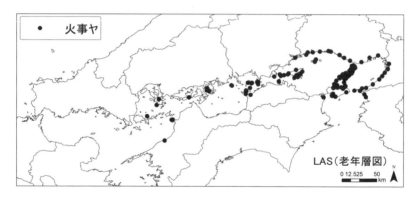

【図2】LAS「火事ヤ」（第59図・老年層図から作図）

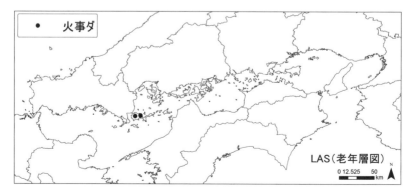

【図3】LAS「火事ダ」（第59図・老年層図から作図）

瀬戸内海域方言におけるコピュラ形式の分布と変化　　247

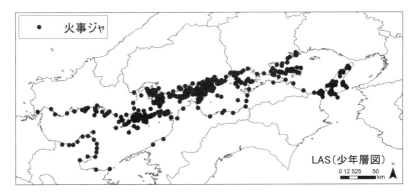

【図4】LAS「火事ジャ」（第59図・少年層図から作図）

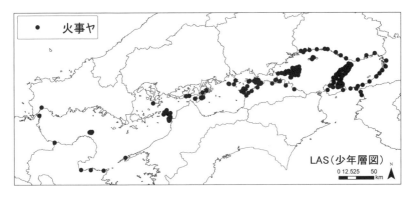

【図5】LAS「火事ヤ」（第59図・少年層図から作図）

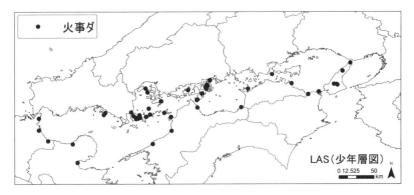

【図6】LAS「火事ダ」（第59図・少年層図から作図）

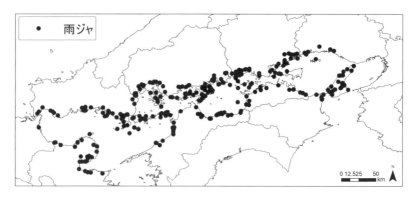

【図7】追跡調査「雨ジャ」

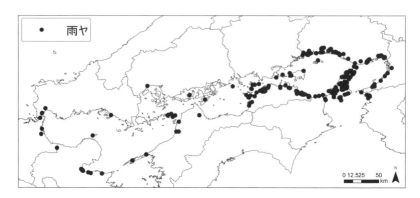

【図8】追跡調査「雨ヤ」

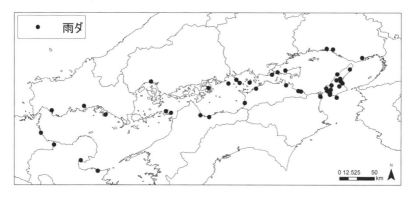

【図9】追跡調査「雨ダ」

できない。瀬戸内海域での言語変化は、近畿中央部から地を這うように西進していくものと、この「ダ」ように、瀬戸内海沿岸や島嶼部に点々とした分布を示しつつ、一方で淡路島のようにまとまって分布するものもある。

一方で「ジャ」は、瀬戸内海域においてはほぼ全域で使用された伝統的な方言形式であり、大阪湾岸地域においても幕末まで用いられた。LAS老年層・LAS少年層・追跡調査の結果からも明らかなように、瀬戸内海域では「ジャ」から「ヤ」への変化が進行中であり、特に瀬戸内海東部においてこの変化は顕著である。

ただ、LAS老年層【図1】・LAS少年層【図4】・「追跡調査」【図7】ともに瀬戸内海東部を除き、ほぼ全域にわたって「ジャ」が席巻していることがわかる。特に、兵庫県播磨地方で「ジャ」と「ヤ」の併用が増えていることが確認できる。つまり、播磨地方では岡山県と隣接していることから、西部から「ジャ」、東部から「ヤ」が侵入し併用回答が増えつつあることがわかる。

一方で、「ヤ」は、大阪府を発信地として、特徴的な広がり方をみせている（【図2】・【図5】・【図8】）。

5.2 テンス現在「—だ」における空間解析

以下では「ジャ」「ヤ」「ダ」のデータの分布傾向を探る試みとして、空間解析の分布指向性分析を用いた分析を行うことにしたい。

まず、空間分析の一つである標準偏差楕円の範囲を基準に比較をする。【図10】は、コピュラ形式「ヤ」の空間分析図[12]である。LAS老年層の楕円は、岡山県・広島県境にまでしか達していなかったが、LAS少年層では範囲が拡大し、広島県・愛媛県島嶼部に入り込んでいる様子が窺える。さらに、「追跡調査」の楕円は、やや東部に範囲を広げ、広島県島嶼部まで範囲を拡大させていた。ただ、LAS少年層の範囲のほうが西に広がっていることがわかる。

ただし、「ヤ」の範囲の拡大は、瀬戸内海島嶼部と四国沿岸地域において広がりをみせており、中国地方では、ともに岡山県以西への広がりはみられない（【図2】・【図5】・【図8】）。その根拠は、海路あるいは、陸路による伝

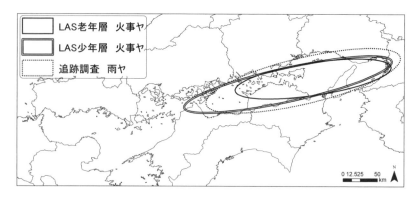

【図10】コピュラ形式「ヤ」(空間分析図)

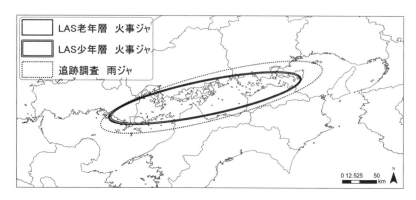

【図11】コピュラ形式「ジャ」(空間分析図)

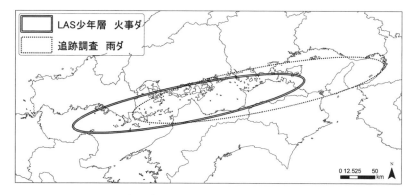

【図12】コピュラ形式「ダ」(空間分析図)

播によるものと考えられる。

【図11】・空間分析図の「ジャ」は，LAS老年層とLAS少年層の楕円は，ほぼ同じ大きさと傾きになっていることがわかる。さらに，「追跡調査」では，播磨地方に「ジャ」の使用がひろがっていることから，楕円の傾きはやや東に広がっている。

【図12】・空間分析図の「ダ」は，LASは2地点しかみられなかったため，LAS少年層図と，「追跡調査」のみ空間分析図を作成している。

「ダ」の使用域は，楕円の大きさと傾きから，拡大していることが一目瞭然である。特に，LAS少年層図は，瀬戸内海中部・西部に楕円が描かれているが，「追跡調査」では，瀬戸内海東部に「ダ」の使用が多かったことから，瀬戸内海東部に楕円が広く描かれていることがわかる。

全体的にみても，和歌山県・大阪府・兵庫県の瀬戸内海沿岸部ではLAS老年層・少年層図と同様，ほぼすべての地点で「ヤ」が回答されている。また四国側の徳島県北部に位置する鳴門市付近には「ジャ」が目立つのに対し，香川県沿岸部では「ヤ」の使用が目立つようになっている。

一方で，兵庫県と岡山県の県境では，依然として「ヤ」と「ジャ」が相対峙している。方言の伝播という視点からみると，岡山県側では近畿圏からの「ヤ」の侵入をかたくなに拒否し続けており，「ジャ」→「ヤ」への変化の進行に歯止めがかけられているということができる。一方，陸路による伝播に対して海路による伝播にはこのような制限がみられず，四国沿岸部や島嶼部に広範囲に広がった様子が窺える。

コピュラテンス現在に関する各調査結果の比較では，LASにおいて見かけ時間上に映し出されていた変化が，実時間上においても確かめられ，近畿中央部の「ヤ」が瀬戸内海東部において着実に西進していく様子が窺える。

5.3 テンス過去「―だった」における方言分布の概観

LASでは，テンス過去の項目は取り上げられていなかったため，「追跡調査」と「小豆島調査」の地図について考察していくことにする。まず，「小豆島調査」による【図13】の結果を概観する。土庄町と小豆島町で「ジャッタ」と「ヤッタ」の対立がみられる。

土庄町では，北部で「ジャッタ」が依然根強く，中心部の土庄町市街地では「ヤッタ」の回答しかみられない。これに対して，小豆島町では，一部，中山などの山間部に「ジャッタ」があるのを除き，全体的に「ヤッタ」が優勢である。「ジャッタ」から「ヤッタ」への変化が進んでいるが，やはり小豆島町での変化が先行していることがわかる。

【図13】小豆島調査「雨だった」

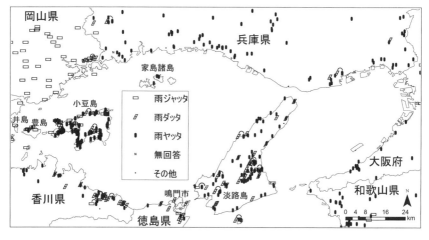

【図14】追跡調査「雨だった」

また，土庄町でも中央部ではすでに変化が始まっている様子が窺える。小豆島では，岸江信介・峪口有香子編（2015）の「雨だ」の地図を参照すると，ここでも「ジャ」から「ヤ」への変化がやはり小豆島町で進んでいることが確認される。

　コピュラ形式のテンス現在同様，この場合も，土庄町の北部では中国地方，特に岡山方言の影響が大きく，このことが，この変化の進行に歯止めをかけている可能性がある。

　瀬戸内海域の言語変化をみるために，「追跡調査」による結果（【図14】～【図17】）をみることにしたい。和歌山県，大阪府，兵庫県各沿岸部では，ほぼ「ヤッタ」が使用されているが，淡路島では，「ヤッタ」が島内にまとまってみられる一方で，「ダッタ」の使用もみられる。上述したコピュラ形式の足並みが揃わない傾向が特に淡路島南部にみられる。

　小豆島では，「ジャッタ」が各地で散見されるが，「ヤッタ」の勢力が優勢になっている。その中でも「ジャッタ」が土庄町北部域に多いことがわかる。また豊島も「ジャッタ」である。さらに兵庫県では「ヤッタ」だが，岡山県では「ジャッタ」となる。ただ，岡山県備前市日生町は，兵庫県からの影響を受けている地域で，「ジャッタ」「ヤッタ」が入り混ざっている。日生町の西部では，すべて「ジャッタ」となるが，この地域はすでに岡山方言の領域である。岡山県に近い香川県豊島や井島などの島嶼部は，「ジャッタ」の使用が優勢である。

　四国側に目を移すと，徳島県では「ダッタ」の使用が多いが，「ジャッタ」と「ヤッタ」の分布も確認できる。香川県東部を中心に「ダッタ」の使用も目立つが，一方で「ヤッタ」の勢力が西進している様子を呈していることがわかる。

　さらに，瀬戸内海西部の広島県，山口県，愛媛県，大分県は，「ジャッタ」がよく使用されていることがわかる。ただ，福岡県は「ジャッタ」より「ヤッタ」のほうが優勢といえる。

　つまり，テンス過去になると，瀬戸内海島嶼部では「ジャッタ」が「ヤッタ」に次第に変化し，分布域を西へと伸ばしている傾向を看取できるが，中国地方，特に岡山方言の影響が大きく，「ヤッタ」の進行に歯止めの可能性

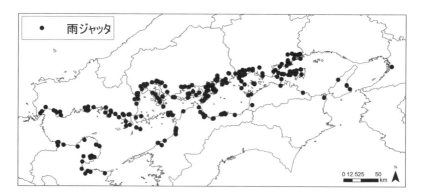

【図15】追跡調査「雨ジャッタ」

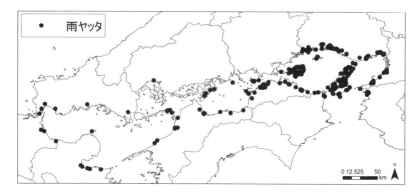

【図16】追跡調査「雨ヤッタ」

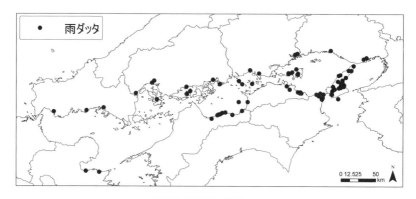

【図17】追跡調査「雨ダッタ」

をかけているといえる。一方で淡路島南部や徳島県・香川県の四国東部では「ダッタ」，福岡県の「ヤッタ」などの使用が地域を限定して，増えてきていることも判明した。

5.4 「―だろう」における方言分布の概観

ここでは，これまでに扱ったコピュラ形式と比較するために，推量形式の「雨だろう」についても述べることにしたい。

【図18】小豆島調査「雨だろう」

「小豆島調査」【図18】をみると，「雨だろう」には，主に「ジャロー」「ヤロー」「ダロー」などの形式が分布するが，先の項目「雨だった」の場合とほぼ並行しており，土庄町では「ジャロー」，小豆島町では「ヤロー」がそれぞれ優勢である。岸江信介他編（2012）によると，香川県本土側の各地において「ジャロー」から「ヤロー」への世代変化がみられることから小豆島内においても，この変化が進行中であるということができ，さらに土庄町よりもむしろ小豆島町で先行していることがわかる。注目しておきたい点として，小豆島の中心地である土庄町土庄（土庄町市街地）では「ジャロー」よりもむしろ「ヤロー」の回答が多いことがあげられる。

「ダロー」は，小豆島では西側の集落に散見される程度だが，四国東部を

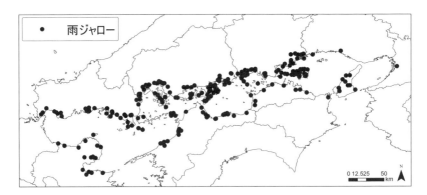

【図19】追跡調査「雨ジャロー」

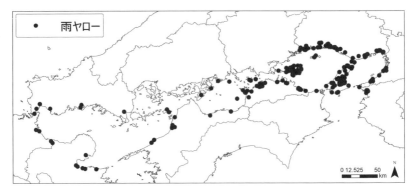

【図20】追跡調査「雨ヤロー」

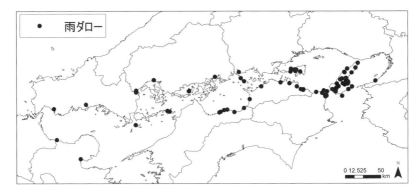

【図21】追跡調査「雨ダロー」

中心にまとまった分布がみられる。岸江信介編（2011）によると，香川県東部と徳島県全域において「ダロー」の分布が広範囲に分布していることが確認でき，岸江信介他編（2013）から淡路島においてもこの形式が特に西部に多くみられることがわかる。

さらに，「追跡調査」結果（【図19】～【図21】）をみると，「雨だろう」には，主に「ヤロー」「ジャロー」「ダロー」などの形式が分布する。「雨だろう」「雨だ」の場合とほぼ並行して，「ヤロー」は，瀬戸内海東部（和歌山県・大阪府・兵庫県・香川県）にみられ，「ジャロー」は，瀬戸内海西部に使用が広がっていることがわかる。「ダロー」の使用域は，兵庫県淡路島にまとまって分布しているほか，徳島県，香川県，愛媛県東部，さらに広島県・山口県・大分県の沿岸部・島嶼部に点在している。

また，「ヤロー」と「ジャロー」は，「雨だ」「雨だった」と同様，兵庫県と岡山県の県境では，「ヤロー」と「ジャロー」の分布が対峙している。

5.5「雨だ」「雨だろう」「雨だった」の「だ」の足並み

これまでの筆者の通信調査結果に基づき，各方言で得られた最も典型的な傾向をまとめた，コピュラ形式のバリエーションが【表1】である。

【表1】によると，香川県東部，徳島県東部および淡路島では「雨だ」「雨だろう」「雨だった」の各形式が，岡山市（ジャ・ジャロー・ジャッタ），大阪市（ヤ・ヤロー・ヤッタ）とは異なり，「だ」の足並みが揃わない傾向にある。

例えば，徳島市や東かがわ市では，言い切りが「アメジャ・アメヤ」に対し，「アメダロ（ー）」「アメダッタ」，洲本市でも「アメヤ」に対し「アメダロ」「アメダッタ」といった形式が現れ，不揃いとなる話者が多い。

小豆島各地では，「雨だ」「雨だろう」「雨だった」の各形式は足並みを揃えており，土庄町の，特に北部域では「ジャ・ジャロー・ジャッタ」で，岡山県に近い。一方，小豆島町では，「ヤ・ヤロー・ヤッタ」でどちらかといえば，大阪府に近い傾向がみられる。

今後，中国地方，特に岡山方言などとの比較をはじめ，四国本土側との変化がどのような経過を辿るか，注目する必要があろう。

【表 1】コピュラ形式のバリエーション

	雨だ	雨だろう	雨だった
大阪市方言	雨ヤ	雨ヤロ	雨ヤッタ
岡山市方言	雨ジャ	雨ジャロ	雨ジャッタ
洲本市方言	雨ヤ	雨ダロ・雨ヤロ	雨ダッタ・雨ヤッタ
東かがわ市方言	雨ジャ・雨ヤ	雨ダロ・雨ヤロ	雨ダッタ・雨ヤッタ
徳島市方言	雨ジャ	雨ダロ	雨ダッタ

6. まとめ

　本論では，経年変化を焦点に瀬戸内海域におけるコピュラ形式について詳しくみてきた。瀬戸内海東部をみると，時間が経つことにより「ヤ」が西進していく様子をつかむことができた。

　今回フィールドに設定した，小豆島においては，小豆島町と土庄町とでは，言語変化に差があることも判明した。さらに，コピュラ形式においては，見かけ時間上の変化は，実時間上の変化とほぼ一致していた。

　また，テンス現在の考察に用いた空間分析は，客観的な比較結果を示す点で，意義があるものと思われる。この分析による LAS と「追跡調査」の比較から，「ヤ」の範囲が，瀬戸内海の島嶼部と四国沿岸地域において広がりをみせていることがわかり，他方，「ジャ」は，今もなお同地域に使用がみられることがわかった。さらに，「ダ」の使用域が，標準偏差楕円の大きさや傾きから，拡大していることも判明した。

　LAS では見かけ時間上の比較として，老年層と少年層の二層の言語地図を掲載しており，50余年を経た今回の一連の「追跡調査」では，このうちの，少年層の結果にも注意を払った。すなわち，LAS の調査時において少年層であった話者は，現在，60歳を超える年齢に達しており，今回，「追跡調査」での老年層の結果と，どの程度一致するかが興味深く思われる点であった。当時の話者を探し回答してもらうということはできなかったが，比

較の結果，LAS における少年層での結果が今回の追跡調査の老年層を対象とした結果とおおむね一致したといえる。

なお，今後さらに瀬戸内海全体へと地域をひろげ調査を継続するとともに，他の項目の分析を行い，言語変化と分布変化の関係について考察を加えていく予定である。

注　1　本論で扱う各地域名は，【図13】・【図14】・【図18】を参照していただきたい。
　　2　LAS の「火事だ」と追跡調査の「雨だ」はともに体言＋コピュラ「ダ」「ジャ」「ヤ」の形をとっているが，LAS の「火事だ」は「火事を人に知らせる時，どう言って知らせますか。」という調査文で，声を張り上げて聞き手へ伝える場面が想定されている。一方，追跡調査の調査文にはこのような説明はない。厳密な意味で，文の機能や表現意図などが異なっており，まったく同じとは言い難い。このような差を考慮した上での比較であることを断っておきたい。
　　3　面接調査で訪れた地域は，以下に示す（島嶼部には下線を付す）。香川県（<u>小豆郡小豆島・豊島</u>，さぬき市・東かがわ市・高松市・坂出市・観音寺市・綾歌郡宇多津町），兵庫県（姫路市白浜町・大塩町・<u>家島諸島</u>，<u>淡路島</u>），福岡県（北九州市），大分県（国東市），愛媛県（八幡浜市），広島県（<u>尾道市因島</u>），愛媛県（<u>今治市大三島</u>），広島県（<u>豊田郡大崎上島</u>），岡山県（岡山市），徳島県（阿南市・海部郡海陽町・宍喰町・美波町）。
　　4　「追跡調査」は，原則として1調査地点1人を調査している。なお，通信調査で得た回答と面接調査で得た回答との間に回答傾向の違いが生じることはなかった。
　　5　分布指向性分析とは，ポイントデータから，標準偏差楕円を作成し，中心傾向・分散といった，地理フィーチャの空間特性を導き出すことをいう。
　　6　ポリゴンデータとは，境界線を表わす線の終点を始点に一致させ，閉領域を作った面を指している。
　　7　ポイントデータとは，空間上の点データを示す。
　　8　空間検索とは，地図に連携した情報を検索することをいう。
　　9　LAS 第59図の凡例の数は，7（カジジャ・カジヤ・カッジャ・カジャー・カジ<u>ダ</u>・指定の助動詞を用いず文末詞を続けるもの・指定の助動詞も文末詞も用いないもの）である。しかし，地図の縮尺的にも一枚の地図に表すのは，みえにくくなるため，便宜的に「ダ」「ジャ」「ヤ」という3パターンで地図化を行っている。なお，凡例の数7のうち下線部分を用い凡例分けを行い，指

定の助動詞を用いず文末詞を続けるもの・指定の助動詞も文末詞も用いないものは，捨象している。
10 本論では，指定した助動詞を用いず文末詞を続けるものは，地図化を行っていない。
11 「追跡調査」，質問項目21「雨だ」の凡例の数は，7（アメダ・アメジャ・アメヤ・アメバイ・指定の助動詞を用いず文末詞を続けるもの・指定の助動詞も文末詞も用いないもの・無回答）である。しかし，地図の縮尺においても一枚の地図に表すのは，みえにくくなるため，便宜的に「ダ」「ジャ」「ヤ」という3パターンで地図化を行っている。
12 空間分析図は，1枚に，LAS老年層図・LAS少年層図・追跡調査の標準偏差楕円を示している。

引用文献

今石元久（1968）「兵庫岡山両県地方方言の研究：断定の助動詞「ヤ・ジャ（ダ）」の分布について」『国文学攷』48, 43–56.

岸江信介編（2011）『大都市圏言語の影響による地域言語形成の研究』科研成果報告書 基盤研究（C）「大都市圏言語の影響による地域言語形成の研究」（代表：岸江信介）．

岸江信介・品川大輔・清水勇吉・峪口有香子・松田将平編（2012）『四国北部地方の言語変異―高松-愛南グロットグラム調査から―』徳島大学総合科学部日本語学研究室．

岸江信介・村田真実・峪口有香子・曽我部千穂・森岡裕介・林琳編（2013）『淡路島言語地図』徳島大学総合科学部日本語学研究室．

岸江信介・峪口有香子編（2015）『小豆島言語地図』科研成果報告書 基盤研究（A）「方言分布変化の詳細解明―変動実態の把握と理論の検証・構築―」（代表：大西拓一郎）．

国立国語研究所（1966）『日本言語地図』第1集，大蔵省印刷局．

仙波光明・岸江信介・石田祐子・山脇さや香（2000）「吉野川流域における方言の動態（2）」『徳島大学国語国文学』13, 50–38.

友定賢治（1999）「中国・四国地方の地域方言と社会方言」『日本語学』，第18巻第13号，204–211.

灰谷謙二（2005）「広島方言における関西方言受容」陣内正敬・友定賢治編『関西方言の広がりとコミュニケーションの行方』，101–116, 大阪：和泉書院．

藤原与一（1962）「方言地理学の方法」時枝誠記・亀井孝・金田一春彦編

『方言学概説』,東京:武蔵野書院.
藤原与一・広島方言研究所(1974)『瀬戸内海言語図巻』上下2巻,東京:東京大学出版会.
藤原与一(1976)『瀬戸内海域方言の方言地理学的研究―『瀬戸内海言語図巻』付録説明書―』,東京:東京大学出版会.
前田勇(1961)『大阪弁入門』朝日新聞社.

付記 　本論文はJLVC2015国立国語研究所時空間変異研究系合同研究発表会(2015年3月7日,国立国語研究所)において発表した内容に修正を加えたものである。発表内容に関しては研究者の皆様から貴重なコメントを頂いた。ここに記して感謝の意を表したい。

(さこぐち・ゆかこ　四国大学地域連携コアコーディネーター)

The Distribution and Variation of Copula form in the Dialect of Seto Inland Sea

Sakoguchi, Yukako

In this study, I have explored the distribution and variation of *copula form* in a dialect Spoken in the Region of Seto Inland Sea. A report based on a survey on the elderly and juvenile people conducted in the region of Seto Inland Sea in the 1960s has been published as an article specified as Fujiwara Yoichi. 1974. *Seto Inland Language Map Vol I & II*. Hiroshima Dialect Research Center (hereinafter referred to as LAS). The comparison made between the elderly people and the juvenile people on the basis of data in this survey shows a generation gap in the usage of *copula form* in a timeframe. Half century later since this survey, I have attempted to find out the present trend of language change of that region by conducting a survey through correspondence on the elderly people. In this attempt, I could confirm that the outcome derived from the survey of that time on the juvenile people in LAS largely coincide with the outcome of the present survey on the elderly people of the present time. Accordingly, based on the outcome of survey on the change of *copula form*, we can claim that the trend of change of the apparent time accords with the trend of change in the real time. Nonetheless the variation found across the year in this survey shows a remarkable change from the form *zya* to the form *ya* in the eastern part of Seto Inland Sea as well as a westward shift of the from *ya* in the geographical distribution.

Keywords: "Linguistic Atlas of Seto Inland Sea", Spatial analysis, Dialect Distribution, Follow-up survey, Variation across the Years

子守歌詞章における
評価に関わる表現の地域差
――子どもをほめる表現とけなす表現に注目して――

椎名渉子

　本稿は，子守歌詞章に出現する子どもをほめる表現とけなす表現のストラテジーを整理し，それらの出現割合と表現内容から地域差を明らかにするものである。両表現には，子どもに肯定的あるいは否定的な評価を表明する明示的なタイプと，歌い手にとっての子どもの好ましい事態と好ましくない事態を描写したり，子どもを良いものと悪いものに喩えたりする暗示的なタイプがある。地域差をみると，大きく分けて「東北・九州⇔近畿・西日本」といった対立が見られた。この対立は，ストラテジー（要素）の出現割合をみる談話論的分析では「評価を明示する⇔暗示的（婉曲的）に評価する」，表現法的分析では「包括的・現場的に評価する⇔具体的・分析的・演出的に評価する」といった地域的傾向を示した。

キーワード：子守歌詞章，言語行動，働きかけ，評価，肯定的／否定的，地域差

1. はじめに

　本稿は，子守歌[1]の詞章において「ほめる」，「けなす」というストラテジーを採用する場合の表現の地域差を体系的・総合的に把握するものである。

　子守歌詞章には子どもを就寝に向かわせるためのストラテジーとして，子どもを「ねんねんよ」とあやす，「お化けが来る」とおどす，「団子をやる」と甘やかす，「いい子だ」とほめる，「このがきめ」とけなすなどの言語行動が見られる[2]。こうした表現は実際の育児場面において用いられることもあるだろう。子守歌は，歌う場面と目的が比較的固定的であり，子どもの行動を統制するための実質的な働きかけの表現が見られるという点で，歌としての娯楽性・芸術性だけでなく，日常言語との連続性も色濃く有すると考えられる[3]。よって，子守歌詞章を，入眠という子どもの行動統制のためのストラテジーの集合体として観察することも可能なのではないかと考えた。たしかに，「歌」は言語事象として話者個人の裁量でなされるものではないため，日常言語における語彙や文法項目の地理的分布と同様の見方はできない。しかし，どのような詞章の子守歌を選択するか，あるいはどのような言いまわしを選択するかという点は話者個人の言語行動ともいえる。こうした前提に立つと，詞章の地域差は言語行動・談話といった言語の運用面や，それらの地域的傾向から見出された発想法の変異と関連があるという見方ができる。そうしたことを視野に入れて子守歌詞章の評価に関わる表現の地域差を考察することは，子守歌詞章の地域差の解明だけでなく，日本語における評価に関わる言語行動の一端を解明することにもつながるのではないだろうか。

　本稿で分析対象とする評価に関わる表現とは，「この子の可愛さ限りない」などと子どもを肯定的に評価し，ほめるストラテジー（以下，「ほめ表現」）と，「起きて泣く子は面憎い」などと子どもを否定的に評価し，けなすストラテジー（以下，「けなし表現」）である。これらは，「〈（「ネンネ　ネンネ」などの）就寝の指示に服従〉→〈子どもにとって良い事態・評価が与えられる〉／〈就寝の指示に不服従〉→〈子どもにとって悪い事態・評価が与えられる〉」（池上嘉彦 1979）という子守歌詞章にみられる対立構造の構成要素の1つである。池上嘉彦（1979）では，子守歌詞章の対立構造の例として「寝る

子には褒美／寝ない子には罰」という内容を挙げている。これについて椎名渉子（2005a, b）では前者を「甘やかし表現」，後者を「おどし表現」として分析し，各表現の出現様相からは周圏論的傾向を，表現法からは方言区画論的傾向（東西差）を明らかにした。本稿の分析対象であるほめ表現・けなし表現においても出現様相から詞章構造をみると，周圏論的傾向が掴めた（椎名渉子 2014）。では，ほめ・けなし表現の具体的な詞章内容からは，どのような地域的傾向が見られるのだろうか。

これらの視点をもとに，両表現の地域差を，他の表現の地域差も含めた詞章自体の傾向と，言語の発想法に関わる傾向を踏まえながら示したい。

2. 方法

2.1 分析の観点

この「ほめる」「けなす」という評価に関わる言語行動は，子守歌詞章に限らず，日常の話しことばを用いる場面においても，聞き手の行動の統制を目的とした働きかけのストラテジーとして出現することがある。その際，「良い」「悪い／良くない」といった明示的な評価語だけが用いられるわけでなく，コミュニケーション上の様々な工夫がなされる。では，子守歌詞章においては，どのような「ほめかた」と「けなしかた」があるのだろうか。

ほめ表現とけなし表現に関わりがあると考えられる研究には，「ほめる」「不満表明」「卑罵表現」などを扱った言語行動研究が挙げられる。ここでは，それらに照らしながら，本稿における分析の観点を整理する。西尾純二（2015）ではマイナスの意味をもつ評価の言語行動を扱う際，その多様性を明らかにする「形式面」と，コンテクストや発話者の表現意図を考慮した語用論的考察である「運用面」のアプローチがあると述べる。これを子守歌詞章の評価に関わる表現の場合に当てはめると，形式面の観察とは各表現の言語要素を語彙的に考察するものであり，運用面の観察とは，評価のストラテジーを捉える語用論的考察であるといえる。

この点を踏まえ，本稿では，子守歌詞章の「ほめ表現」「けなし表現」を【図1】の（ア）（イ）の観点から考察する。（ア）では，評価のストラテジーを記述する。また，（イ）では表現内容の形式的側面や多様性に目を向け，さらに二つの観点を設けた。分析 a は，（ア）において整理したストラテジーの出現様相に関する談話論的観点の分析である。また，分析 b は評価の伝え方（評価の方法，評価する場面の取り上げ方）に関する表現法的観点の分析である。

（ア）各表現の運用的側面 ―― 各表現のストラテジーを捉える。
（イ）各表現の形式的側面 ―― 各表現の言語要素の多様性を明らかにし，地域差・地域的傾向を捉える。

　　　　　分析 a：各表現のストラテジーの出現様相をみる談話論的考察
　　　　　　〈1〉出現割合　〈2〉要素の組み合わせ
　　　　　分析 b：ストラテジーの実現形態をみる表現法的考察
　　　　　　〈1〉評価の方法　〈2〉評価する場面の取り上げ方

【図1】分析の観点

2.2 単位の認定

分析対象となる表現を詞章から取り出す際の単位について述べる。子守歌は五七音・七五音・七七音といった五音と七音との組み合わせで構成されるという形態的特徴を有するが，この音のまとまりが意味のまとまりとして区切られる。詞型をもつ歌は，その型のなかで意味を成し，リズムの単位と意味の単位とが一致する（土橋寛1988）。よって，五七音・七五音・七七音のまとまりにおいて「ほめ」「けなし」の機能を担うものを「1表現（1単位）」と捉えた。しかし，詞章には七音に収まらずに八音になるものもある。これらも七音の変種として処理することとした。

2.3 資料と分析対象歌数・表現数

以下の①～④に記載された子守歌資料を対象とする。これらは地域的・数量的にみて大規模な資料集で，採集地，被調査者等の情報が記載されており，資料としての妥当性が高い（上笙一郎編2005）。資料には話者（歌い手）の属性と作詞者の出身地の記載は無いが，「どの詞章がどの地域で受容されてい

るか」という観点に立ち，各資料の各詞章に地域名が付されていることを，詞章と地域との関連を主張する根拠とした。

資料① 北原白秋編（1974）『日本伝承童謡集成第一巻 子守唄篇』三省堂
資料② 日本放送協会編（1952-1977）『日本民謡大観』日本放送出版協会
資料③ 真鍋昌弘編（1979）『日本庶民生史料集成第二十四巻 民謡童謡』三一書房
資料④ 浅野建二・後藤捷一・平井康三郎監修（1979-1992）『日本わらべ歌全集』全二十七巻，柳原書店

分析の際，以下のように地域区分を行った[4]。カッコ内の数字は資料①〜④における各地域の子守歌総数である[5]。

東北（419）：青森・岩手・宮城・秋田・山形・福島
関東（332）：茨城・栃木・群馬・埼玉・千葉・東京・神奈川
中部（1946）：新潟・富山・石川・福井・山梨・長野・岐阜・静岡・愛知
近畿（1544）：三重・滋賀・京都・大阪・兵庫・奈良・和歌山
四国（294）：徳島・香川・愛媛・高知
中国（252）：鳥取・島根・岡山・広島・山口
九州（376）：福岡・佐賀・長崎・熊本・大分・宮崎・鹿児島

分析対象となるほめ・けなし表現の地域別歌数・表現数は【表1】に示した。【表1】からは各地域における両表現を含む歌の割合が5〜10％程度であることから，両表現が子守歌のなかで稀有であることが分かるだろう。稀有であるだけでなく，各地域の子守歌総数に差があるという点で，地域別に数量を観察する意味を問われるかもしれない。しかし，両表現を含む歌の割合は低いながらも各地域に大差がないことから，次章以降の量的比較に耐え得る数量と判断した。

【表1】ほめ表現・けなし表現の地域別対象歌数・表現数

	ほめ表現		けなし表現	
	歌数	表現数	歌数	表現数
東北（419）	30	45	17	19
関東（332）	43	53	16	18
中部（1946）	143	244	56	81
近畿（1544）	92	164	48	71
四国（294）	28	40	56	7
中国（252）	36	45	16	17
九州（376）	27	31	17	18
計	399	622	226	231

3. 子守歌詞章における「ほめ表現」のストラテジー

3.1 肯定的評価語

まず，言語行動の「ほめ」の表現内容には，文例［1］にあるように話し手の肯定的評価をあらわすものがある（岡本真一郎 2007）。

　　［1］そのセーター，いいね。　　（岡本真一郎 2007，p.144，下線は筆者加筆）

これらは対象物の価値や印象について評価語を用いた明示的なほめ表現とされる（岡本真一郎 2007）。子守歌の詞章例（1）では「可愛さ限りなし」によって肯定的評価が明示される。

　　（1）この子の可愛さ限りなし　　（①，関東〔東京〕p.8，下線は筆者加筆）[6]

3.2 比喩

文例［2］では肌の美しさを肯定的に評価する際このような描写を用いる。

［2］たまごのような肌だね。　　　　　　　　　　　　　（作例）

　この「たまご」は肌の肌理の細かさや滑らかさをたまごの表面の質感に喩えたものであり，肯定的評価に結び付く。こうした比喩表現は，喩える主体が喩えられた主体の肯定的側面を含んでいる場合，ほめ表現として機能すると考えられる。これと同様に，子守歌詞章にも詞章例（2）のように比喩を用いた表現が見られる。

　　（2）うちのこの子は卵に目鼻　　　　　　　　（①，関東〔東京〕p.25）

　これは「卵（の表面）に目と鼻がついているようだ」の意味に解釈でき，子どもの顔の外見的様相を「卵」に喩えていることが分かる。この比喩も，喩えられた「卵」には表面の滑らかさや白い色と結び付く清らかさといった肯定的意味を含んでいることが想定できる。

3.3 描写

　話し手にとって理想的な状態を描写することがほめに相当する場合もある。岡本真一郎（2007）では，文例［3］をほめる言語行動のなかの「事実の指摘」と位置付け，「暗示的ほめ」と呼ぶ（岡本真一郎 2007）。

　　［3］光夫ちゃん，この間のテスト，クラスで三番だったんですってね。
　　　　　　　　　　　　　　（那須真知子「霧の子午線」，岡本真一郎 2007, p.144）

　文例［3］では，ほめの根拠となる具体的な事実に言及する。事実の指摘を表す内容の前後に「すごい」や「すばらしい」という評価形容詞を含む内容が付加する場合もあるが，事実の指摘のみでほめる意味をもつ場合も考えられる。このように，肯定的評価語を含まない内容であっても，生起した好ましい事態の描写がそのままほめ表現として成立する場合もある。子守歌詞章にみられる描写を含んだほめ表現の例として，詞章例（3）がある。これは子どもが就寝する状態を描写し，歌い手が望む好意的な事態を説明している。

(3) いつもねんねが早うござる　　　　　　　　（①，近畿〔兵庫〕p.202）

3.4 ほめ表現のストラテジー

このように，ほめ表現を明示・暗示タイプの二種に分け，【図2】に示した。明示タイプには肯定的な評価語（〈評価〉）が，暗示タイプには子どもや子どもの状態を何かに喩える比喩（〈比喩〉）と，子どもや子どもの状態の描写（〈描写〉）が含まれると整理した。尚，「ほめ表現」のすべての詞章がこれらに分類されている。

【図2】子守歌詞章のほめ表現のストラテジー

4. 子守歌詞章における「けなし表現」のストラテジー

4.1 否定的評価語

「けなし表現」は，否定的評価語や否定的な感情に関わる表現を用いて非難するものと述べたが，「不満表現（山岡政紀ほか 2010）」や「卑罵表現（西尾純二 2015）」は，「相手へ非難やマイナス（否定的）評価を行う」言語行動であるという点でけなし表現と連続的だといえよう。たとえば，文例［4］がある。

　　［4］<u>バカ</u>なやつだなぁ。　　　　（西尾純二 2015, p.5, 下線は筆者加筆）

子守歌詞章では詞章例（4）にある「餓鬼」がその一種である。

　　（4）寝ろってば寝ねえか，　<u>この餓鬼め</u>
　　　　　　　　　　　　　　　　（①，関東〔栃木〕p.14, 下線は筆者加筆）

前接する「この」という指示詞も対象へのマイナス評価を表出する。たとえば、「コンチクショー」や、「この野郎」に見られるように、「この＋人に関する名詞」は、相手を罵倒する卑罵表現の強調として用いられる場合がある。子守歌詞章にはこれらと同様の意味を持つ語として「この餓鬼め」、「このわらす（童子）」などが見られる。こうした言語要素が含まれるものは、〈評価〉の類に含めた。

4.2 比喩

　人を非難する場合にも比喩が用いられる場合もあるだろう。たとえば、はんざわかんいち（2001）に挙げられた方言比喩語のなかには、気むらな人をテンキヤ（天気屋）と喩える例が見られる。文例［5］はそれを用いた例である。

　　［5］あなたはほんとに（オ）テンキヤ（サン）だね。　　　　（作例）

　一方、子守歌詞章では詞章例（5）のみが見られる。「寝る」と「煮る」という音的類似性から寝ない子どもを煮えない古小豆に喩えている例である。

　　（5）ねんねこ、煮がたい古小豆
　　　　　　　　　　　　　　　　　（①，東北〔宮城〕p.49，下線部は筆者加筆）

　両者は、行為の改善を前提として不満を相手に表明するというよりも、話し手自身の呆れや諦めといった心情を表明しているともいえる。また、不満を述べる場面で［5］のような比喩を用いれば、おかしみなどの表現効果も出るだろう。松本修（1996）は「日本人は罵倒するときでさえ比喩を愛し、穏やかな物言いを好んできた」と述べるが、比喩が持つ穏やかさは婉曲的、間接的であるとも言い換えられるだろう。

4.3 感情表出

　また、日常において相手を非難したり罵ったりする際に文例［6］のよう

に否定的な感情形容詞を用いることがある。相手に対する話し手の否定的な感情を表したもので，文例［5］［6］とでは人称が異なる。

　　［6］あんたなんか，きらいよ。　　　　　　　　　　　　（作例）

　子守歌詞章にも詞章例（6）のように，起きて泣く子どもを「憎い」という感情形容詞を用いて表現する。こうした文例［6］と詞章例（6）は，話し手の否定的な態度がマイナスの感情表現によって示された，明示的な表現だといえる。

　　（6）起きて泣く子の面憎や　　　　　　　（①，中部〔岐阜〕p.115)

4.4 描写
　ほめ表現と同様に，否定的な態度が明示的に表れない形式も存在する。けなし表現に類似する表現として先述した「不満表現」や「卑罵表現」には，相手の状態や行為を改善したいという話し手の意図が含まれる場合がある。山岡政紀ほか（2010）においても，不満表明には目的があると考えるのが自然であると述べている。たとえば，相手が与害行為に気づかない状況のときにそれを気づかせたい，相手の与害行為自体を中止したいといった目的達成のためにこういった言語行動が実現されることになる。山岡政紀ほか（2010）では，自分の不利益を告知したり，不利益をもたらした相手の行為を指摘（批判）したりする表現を「事象描写」と呼び，これらは不満表明の基本的な内容であるとしている。文例［7］は，待ち合わせに遅れてきた相手の行為を描写する描写文である。相手の行動の描写が「不満」の表明として機能する一例である。

　　［7］遅かったね　　　　　　　　　　　（山岡政紀ほか 2010，p.188)

　こういった言語行動と同様に，けなし表現においても，子守歌詞章を子どもを就寝に向かわせるための言語行動であると前提すると，就寝しない子ど

もの状態（つまり，歌い手にとって好ましくない，望ましくない状態）を描写することで聞き手にそれを気づかせたいという意図を想像させる。詞章例（7）は就寝しない子どもの描写を含む描写文である。まだ就寝しない状態を描写することでこの事態を否定的に捉えていると見ることができる。

　　（7）おらんこの子は寝るやうで寝らん　　　　（③，中部〔愛知〕p.386）

4.5 疑問
　不満表明には，文例［8］のように望ましくない事態の理由・原因を問う表現がある。山岡政紀ほか（2010）ではこうした疑問文は相手に弁解の余地を与えるという点で配慮があるとしている。

　　［8］どうして遅れたの？　　　　　　　　　（山岡政紀ほか 2010, p.190）

これと類似する例として子守歌詞章の中には詞章例（8）がみられた。

　　（8）おらがこの子はなぜこう泣くじゃ　　　　（①，中部〔愛知〕p.113）

　（8）の動作主は［8］と異なる。よって，歌い手自身に問う諦めや呆れなのか，聞き手へ向いたものなのかは詞章から判断できないが，話し手（歌い手）が望ましくないとする行動を描写し，理由を確定せずに提示するという点で明示的でないものとして両者は類似すると捉えた。

4.6 けなし表現のストラテジー
　以上のことから，けなし表現のストラテジーを【図3】にまとめた。明示タイプには子どもや子どもの状態を評価する内容（〈評価〉）と，子どもや子どもの状態に対する歌い手の感情の表明（〈感情表出〉）がある。一方，暗示タイプには子どもや子どもの状態を何かに喩える内容（〈比喩〉），子どもや子どもの状態の描写・説明（〈描写〉），子どもや子どもの状態を問う内容（〈疑問〉）がある。尚，「けなし表現」のすべての詞章がこれらに分類されて

いる。

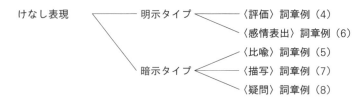

【図3】子守歌詞章のけなし表現のストラテジー

5. 各表現のストラテジーの出現様相をみる談話論的考察（分析 a）

5.1 要素（ストラテジー）の出現割合

では，各表現のストラテジーの出現割合を通して，地域差があるのかみていきたい。【表2】には各要素の要素数と割合を地域別に示し，それらを【図4】（ほめ表現）・【図5】（けなし表現）に示した。

まず，各ストラテジーの抽出方法を述べる。本稿では，「ねんねする子」のような名詞修飾部分も子どもの行動や状態に言及するという意味で一種のストラテジーと捉えた。したがって，「寝る子は可愛い」という1表現（1単位）内には二つのストラテジーが出現する場合もあるという見方をする。

たとえば，詞章例（9）のような場合は「寝ろとて寝ない」という喩えられる主体としての〈描写〉と，喩える主体としての「古小豆」（〈比喩〉）の二つが含まれると捉える。

(9) <u>ねろとてねない</u>のは<u>古小豆</u>　　（①，東北〔宮城〕p.49，下線は筆者加筆）
　　 〈描写〉　　　　〈比喩〉

また，詞章例（10）のように「あの子可愛いや」という〈評価〉と，「泣き寝に寝たよ」という就寝の〈描写〉が含まれる場合もある。このように1

子守歌詞章における評価に関わる表現の地域差　275

【表2】ほめ表現けなし表現のストラテジー別出現割合

		ストラテジー	東北	関東	中部	近畿	四国	中国	九州
ほめ表現	明示型	評価	53.3% (24)	32.1% (17)	27.8% (73)	22.7% (42)	22.2% (10)	37.0% (20)	63.2% (24)
	暗示型	比喩	40.0% (18)	28.3% (15)	55.1% (145)	51.4% (95)	55.6% (25)	37.0% (20)	15.8% (6)
		描写	6.7% (3)	39.6% (21)	17.1% (45)	26.0% (48)	22.2% (10)	25.9% (14)	21.1% (8)
	ストラテジー合計		100.0% (45)	100.0% (53)	100.0% (263)	100.0% (185)	100.0% (45)	100.0% (54)	100.0% (38)

		ストラテジー	東北	関東	中部	近畿	四国	中国	九州
けなし表現	明示型	評価	16.1% (5)	28.0% (7)	7.3% (7)	3.5% (3)	28.6% (2)	0% (0)	0% (0)
		感情表出	0% (0)	24.0% (6)	8.3% (8)	15.1% (13)	14.3% (1)	44.0% (11)	50.0% (16)
	暗示型	比喩	48.3% (15)	0% (0)	6.3% (6)	2.3% (2)	0% (0)	4.0% (1)	0% (0)
		描写	35.4% (11)	32.0% (8)	49.0% (47)	52.3% (45)	28.6% (2)	44.0% (11)	50.0% (16)
		疑問	0% (0)	16.0% (4)	29.2% (28)	26.7% (23)	28.6% (2)	8.0% (2)	0% (0)
	ストラテジー合計		100.0% (31)	100.0% (25)	100.0% (96)	100.0% (86)	100.0% (7)	100.0% (25)	100.0% (32)

() 内の数字は出現数を示す

表現（1単位）内に二文によって別の要素が出現する場合も，〈評価〉と〈描写〉の両要素の性格も有する表現としてそれぞれの要素をカウントした。

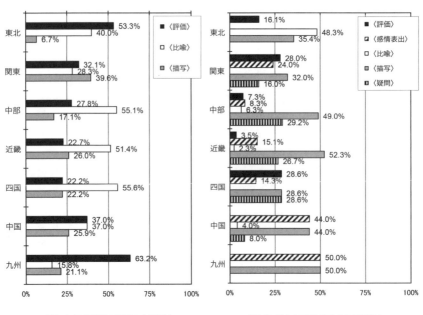

【図4】ほめ表現の要素の出現割合　　　【図5】けなし表現の要素の出現割合

(10) あの子可愛いや，　泣き寝に寝たよ
　　　　　〈評価〉　　　　〈描写〉

（①，中国〔島根〕p.306，下線は筆者加筆）

また，ほめ表現では〈比喩〉と〈描写〉が共起するものもある。詞章例(11)には「玉子」という〈比喩〉と，「ごうごした（就寝した）」という〈描写〉が含まれる。子どもを喩える主体である「玉子」とその主体の行動を描写すると捉え，二つの要素が出現すると捉えた。

(11) ほんその玉子がごうごした[7]（①，中国〔島根〕p.294，下線は筆者加筆）
　　　　　〈比喩〉　〈描写〉

【表2】から全体的な傾向をみると，ほめ表現【図4】では〈描写〉よりも〈評価〉や〈比喩〉の出現がやや多く，けなし表現【図5】では全国的に〈描写〉の割合が高い。つまり，けなし表現においては子どもの好ましくない状態を描写する暗示タイプの表現がみられ，とくに中部・近畿は他要素より目立つ。これらの地域では，〈評価〉などの他要素を含まず〈描写〉のみで構成される場合もある。描写の対象としてどのように寝ていないか，どのように泣くかなど好ましくない事態の具体的な一場面を取り上げる。たとえば，詞章例（12）のように泣く頻度を示したり，詞章例（13）には夜通し泣くさまを表し，泣く事態を頻度や時間の情報を付加しながら説明している。

　（12）朝は二度泣く，三度泣く　　　　　　　　（①，中部〔愛知〕p.121）
　（13）この子よう泣く，夜もせいせいとよう　　（①，近畿〔兵庫〕p.227）

　では，表現別にみていこう。まず，ほめ表現（【表2】，【図4】）の〈評価〉は，中部～四国に少なく，周圏分布の様相を示した。この中部～四国では〈評価〉の代わりに〈比喩〉が出現していることが分かる。比喩が連続するタイプの歌が当該地域に見られることは椎名渉子（2014）に指摘した。反対に〈描写〉は，中部～四国の日本中央部では20%前後となった。
　一方，けなし表現（【表2】，【図5】）をみると，東北と九州において出現する要素の種類が少ないことがわかる。東北では〈感情表出〉や〈疑問〉が現れず，中国・九州では〈感情表出〉と〈描写〉が主流である。また，〈疑問〉は関東～四国に見られ，詞章例（14）・（15）からは事態に対する疑問を示し，事態の受け入れ難さを表明する歌い手の態度が窺える。詞章例（16）は二つの表現によって構成され，一つ目の表現では子どもの就寝しない状態に疑問を呈し，二つ目の表現では具体的な要因を想定する。このように要因の想定を重ねる表現が多いため，中部～四国では〈疑問〉が見られると考えられる。

　（14）この子のようにもなく子があろか　　　　（①，近畿〔三重〕p.133）
　（15）なぜにこの子は寝てくれぬ　　　　　　　（①，近畿〔和歌山〕p.231）

(16) うちのこの子はなんで泣くしらむ
　　　お乳足らんのか，ねむいのか　　　　　　（①，中部〔新潟〕p.185）

　こうした疑問文は，当然であるが命題部分が非確定であるという点で断定性が弱く，婉曲的であるともいえよう。こうした表現が関東〜四国の日本中央部に見られ，東北と中国・九州には見られないという点も興味深い。
　一方，中国・九州には〈感情表出〉が見られる。全国的に見受けられる詞章例（17）だけでなく，中国・九州では詞章例（18）のタイプもある。子どもの泣く状態に対する歌い手の非難として，「いらぬ」という拒否を表明する。

(17) 起きて泣く子は憎ござる　　　　　　　　（②，九州〔長崎〕p.204）
(18) 泣くな泣くなよ，泣く子はいらぬ　　　　（①，九州〔鹿児島〕p.353）

5.2 要素（ストラテジー）の組み合わせ

　このような要素の出現割合の傾向は 1 表現内の数が一つか二つかという出現傾向の違いと関連するとも考えられる。そこで本節では，1 表現に要素が二つ現れる表現を取り上げる。たとえば，詞章例（19）は〈評価〉を含むが，詞章例（20）の場合は〈評価〉に加え，〈比喩〉も含まれる。

(19) 俺らがぼんぼは，よいぼんぼ（①，東北〔秋田〕p.54，下線は筆者加筆）
　　　　　　　　　　　〈評価〉
(20) この子よい子じゃ牡丹餅顔でな
　　　　　　〈評価〉　　〈比喩〉　（①，近畿〔京都〕p.201，下線は筆者加筆）

　東北では 1 表現（1 単位）内に一つであるのに対し，西日本では詞章例（20）のように二つの場合がある。この傾向はとくにほめ表現に見受けられる。【表3】には，ほめ表現・けなし表現のなかで 1 表現（1 単位）内に（a）要素が一つ含まれる表現，（b）異なる要素が二つ含まれる表現の数を示した。また，（c）にはその合計の表現数（【表1】の表現数に当たる）を示し，（d）

には、出現数の合計を示した（【表2】のストラテジーの合計数に当たる）。

【表3】のほめ表現では、東北・関東に（b）がないのに対し、中部以西には見られる。その場合、前掲の詞章例（20）のように〈比喩〉を含むものがあり、それが中部〜四国における〈比喩〉の割合【図4】につながっていると考える。

また、【図5】のけなし表現にも西日本に特徴的な傾向が見られた。中部・近畿・九州の〈描写〉は、詞章例（21）のようなものだけでなく、詞章例（22）のように「面憎い」という〈感情表出〉の要因として〈描写〉が用いられる。このように、近畿のけなし表現には様々な〈描写〉が現れる。

(21) 誰もかまやせん<u>ひとりわやく</u>[8]
　　　　　　　　　　　〈描写〉　　（③, 中部〔愛知〕p.386, 下線は筆者加筆）
(22) <u>起きて泣く子は</u><u>面憎い</u>　（①, 近畿〔京都ほか〕p.195, 下線は筆者加筆）
　　　〈描写〉　　〈感情表出〉

【表3】ほめ表現・けなし表現の要素（ストラテジー）の出現数

		東北	関東	中部	近畿	四国	中国	九州
ほめ表現	(a) 1表現内に1つ含む	45	53	225	143	35	36	24
	(b) 1表現内に2つ含む	0	0	19	21	5	9	7
	(c) 表現数の合計（＝【表1】の「表現数」）	45	53	244	164	40	45	31
	(d) 出現要素数の合計（b+c＝【表2】のストラテジー合計数）	45	53	263	185	45	54	38

		東北	関東	中部	近畿	四国	中国	九州
けなし表現	(a) 1表現内に1つ含む	7	11	66	56	7	9	4
	(b) 1表現内に2つ含む	12	7	15	15	0	8	14
	(c) 表現数の合計（＝【表1】の「表現数」）	19	18	81	71	7	17	18
	(d) 出現ストラテジー数の合計（b+c＝【表2】のストラテジー合計数）	31	25	96	86	7	25	32

就寝に向かわせるための働きかけの一種としてほめ表現、けなし表現を用いる際、「歌い手が子どもへ望む（望まない）状態の提示」を示すかどうかは、子どもへ働きかける程度にも関連があるのではないだろうか。
　そこで、各表現を対象に属性の提示に留まるか、就寝の状態や行動に言及するのかという基準で分類し、【表4】に集計結果を示す。

【表4】〈評価〉を含む表現における評価対象の着眼点

		東北	関東	中部	近畿	四国	中国	九州
ほめ表現	対象の属性を提示するにとどまる→〈評価〉のみで構成される	24	17	58	25	6	15	20
	対象の就寝の行動・状態*1に言及する→〈評価〉に加え〈描写〉を含む	0	0	15	17	4	5	4
	合計数（=【表2】〈評価〉の実数）	24	17	73	42	10	20	24

		東北	関東	中部	近畿	四国	中国	九州
けなし表現	対象の属性を提示するにとどまる→〈評価〉のみで構成される	2	1	2	0	2	0	0
	対象の就寝の行動・状態*1に言及する→〈評価〉に加え〈描写〉を含む	3	6	5	3	0	0	0
	合計数（=【表2】〈評価〉の実数）	5	7	7	3	2	0	0

*1「寝ろ」などの就寝行動の指示も含めた。

　ほめ表現において、対象の属性を提示するにとどまる例が多いのは東日本である。詞章例（23）・（24）・（25）では「よい」という評価語を用い、包括的に評価する。

　　　（23）俺らがぼんぼは、よいぼんぼ　　　　　（①，東北〔秋田〕p.54，再掲）
　　　（24）おらが坊っコはよい坊っコ　　　　　　（①，東北〔宮城〕p.53）
　　　（25）うちのこの子はよい子で可愛い　　　　（①，関東〔東京〕p.30）

　一方、けなし表現をみると、近畿では〈評価〉のみの表現は現れず、〈描

写〉を伴って否定的評価を行っている。

5.3 要素（ストラテジー）の出現様相の地域的傾向

5.1, 5.2で示した出現割合の地域的傾向を以下に整理する。

ストラテジーの出現様相の地域的傾向
　〔1〕各表現の〈評価〉は中部〜四国の日本中央部では少ない
　〔2〕ほめ表現の〈評価〉が東北・九州で比較的高く，単独で用いられる
　〔3〕けなし表現の〈比喩〉は中部〜四国において多い
　〔4〕中国・九州では〈感情表出〉が見られる
　〔5〕けなし表現では〈描写〉が多いが，とくに中部・近畿に見られる
　〔6〕〈疑問〉は主に関東〜四国に見られ，中部・近畿・四国の西日本に多い

これらの傾向を【図6】にまとめると，「直接的・直情的⇔婉曲的」という周圏分布の様相を呈した。

【図6】出現様相の地域的傾向のまとめ

6. ストラテジーの実現形態をみる表現法的考察（分析b）

　では，ストラテジーの具体的詞章内容からはどのような傾向が掴めるのか。6.1では評価の方法として，評価語（6.1.1）と評価対象（6.1.2）に焦点を当てた。また，6.2では，評価する場面を就寝や眼前の事態に限るか限らな

いかといった場面設定について考察する。

6.1 評価の方法
6.1.1 評価語
〈評価〉に出現する評価語数の延べと異なりを【表5】に示す。東北と九州は異なり語数は少なく，5.2に示した詞章例（23）（24）のように「よい」という語で全体的・包括的に評価される。それに対し，中部・近畿では合計数による必然的帰結であるともいえるが，異なり語数は他地域より目立つ。詞章例（26）（27）のように，一表現内に二つの評価語が出現することもその要因の一つであろう。評価語を重ねるという点で具体的に説明しているといえる。

　　（26）うちのこの子は賢(かし)こで利口で

　　　　　　　　　　　　　　（①，中部〔福井〕p.186，下線は筆者加筆）
　　（27）ねんねんよい子じゃ器用なお子じゃ

　　　　　　　　　　　　　　（①，近畿〔兵庫〕p.203，下線は筆者加筆）

【表5】〈評価〉に用いる評価語の延べ語数と異なり語数（異なり／延べ）

	東北	関東	中部	近畿	四国	中国	九州
ほめ表現	2/24	2/17	24/83	18/56	4/14	3/26	3/27
けなし表現	4/5	1/7	5/7	3/3	2/2	0	0

6.1.2 評価対象
　まず，描写する対象については，詞章例（28）のように，子どもの外見に焦点を当てる表現が関東に見られた。近畿では「就寝」のほかに詞章例（29）のように，笑うという行動に焦点を当てるものもある。また，子どもの顔のつくりや表情を描写対象とする場合も，詞章例（30）にあるように「笑窪」や「笑顔」を取り上げており，笑うという行動の結果に着目しているといえる。

(28) それでお顔が　桜いろ　　　　　　　　（①, 関東〔東京〕p.11）
(29) よい子よい子はいつでも笑う　　　　　（①, 近畿〔京都〕p.195）
(30) 可愛らしのは笑窪と笑顔　　　　　　　（①, 近畿〔和歌山〕p.224）

6.2 評価する場面の取り上げ方

　子どもを就寝へ向かわせるための子守歌詞章であるが，子どもを評価する際，就寝に関する場面や状況を取り上げるとは限らない。たとえば，詞章例(**31**)は，歌い手にとって好ましい就寝という事態以外の「笑う」行為に着眼するだけでなく，「いつでも」とあるように，切り取る場面を就寝や眼前の事態に限定しない。

(31) よい子よい子はいつでも笑う
　　　　　　　　　　（①, 近畿〔京都〕p.195，下線は筆者加筆，再掲）

　このような就寝場面や眼前の子どもの事態以外に着目した例は〈疑問〉のストラテジーにもみられる。5.1において挙げた〈疑問〉の詞章例(**14**)～(**16**)は就寝しない理由や泣く理由を問うものであった。それに対し，詞章例(**32**)・(**33**)は〈疑問〉のストラテジーであるが，子どもの状態を引き起こした要因として子どもではなく親を挙げている。

(32) 親のしつけがわるいのか　　　　　　　　（①, 関東〔千葉〕p.16）
(33) 親が泣き泣き産けた子か　　　　　　　　（①, 近畿〔三重〕p.133）

　両者は親を取り上げている点では類似するものの，現実的か，眼前の事態かという点では違いがある。詞章例(**32**)の関東では就寝しない事態を引き起こす要因として親のしつけを想定するのは現実的であるといえるが，詞章例(**33**)の近畿の場合は直接的・現実的な要因とは一見考えにくいという点で，おかしみなどの表現効果を狙ったものだとも考えられる。すなわち，眼前の事態を直視し，理由を想定しているというわけではないのではないか。
　また，条件表現を用い，肯定的評価をする場面を具体的に設定するものも

ある。たとえば，詞章例（34）は，就寝しない事態も肯定的評価の条件として取り入れている。中部・近畿においては〈評価〉自体の割合は少ないが，就寝の事態を肯定的に評価することと比べると，逆説的で複雑な条件の設定を含む表現も少数ではあるが存在する。

  （34）なんぼ泣いてもこの子だけかわい　　　　（①，近畿〔大阪〕，p.226）

 本節に挙げた詞章例は1例を除き中部・近畿に見られたものであり，東北や九州には例が見られなかった。このように中部・近畿では，子どもの就寝に関わる場面以外を取り上げたり，肯定的評価の条件を逆説表現を用いて提示していることから，「寝る子は可愛い」といった単純な表現より，複雑な構造を有する表現を用いているといえる。

6.3 表現法の地域的傾向
 6.1，6.2で示した表現法の地域的傾向を以下に整理する。

表現法の地域的傾向
  〔1〕中部・近畿においては，ほめ表現の〈評価〉は比較的少ないが，一表現内に異なる評価語を複数用い，具体的に表現する
  〔2〕東北・九州においては，ほめ表現の評価語の異なり語数は少なく，「よい」という評価語が大半を占める
  〔3〕関東では外見や，就寝しない事態の要因など，眼前の現実を述べる
  〔4〕中部・近畿においては，就寝場面，眼前の事態に限らない
  〔5〕中部・近畿においては，条件文を用いた複雑な表現構造もみられる

 これらの傾向をまとめると，【図7】のようになるだろう。東北・九州・関東は，全体を包括的に評価し，就寝場面に限られる。それに対し日本中央部では，一つの表現内でも評価語を重ね具体的に説明し，分析的に条件を設定する。また，就寝場面に限らず，演出的におかしみを狙う。よって，「包括的・現場的⇔具体的・分析的・演出的」という周圏的な対立があると捉えた。

```
┌─────────────────────────┐     ┌──────────────────────────────────┐
│ 東北・九州：〔2〕→ 包括的 │     │ 日本中央部の傾向：〔1〕〔5〕→ 具体的・分析的 │
│ 関東　　：〔3〕→ 現場的 │ ⇔   │ 　　　　　　　　　〔4〕　 → 演出的       │
└─────────────────────────┘     └──────────────────────────────────┘
```

【図7】表現法の地域的傾向のまとめ

7. まとめ

　以上のことから，子守歌詞章のほめ・けなし表現において，「東北・九州（もしくは関東も含む）⇔中部・近畿を中心とした西日本」という地域的傾向がみられ，ストラテジーの出現様相からは「直接的・直情的⇔婉曲的」，表現法からは「包括的・現場的⇔具体的・分析的・演出的」という周圏的対立が見られることがわかった。この周圏分布的傾向を，通時的解釈ではなく，実際の言語行動に見られる地域差・地域性や，そこから導き出された発想法の地域差と照らし合わせて考えてみたい。たとえば，小林隆・澤村美幸（2014）における言語的発想法の，「間接的なものの言い方は西日本的・中央的であり，直接的なものの言い方は東日本的・周辺的」だとする「加工性」の地域差と，子守歌詞章のストラテジーの出現様相とが類似する。また，「場面を細かく分割し」て表す「分析性」は，表現法からみた西日本の特徴とも関連がありそうだ。

　一方で，子守歌詞章の別の表現に見られた地域差と照らし合わせてみる。たとえば，同じく対立構造を有するおどし・甘やかし表現の表現法では東西差も見られたが（椎名渉子2005b, 2014），ほめ・けなし表現の場合は詞章構造（椎名渉子2014）と表現内容ともに周圏分布を示し，同じ対立構造をなす表現であっても表現法において地理的傾向が異なることがわかった。また，ほめ・けなし表現に限定して傾向をみると，東北や九州では表現法が固定的であるのに対し，中部・近畿では，一詞章内における両表現の配列（「ほめ→けなし」）が比較的固定的である（椎名渉子2014）。しかし，その表現法の特徴は具体的・分析的であるという傾向が掴めた。このことから，中部・近畿

は両表現の構造は固定的で型を崩さないが，積極的・生産的な表現の志向性のようなものを有しているのではないかという，子守歌詞章における地域性も窺えた。

このように詞章の傾向と照らし合わせたが，詞章の表現や観点によって異なる分布を示す要因には踏み込めていない。また，日常言語との関連性を探るには，当然ながら実際の育児・寝かせつけ場面における言語行動との比較が必要である。これらは今後の課題としたい。

注

1 ここでいう子守歌とは「口承文芸の一つとしての子守歌」であり，そのなかでも就寝を促す「寝させ歌」に相当するものを「子守歌」と呼ぶこととする。これらは近世歌謡調といわれる七七音・七五音の詞型をもつ (小島美子 1985)。これまでの子守歌研究 (渡辺富美雄ほか 1974, 渡辺富美雄・松沢秀介 1979 など) は，一部地域の旋律と詞章の両面について綿密な分布を示すものが主であり，日本全体を視野に入れた体系的・網羅的なものではない。

2 熊谷智子・篠崎晃一 (2006) では言語行動における働きかけの機能を担う最小部分を「機能的要素」とするが，本稿の分析対象のほかに子守歌詞章に出現するこうした単位として，「あやし表現」(椎名渉子 2006),「おどし表現」,「甘やかし表現」(椎名渉子 2005a, b ほか),「くどき表現」(椎名渉子 2010),「語り表現」(椎名渉子 2007) の七つがあると捉えている。

3 柳田国男 (1963) では，子守歌を「純然たる労働歌」と位置付けている。子守歌の日常言語との関連の解明も視野に入れ，仲井幸二郎 (1976) や鵜野祐介 (2005) において子守歌詞章の多様性・地域性を捉える体系的・総合的な考察の必要性は示されていた。

4 北海道および琉球諸島地域は子守歌資料の数量自体が少なく，統計的な分析を行う本稿では問題となるため対象から外し，歌数の多い本州のみを対象地域としている。

5 総数の地域差には，子守歌自体の差と，子守歌採集の進展具合の差という二つの影響が考えられるが，数量的に多くを占める①の資料は全国を網羅的に調査しているため (上笙一郎編 2005)，子守歌自体の差も少なからず影響していると考えられる。また，別資料において同一の詞章が複数見られた場合，採集地，採集年月日，被調査者等の情報が重複するものは同一歌ということで処理すべきであるが，そういったものは見られなかった。

6 　詞章例の（　）内には，2.3の資料番号と地域区分，〔　〕に都道府県，掲載頁，注記を示す．
7 　「ほんそ」は最愛の子（尚学図書編1989, p.2231）の意．また，「ごうごした」は就寝の意を持つ幼児語であり，島根県出雲に用例が見られる（尚学図書編1989, p.845）．
8 　「わやく」とは，「ふざける，めちゃくちゃにする」などの意を含む語で，石川県，愛知県南設楽郡，三重県伊勢に見られる（尚学図書編1989, p.2582）．本用例も，愛知県南設楽郡のものである．

引用文献

池上嘉彦（1979）「呪いとしての子守唄」『言語』8（12），70–71，東京：大修館書店．

鵜野祐介（2005）「子守唄の種類と地域性」『別冊環―子守唄よ，甦れ』10，80–83，東京：藤原書店．

岡本真一郎編（2007）『ことばのコミュニケーション―対人関係のレトリック』，144，京都：ナカニシヤ出版．

上笙一郎編（2005）『日本童謡事典』，298，東京：東京堂出版．

熊谷智子・篠崎晃一（2006）「依頼場面での働きかけ方における世代差・地域差」国立国語研究所『言語行動における「配慮の諸相」』，22，東京：くろしお出版．

小島美子（1985）「日本民謡における詞型と曲型の流動性―椎葉村の春の歌を中心に―」『日本歌謡研究』24，埼玉：日本歌謡学会．

小林隆・澤村美幸（2014）『ものの言い方西東』，163–169，東京：岩波新書．

椎名渉子（2005a）「子守歌詞章の地域差―おどし・甘やかし表現を中心に―」『国語学研究』44，宮城：「国語学研究」刊行会．

椎名渉子（2005b）「子守歌における働きかけの表現の構造と地域差 -- 動詞述語に注目して」『言語科学論集』9，宮城：東北大学大学院文学研究科言語科学専攻．

椎名渉子（2006）「あやし表現からみる子守歌詞章の地域差」『東北文化研究紀要』47，宮城：東北大学大学院文学研究科東北文化研究室．

椎名渉子（2007）「子守歌の詞章構造と地域差―江戸子守歌を対象として」『国語学研究』46，宮城：「国語学研究」刊行会．

椎名渉子（2010）「くどき表現から見る子守歌詞章の地域差」『文化』74（3），宮城：東北大学文学会．

椎名渉子（2014）「子守歌詞章におけるほめ表現・けなし表現の地域差―表現類型の計量的・構造的側面に着目して―」『国語学研究』53, 宮城：「国語学研究」刊行会.
土橋寛（1988）『古代歌謡の生態と構造』, 250-252, 東京：塙書房.
尚学図書編（1989）『日本方言大辞典』, 東京：小学館.
仲井幸二郎（1976）「類型の詞章」池田弥三郎編『ことばの遊びと芸術』, 184, 東京：大修館書店.
西尾純二（2015）『マイナスの待遇表現行動―対象を低く悪く扱う表現への規制と配慮』, 5-8, 東京：くろしお出版.
はんざわかんいち（2001）「西の人はたとえがお好き?―日本方言比喩語の東西比較―」『文學藝術』25, 17, 東京：共立女子大学文芸学部.
松本修（1996）『全国アホ・バカ分布考―はるかなる言葉の旅路』, 126, 東京：太田出版.
柳田国男（1963）「口承文藝史考」『定本　柳田國男集　第六巻』, 37-38, 東京：筑摩書房.
山岡政紀・牧原功・小野正樹（2010）『コミュニケーションと配慮表現―日本語語用論入門』, 183-190, 東京：明治書院.
渡辺富美雄・松沢秀介（1979）『子守歌の基礎的研究』, 東京：明治書院.
渡辺富美雄・松沢秀介・原田滋（1974）『新潟県における鳥追い歌―その言語地理学』, 新潟：野島出版.

付記　本稿は，日本学術振興会科学研究費「口承文芸と日常言語の地域差・地域性解明のための談話論的・表現法的研究」（16K16847）の助成を受けている。
改稿にあたり，多くの貴重なご意見を賜りましたことを深く感謝申し上げます。

（しいな・しょうこ　フェリス女学院大学講師）

Regional Distribution of Praise and Derision in the Lyrics of Japanese Lullabies

Shiina, Shoko

This study sheds light on the implicit strategies, and defines the regional differences, in the praise or criticism that appears in the lyrics of children's lullabies. We sorted the lyrics of lullabies into those whose praise or criticism explicitly expresses affirmative or negative assessments of children, and suggestive types that paint a desirable or undesirable picture of what the caretaker wants, or uses examples to describe good or bad children.

Regarding regional differences, a center-versus-periphery distribution was demonstrated in the analysis of the rate at which certain strategies appeared. For the expressions used, there were conspicuous differences between east and west. For example, we saw a tendency for eastern Japan to have an expression structure that consisted of a simple viewpoint alluding to scenes of children about to go to bed, and a tendency in western Japan not to limit the subject of evaluation to children going to bed, but to have a more complex expressive structures.

Keywords: lyrics of Japanese Lullabies, language behavior, assessment/evaluation, positive/negative, regional differences

シャル敬語の地理的・世代的分布
―― 長崎街道グロットグラム調査を通じて ――

塩川奈々美

　本稿では，長崎街道グロットグラム調査の結果に基づき，尊敬語の助動詞ナサルに由来するシャル敬語の九州北部地域における現状を明らかにした。まず，シャル敬語が分布する地理的範囲が地理的社会的要因によって制限されていることを指摘した上で，その地理的な分布は先行研究が多い1980年代当時から大きな変化は見られないことを示した。さらに，敬語運用の面では分布範囲である福岡県および田代から佐賀にかけての地域と牛津から嬉野にかけての地域との間に地域差があることを確認した。また，調査対象地域である福岡県飯塚市にみられた「猫」「雨」に対するシャル敬語の受容度を示した上で，シャル敬語が佐賀県若年層など一部地域・世代を除いて広く「親愛語」として受け入れられていることを指摘した。

キーワード：シャル敬語，福岡県，佐賀県，九州方言，方言敬語

1. はじめに

　九州地方の北部に位置する福岡県下では，県西部である筑前域を中心に広くシャル敬語がおこなわれている。本稿に述べるシャル敬語とは，尊敬の助動詞ナサルに由来する尊敬の助動詞であり（藤原与一1978），動詞の連用形に接続しイキンシャル（行かれる），キンシャル（来られる）などンシャルの形式で用いられる[1]。

　九州方言の方言敬語に関する記述では，最高の敬意をもつとされる方言敬語としてナサルがあり，その訛形であるシャル敬語は軽い敬意や，「親しみ」をあらわす機能が大きいとされてきた（九州方言学会1991，神部宏泰1992，陣内正敬1997）。また，福岡県下におこなわれるシャル敬語に関して，男女の別に関わらずおこなわれる表現だが（岡野信子編1987，陣内正敬1997），女性語[2]として盛んであると言われている（岡野信子1988: 34-37，九州方言学会1991）。

　このような特徴をもつとされるシャル敬語だが，筆者が福岡県飯塚市でこれまでに収集した用例からその使用場面の多様さがうかがわれた。その用例を以下に示す。用例の下段に示す（　）内の訳文は筆者による。

(1) ［突如因縁をつけてきた見知らぬ老人に話者が反論した後の様子について］
　　タジタジシナガラネ，モーヒラアヤマリモシンシャレンヤッタトヨ。
　　（たじたじしながらね，もう平謝りもなさらなかったのよ。）
　　　　　　　〈発話者：70代女性→敬意の対象：見知らぬ老年男性〉
(2) ［飼い猫が来客にすり寄る様子を見て］
　　アー，ネコガオボエチョンシャーネー。
　　（あー，猫が（あなたのことを）覚えているね。）
　　　　　　　〈発話者：60代男性→敬意の対象：発話者自身の飼い猫〉
(3) ［市役所窓口に来た地元のお婆さんがやや濡れていたのを見て］
　　アラー，アメガフリヨンシャッタトデスカ。
　　（あらー，雨が降っていたのですか。）
　　　　　　　　　　　〈発話者：20代男性→敬意の対象：雨？〉

これらの用例は上述したシャル敬語の特徴とは少し異なった振る舞いをみせている。軽い敬意や親愛の気持ちを伴わない（1）をはじめ，親愛の気持ちを伴った場合には（2）のように動物を主語とした場合にも適用することができており，さらには（3）にみられるように天候を主語とした場合にも用いられている。しかし，（3）の敬意の対象については話題となっている「雨」に対する敬語と見做すよりも，問いかけている相手（ここでは「地元のお婆さん」）に対する敬語と見ることもできそうである[3]。

このように，福岡県飯塚市では様々な局面で用いられるシャル敬語がどのような地域に用いられ，どのような振る舞いを見せているのか。その実態を解明するべく，長崎街道グロットグラム調査を実施した。本稿では，この調査の結果から九州北部地域におけるシャル敬語の地理的・世代的分布の様相を明らかにする。さらに用例（2）（3）に挙げた「猫」「雨」に対するシャル敬語の使用について，その用法に違和感があるかどうか（受容度）に関する分布図を示した上でシャル敬語の位置づけについて検討する。

2. シャル敬語に関する先行研究

方言敬語に関する研究は数多く存在するが，本稿で取り扱うシャル敬語の全国的な地理的分布を報告したものとして藤原与一（1978）が挙げられる。藤原与一（1978）の「方言敬語法の研究附図」第8図には「「〜ンサル」類尊敬表現法分布概況図」が報告されており，福岡県の筑前全域，筑後域の北部，佐賀県および佐賀県と長崎県の県境域にその分布が報告されている。

藤原与一（1978）では，この「ンシャル」について，「「ンサル」「ンシャル」ことばとなると，これは，筑前方面につながって，佐賀全県下が，そのいちじるしいものを示す。」（p.399）と言及している。さらに，「「ンシャル」などは，また，筑後北寄りにも見られる。「〜ンシャル」が，いくらかの「〜ンサル」とともに，筑前によくおこなわれているのは注目をひく。（中略）「シャ」形の方が，筑前では，他地方以上によくおこなわれるありさま

になっている」(p.400)とあるように，シャル敬語が筑前地方において盛んにおこなわれる様子を指摘しており，九州北部地域におけるシャル敬語の分布を概観することができる。しかし，この藤原与一 (1978) による分布概況図はあくまで概観するにとどまるものであり，その描画方法から分布の詳細を読み解くことは難しい。上村孝二 (1998) には「(3)「なさる」系の，(イ) 行キッシャル…両筑・佐賀県・大分県一部。」(p.58，「ッ」は原文ママ)との記述があり，福岡県と佐賀県以外にも大分県の一部地域に分布することを指摘しているが，具体的な地域は詳述されていない。

このほか，九州方言学会 (1991) には九州各県におこなわれる敬語表現についてまとめられており，ナサル系の敬語として本稿で取り扱うシャル敬語への言及を確認することができる。しかしながら，一部では動詞未然形に接続する「せらるる・させらるる」に由来する（藤原与一 1955）サッシャル敬語との別が判断できない記述もみられる。以下にその一例を引用する（(4)–(6)）。

九州方言学会 (1991) にみられるシャル敬語の記述（九州方言の各県別解説より）

(4) ナサル　筑前・筑後（熊本県境を除く。），敬意は最高。近時，訛形，ンシャルが福岡市とその周辺に女性語として盛んである。

（福岡県社家町，p.206）

(5) 佐賀東部西部地区ともに敬意を加えるのにンサル・ゴザルを用いる。活用はラ行五段に準じるが，命令形がンサイ・ゴザイとなる。（中略）鳥栖地区ではゴザルも用いるが，よりていねいなのはッシャルである。イカッシャル・ヨマッシャルなど。（中略）東松浦地区ではゴザルは用いない。鳥栖地区と同じくシャルを用いる。

（佐賀県，p.215）

(6) 敬語は地方別で若干相違がみられる。対馬はゴザル系・シャル系，壱岐はゴザル系・シャル系・ス系，平戸・北松浦はオ〜ス系，大村・東彼杵はス系，諫早・北高来はス系，島原・南高来はス系・

ナハル系，長崎はス系・オ～ス系，福江・南松浦はシャル系・ナ
　　　ハル系である。　　　　　　　　　　　　　　　　　　（長崎県，p.223）

　ここに取り挙げた（4）～（6）は，本稿で調査対象とした福岡県，佐賀県，長崎県に関する県別の敬語表現に関する記述である。この場合，（4）は本稿で目標とするシャル敬語であることは明らかであり，（5）は前述の破線部分より，下線部がサッシャル敬語であることが読み取れる。しかしながら（6）にみられる記述からはシャル系がどちらを言い指すのか，その判断は難しい。
　このように，先行研究からシャル敬語の使用域を詳細に見ようとするのには限界がある。無論，ここに取り挙げた先行研究の記述の中には，方言敬語の体系の位置づけの中でサッシャル敬語とシャル敬語とを記述し分ける必要がないとしてまとめて記述されたものもあるだろう。
　（1）～（3）に示した福岡県飯塚市の例のように，シャル敬語は従来考えられてきた運用方法（軽い敬意を表す，親しみを表す）の枠組みに囚われない振る舞いをみせていることから，当該地域における方言敬語の運用面に何かしらの変化が起きているといえよう。ここに取り挙げるのはシャル敬語という一語形に過ぎないが，辻加代子（2009）に詳しい京都市方言のハル敬語の枠組みでは不特定の人や「極めて疎」の人物に対してハルが用いられることが指摘される（p.93）など，方言敬語が絶対敬語的な従来の敬語運用とは異なった振る舞いをみせている事例は既に指摘されているところである。しかし九州北部地域における敬語運用の変化に関する報告は未だ少なく，シャル敬語に着目してその地理的世代的分布および運用の実態を明らかにすることは，当該地域における方言敬語運用の事例の提示にも繋がるものと意義付ける。

3. グロットグラム調査の概要

　グロットグラム調査はある地域間で直線状に地点を配し，各地点で世代調査を行うことによって地理的，世代的観点から言葉の動態を探る調査方法である。新潟県糸魚川市における糸魚川調査（W・A・グロータース1976）に始まり，徳川宗賢（1985: 91-155），井上史雄（1991, 2010）などに代表される数多くの研究成果が存在する。

　グロットグラム調査法を採用したことで，北部九州におけるシャル敬語の地理的な広がりと敬語使用の世代差を広く把握することが可能となった。また，長崎街道は江戸時代に整備された道であるが，今なお国道として当該地域の人々の交流を支えている背景から，長崎街道沿いでの言葉の関係性を捉えることを目指した。

　以下，3.1よりグロットグラム調査の概要を示す[4]。調査は全て筆者1名によるものである。

3.1 グロットグラム調査

　① 調査期間：2015年8月4日－同年10月28日
　② 調査形式：面接調査（必ずしも一対一ではない）
　③ 調査項目：語彙・文法項目92問，敬語表現に関する項目20問
　④ 調査対象地域：旧街道（長崎街道）沿いにある旧宿場町25地点
　　　　＊調査地点については【図1】を参照されたい。
　⑤ 話者：若年層（15歳-20代），中年層（30-40代），壮年層（50-60代），老年層（70代以上）の四世代生え抜きの男性を対象とし，結果として計99名の話者から協力を得た[5]。各世代の内訳は若年層23名，中年層26名，壮年層26名，老年層24名である。話者にはそれぞれ「地点名＋年齢」から成る話者IDをあてがい，内省を引用する。各地点の年齢の分布と共に【図2】に示す。

シャル敬語の地理的・世代的分布　297

1：小倉（福岡県北九州市小倉北区）
2：黒崎（福岡県北九州市八幡西区）
3：木屋瀬（福岡県北九州市八幡西区）
4：飯塚（福岡県飯塚市）
5：内野（福岡県飯塚市）
6：山家（福岡県筑紫野市）
7：原田（福岡県筑紫野市）
8：田代（佐賀県鳥栖市）
9：轟木（佐賀県鳥栖市）
10：中原（佐賀県三養基郡みやき町）
11：神崎（佐賀県神埼市）
12：境原（佐賀県神埼市）
13：佐賀（佐賀県佐賀市）
14：牛津（佐賀県小城市）
15：小田（佐賀県杵島郡江北町）
16：北方（佐賀県武雄市）
17：塚崎（佐賀県武雄市）
18：嬉野（佐賀県嬉野市）
19：彼杵（長崎県東彼杵郡東彼杵町）
20：松原（長崎県大村市）
21：大村（長崎県大村市）
22：永昌（長崎県諫早市）
23：矢上（長崎県長崎市）
24：日見（長崎県長崎市）
25：長崎（長崎県長崎市）

【図1】長崎街道グロットグラム調査地点

No.	地点	10代	20代	30代	40代	50代	60代	70代	80代
1	小倉		kkr28		kkr43	kkr56		kkr77	
2	黒崎		krs20		krs41	krs57		krs71	
3	木屋瀬		kyn26		kyn42	kyn59		kyn78	
4	飯塚		izk25		izk42		izk64	izk78	
5	内野		ucn29	ucn35			ucn65	ucn72	
6	山家		yme23	yme38			yme65		yme89
7	原田		hrd22		hrd40		hrd61	hrd77	
8	田代		tsr26		tsr47		tsr63		tsr80
9	轟木				tdr49		tdr67	tdr77	
10	中原		nkb25				nkb60	nkb75	
11	神埼			nkb37	knz48	knz52			
12	境原		skb24	skb39			skb64	skb76	
13	佐賀		sag20	sag36			sag65	sag72	
14	牛津	usd17a, usd17b		usd36	usd49		usd66	usd72	
15	小田		oda24		oda47	oda57			oda81
16	北方	ktk16			ktk42		ktk60		ktk80
17	塚崎				tks40	tks50			tks85
18	嬉野		urs25	urs39		urs56		urs76	
19	彼杵		sng28	sng31			sng62, sng66a, sng66b		sng84
20	松原			mtb35			mtb68	mtb71	
21	大村		omr28	omr31			omr60	omr78	
22	永昌	eis17			eis47		eis64	eis75	
23	矢上	ygm14			ygm40			ygm71a, ygm71b	
24	日見		him24	him37			him67		
25	長崎		ngs28		ngs44		ngs63	ngs75	

【図2】話者の年齢および話者ID一覧

3.2 シャル敬語に関する調査項目

　本稿で扱う調査項目は次の通りである。問1は選択肢形式としたが，回答の理由やその土地で聞かれる事象について可能な限り尋ね，各々内省報告を記録した（内省調査）。さらに問1で「(1) よく使う」と回答された地点を中心にどのような形式（シャル形・サル形）で使用するかを確認し，その内省の結果を【図4】にまとめた。内省調査は口頭による確認であったため，各話者の調査時間の制約などにより，内省を十分に得られなかった地域が多数ある。

　問1：「先生が言いよンシャル」「同級生の○○さんが歩きよンシャー」といった言葉を使いますか。
　　　(1) よく使う
　　　(2) この土地で使われているのを聞いたことはあるが自分は使わない
　　　(3) 聞いたこともない
　　　(4) わからない
　問3：友人に「先生はいないよ」という場合，「いないよ」の部分をどう言いますか。また，このとき訪ねてきたのが違うクラスの先生だった場合はどう言いますか。
　問4：あなたは久しぶりに親友の家にお邪魔しました。すると親友宅で飼われているペットの猫があなたの足にすり寄ってきました。その様子をみた親友が「猫が（あなたのことを）覚えとんしゃーね。」と言いました。この「猫が覚えとんしゃーね」という友人の表現に違和感を覚えますか？
　　　(1) とても違和感がある
　　　(2) やや違和感がある
　　　(3) 違和感はあまりない
　　　(4) 違和感は全くない
　　　(5) わからない
　　　(6) その他

問5：あなたが自分の家に訪ねて来た父親の職場の上司に対して，丁寧に「雨は降っていましたか？」と尋ねるときどのように言いますか。この時，「雨は降りよんしゃったですか？」という言い方をすることに違和感がありますか？
 （1）違和感がある
 （2）違和感はない
 （3）わからない
 （4）その他

　なお、調査方法の前提として、使用するかどうかに関する問では使用語形が「ンシャル」の形をとるのかどうか（つまり、話者がサッシャル敬語と混同していないかどうか）を確認した上で回答を得た。2節に示した引用（5）からもわかるように、今回の調査対象地域の中には先行研究でサッシャル敬語が用いられる地域であると指摘される地点（8田代）が含まれているため、調査の目的とするシャル敬語とサッシャル敬語について話者が混同した状態で回答することがないよう細心の注意を払った。

4. 調査結果および考察

4.1 シャル敬語の地域差および世代差

　まず、シャル敬語を使用するかどうかを問うた結果（問1）、シャル敬語が用いられる範囲として北は小倉の50代、南は矢上の70代であることが確認された（【図3】，記号：■参照）[6]。ただし、【図4】に示す矢上70代話者の内省を考慮すると現在も使用が確認される地域は永昌が南端ということになる[7]。

　ここで注目されるのは、福岡県の筑前域から佐賀県の嬉野に至るまでの分布については地理的連続性を認められるものの、永昌のみ孤立して分布しており、嬉野から永昌に至る3地点（彼杵、松原、大村）にはシャル敬語が

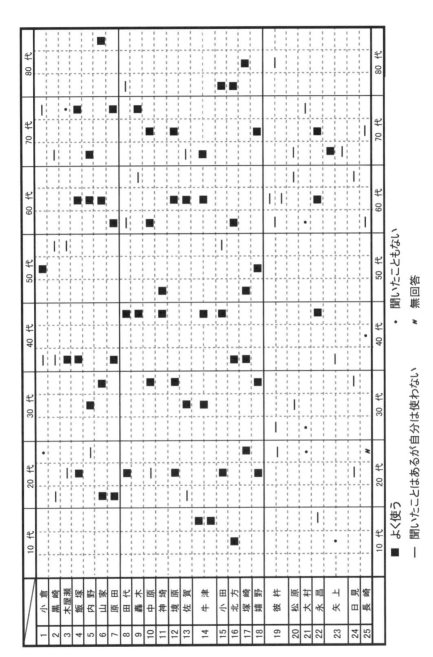

【図3】シャル敬語を使用する地域と世代

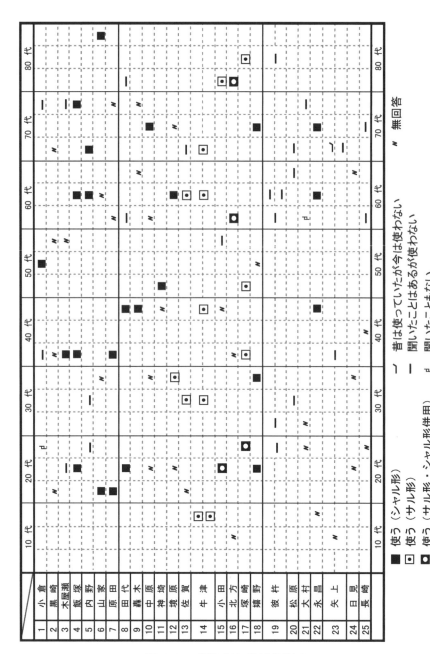

【図4】シャル敬語の使用に関する話者内省

おこなわれていないという点である。これらの地域では「佐賀や諫早の言葉であり，自分は使わない」(sng62, sng66a, sng84, mtb68 ほか) との内省が得られており，敬語形式についてもオラッサンなど（ラ）ス敬語や共通語形がみられるのみで（【図4】・【図5】），少なくとも彼杵から大村にかけての地区の言葉としてシャル敬語がおこなわれていないことが確認された。

シャル敬語の地域的連続性が嬉野で留まり永昌に孤立する状況は，旧国の区分と険しい地形が要因となっていると考えられる。長崎県諫早市に位置する永昌は，旧藩区分に従うと佐賀の鍋島藩に相当し，彼杵から大村にかけての地域を治めた大村藩とは旧国の区分が異なっていた歴史があり，彼杵から大村の話者にはこの区画の違いが強く認識されていた。また，地理的条件をみても，嬉野から彼杵を経て永昌に至る間には多良岳山地が広がっており，この山地が旧国の区画と一致していたことも一因となっていると考えられる。

さらに，シャル敬語を「使用する」と回答した地点を中心に，どういう形で使用されているのかについて内省を得た【図4】。ここで注目されるのは佐賀県の境原から塚崎にかけての地域にはサル・サ（ー／ッ）(【図4】; 記号：◻︎参照) が優勢の地域が存在していることである。藤原与一(1978)では佐賀県下全域におけるサル形とシャル形について全域に盛んであると記述されていたが，今回の調査の結果，サル形を使うという地域（境原・佐賀・牛津）と，サル形とシャル形を併用する地域が存在するという地域差が明らかとなった。シャル形とサル形を併用する地域（小田・北方・塚崎・嬉野，【図4】; 記号：◼︎および【図5】・【図6】参照）では，シャル形よりもサル形の方が敬意は高い表現であるとみなしているようである（内省(8)(9)）。

(8) (設問の例を読んで) 人によって違う。市長さんがキンサッタ／近所のおばあちゃんがキンシャッタになる。キンサッタの方が改まっていると思う。⟨urs39⟩

(9) ンサルはンシャルより丁寧。目上の人（親，近所の人）に対して使う。⟨urs76⟩

シャル敬語を使用するかしないかという使用面に関する分布について，

【図3】に示す通り明らかな世代差を確認することができなかった。つまり，藤原与一（1978）や岡野信子編（1987）などによって1970年代後半から1980年代の記述で盛んにおこなわれていると指摘されているシャル敬語は，福岡県下の一部地域や佐賀県下では依然としてその勢力を維持しているということになる。

　こうした以前からのシャル敬語の分布を維持しながらも，運用面では，福岡県下と佐賀県下に見られるシャル敬語の回答状況は大きく異なった（【図5】・【図6】）。

　【図5】・【図6】に示すのは問3における回答である。問3では「（友人／先生に対して）先生は居ないよ」と言う時どのように言うか，第三者待遇場面における敬語の使用について問うた。【図3】で広くシャル敬語を用いるとした福岡県下および田代-佐賀間では，先生に対する場面であればシャル敬語や共通語形による敬語を用いるが，友人に対する場面では若年層を中心に広く非敬体のオランが用いられており，友人に対する場面でシャル敬語が用いられたのは飯塚・神埼・境原・佐賀の話者5名のみであった。一方，同じくシャル敬語を盛んに用いるとした佐賀県下でも，牛津から嬉野にかけての地域では聞き手が友人であっても先生であっても，若年層から老年層にかけてシャル敬語の使用が確認される（【図5】・【図6】）。

　これら第三者待遇場面におけるシャル敬語の運用には明らかな地域差が認められる。福岡県下および田代から佐賀にかけての地域では飯塚や神埼，境原など一部地域を除き聞き手（対者，ここでは友人か先生か）が誰であるかによって，敬語を使用するかどうかが左右される傾向にある。その一方で，牛津から嬉野にかけての佐賀県西部の地域では世代に関わらず聞き手が誰であろうと一貫してシャル敬語を用いる傾向にあり，旧来の，伝統的な敬語運用がなされていることが明らかとなった。

　また、シャル敬語に限らず見れば、こうした伝統的な敬語運用の傾向は長崎県の彼杵から永昌の中年層以上にかけても窺うことができる。これらの地域では、対友人場面において30代以上の話者の殆どがオラッサンを用いており、対先生場面でもオラッサンデスやオラレマセン、共通語形（イラッシャイマセン）の敬語を使用している。これに対して、彼杵から永昌の若年層

シャル敬語の地理的・世代的分布　305

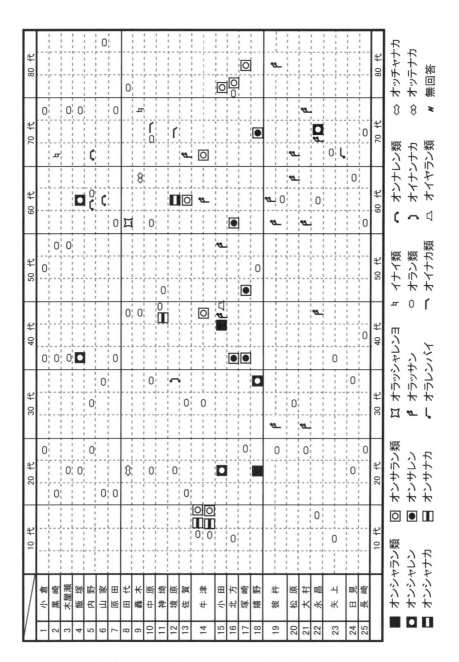

【図5】友人に対して「先生は居ないよ」と返答する場面の「居ないよ」

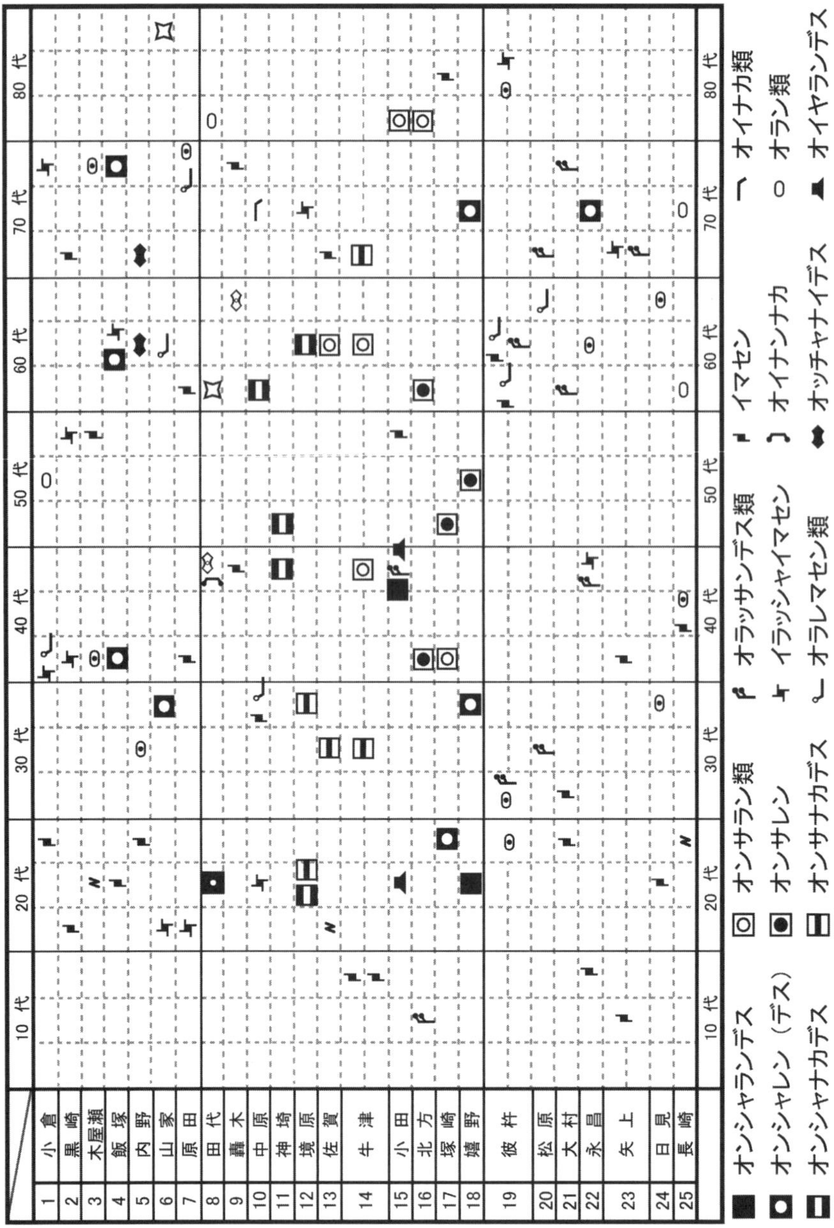

【図 6】先生に対して「先生は居ないよ」と返答する場面の「居ないよ」

およひ矢上から長崎にかけての対友人場面では主として非敬体のオランが用いられ，対先生場面ではイマセン，オリマセンといった丁寧語形が多い。

　仮説の域を出ないものの，敬語運用にこうした地域差が生じる一つの要因として都市部との距離，ひいては文化圏を共有しているかどうかが関わっているのではないかと考える。今回の調査地点には含まれないが，第三者待遇の対者敬語化の傾向がみられた福岡県下の地点ならびに佐賀県の田代 - 佐賀間は，公共交通機関を用いても 1 時間圏内の地域であり，福岡市と生活圏を共有する地域である。(4) に引用した記述「近時，(ナサルの) 訛形，ンシャルが福岡市とその周辺に女性語として盛んである。」(九州方言学会 1991，() の記述は筆者による挿入) からも推察されるように，福岡市は北部九州におけるシャル敬語の中心的な地域であり，その周辺では敬語形式のみならず，敬語運用の在り方についても共有されているのではなかろうか。

　勿論，この点については今回のグロットグラム調査では検証できない範囲の問題であり，あくまでも一つの仮説としてその可能性の言及に留めるものである。

4.2 シャル敬語の振る舞いとその受容度

　ここで本稿の冒頭で示した福岡県飯塚市におけるシャル敬語の用例について考えてみたい。先述した通り，用例 (1) 〜 (3) にみられるシャル敬語の振る舞いは，従来記述されてきたシャル敬語の性質とは異なる一面をみせている。しかしこれはあくまでも筆者が現地で偶然遭遇した事例であり，一般化できる事象であるという確証は得られていない。そこで，グロットグラム調査で上記用例と同様の場面を設定し，これらの場面におけるシャル敬語の使用に違和感があるかどうかの聞き取り調査を実施した。質問文は前節において既出であり (問 4・問 5)，その結果を【図 7】および【図 8】に示す。

　用例 (2) に示したものと同様の「猫が (あなたのことを) 覚えとんしゃーね」という表現について，比較的多くの話者が理解を示した【図 7】。シャル敬語を用いるとする福岡県および佐賀県に注目してみると，福岡県では若年層から老年層にかけて広く猫に対してシャル敬語を使用することを受容する様子が確認されるのに対し，佐賀県では中年層以上にその分布が偏って

いる。福岡県に比べて佐賀県の若年層ではシャル敬語を猫に対して使用することへの受容度が低い様子がうかがえる。

　この状況は旧来の敬語運用をとる様子が確認された【図5】・【図6】の結果と矛盾しない。つまり，佐賀県下の若年層にはシャル敬語は狭義の「尊敬語」としての認識がなされているため，一般に敬語の対象とならない猫に対してシャル敬語を用いるのは不自然であると結論付けられたのである。

　他方，この用法を受容した福岡県や佐賀県の中・老年層話者から最も多く挙げられたのが「猫をペットとして可愛がっているなら（言える）」という理由である。質問文内で「友人宅で飼われているペットの猫」と指定しているためか，飼われている猫を家族の一員のように認識してシャル敬語を用いたとする意見が地域に偏ることなく多くみられた。先行研究に指摘されるような「親しみを表す」（陣内正敬1997）機能はこうした理由に拠るものであり，【図7】に示す結果から福岡県下や佐賀県の中・老年層ではシャル敬語の親愛語的用法が受け入れられていると言えるだろう。

　今回の調査で全世代的に親愛語的用法が可能であるとの認識を示す福岡県に対し，佐賀県下では若年層と中・老年層話者の間に差がみられたが，佐賀県下に生じたこの世代差の背景には敬語運用に関する規範意識の違いが存在するのであろう。親愛語的用法が老年層から受け継がれていないのか，またはこれから習得していくものなのか。グロットグラム調査の結果だけでは結論付けることができない事象であり，この検証の機会は別稿に譲ることとしたい。

　この他の可能性として念頭に置いていたのが，井上史雄（1981）が指摘する「敬語体系全体の丁寧語化」であった。本稿に取り上げる一連のシャル敬語の用例も，目の前に親しみを持って比較的丁寧に話すべき相手がいる場面で確認されていることから，丁寧語化の現象の一事例のようにもみえる。

　特に，わずかばかりの事例であるが用例（3）や【図8】の「雨」に対するシャル敬語の使用を受容する現象は，「親しみを表す」（陣内正敬1997）機能や「親愛語」（岸江信介1998）としての枠組みから説明することは難しい。

　しかしながら，【図7】と【図8】の結果を比較してみると，明らかに雨に対するシャル敬語は不自然であるとする認識が強い。本当に「丁寧語化」

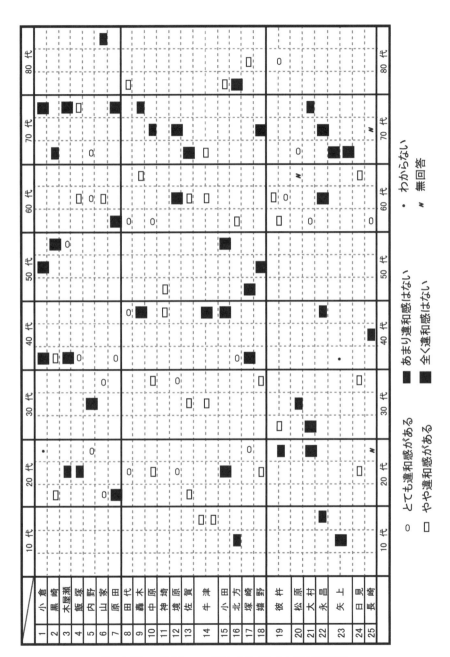

【図7】「猫」に対するシャル敬語の使用（問4）に関する受容度

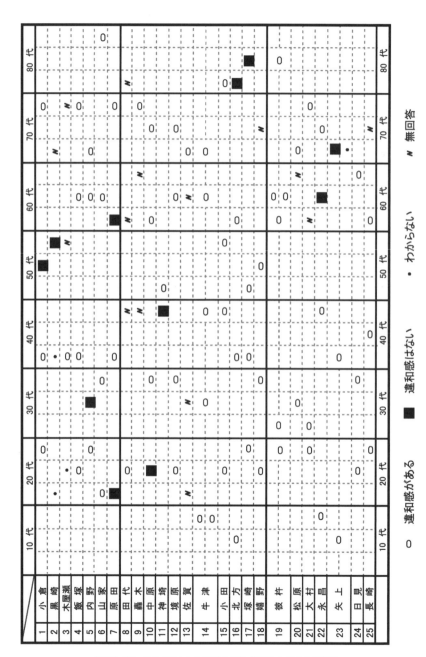

【図8】「雨」に対するシャル敬語の使用（問5）に関する受容度

が進行しているのであれば，主語が猫であろうと雨であろうとシャル敬語が用いられておかしくないはずであることから，現段階としてシャル敬語の丁寧語化を裏付けることはできない。

ただし，シャル敬語が軽い敬意や親愛語として盛んに用いられている現状があるということは，シャル敬語という敬語形式の待遇度の低下（敬意の逓減），ひいては敬語運用における「丁寧語化」へとつながる可能性を示唆していると考えられる。今回の調査結果から，福岡県下や佐賀県下の中年層以上においてシャル敬語を用いた親愛語的用法が認められたが，親愛語的用法の進行と敬語運用の丁寧語化は異なる次元の現象でありながらも，シャル敬語の敬意が逓減した結果と見れば全く無関係の現象ではないだろう。丁寧語化の現象については今後の動向に注目すべき現象であるといえよう。

5. おわりに

以上，長崎街道グロットグラム調査の結果にもとづき，九州北部地域におけるシャル敬語の地域差と世代差について概観し，先行研究における記述の検討をおこなった。

長崎街道沿いに25地点という調査地点を配し，4世代の世代調査をおこなうことによって，当該地域におけるシャル敬語の地域差と世代差について明らかにすることができた。

シャル敬語が分布する地域内ではその使用の有無に関する世代差は確認されず，先行研究と同様，依然として使用状況が維持されていることが分かった。しかし，第三者待遇場面におけるシャル敬語の使用には明らかな地域差並びに世代差が認められた。福岡県下および田代から佐賀にかけての地域では聞き手（対者，ここでは友人か先生か）が誰であるかによって，敬語を使用するかどうかが左右される傾向にある。一方で，牛津から嬉野にかけては世代に関わらず聞き手が誰であろうと一貫してシャル敬語を用いる傾向にあり，旧来の，伝統的な敬語運用を維持していることが明らかとなった。長崎

においても長崎を中心とした矢上から長崎にかけての地域と、彼杵から永昌にかけての地域との間には、福岡県・佐賀県と類似した敬語運用の地域差が窺われた。

　また、筆者が福岡県飯塚市で集めた用例の内、主語が「猫」「雨」である場合のシャル敬語の使用に関する受容度についても調査結果を示した。「雨」に対するシャル敬語の使用によって、井上史雄（1981）に指摘されるような「丁寧語化」の可能性が示唆されたが、現状として一般化されるものではなく、「猫」にシャル敬語を使用した「親愛語」としての用法が認められるにとどまった。ただし、現段階における仮説として今後「敬語体系全体の丁寧語化」（井上史雄1981）が敬語の運用の中で進行していく可能性も捨てきれず、【図7】・【図8】に示すシャル敬語の事例はその現象の途上段階にあるものとして示す価値があるものである。

　シャル敬語は木屋瀬（北九州市八幡西区）から嬉野（嬉野市）、永昌（諫早市）にその使用の実態が確認されており、今後は嬉野・鹿島から永昌に続く地域における地域的な連続性の検証をおこなう必要がある。更に仮説的であるものの福岡市とその周辺地域という関係性によって敬語運用の地域差が生じている可能性も窺われたため、今後は社会言語学的な検証を視野に取り組む必要があるだろう。

　今回、シャル敬語を「よく使う」地域とシャル敬語がどのような形式で用いられるのかについて【図3】・【図4】にまとめたが、調査対象地域で実際に使用される敬語形式はシャル敬語に限らないことから、【図5】から【図8】に示す結果ではシャル敬語の使用が少なく思える部分もある。これは設問の場面や各地域での敬語体系を構成する敬語形式のバリエーションの違いも関わっていると考えられる。この詳細は今後の調査に託されることとなった。今後は各地点におこなわれる他の方言敬語の表現との関係性についても注目したい。

注　1　地域によっては語末が長音化（ンシャー）または促音化（ンシャッ）した形をとる。
　　2　この場合の「女性語」とは，女性の方がよく用いる言葉という意味である。
　　3　用例（3）は誤用の可能性が捨てきれないが，このほか［病院に見舞いに来た患者家族に対して］「ソトワアメガフリヨンシャッタデスカ?」（飯塚 20 代女性）も確認されている。この問いかけを受けた飯塚市生え抜き 50 代女性は「あの子（＝発話者）は敬語の使い方がおかしい。」との指摘をしており，地元の人々の間でも適切かどうかの認識が分かれるようである。
　　4　グロットグラム図の作成にあたっては，国立国語研究所による言語地図作成用プログラム（プラグイン）を利用した。凡例の記号は清水勇吉氏（宮崎国際大学）が作成した記号用特殊フォント「紋字朗君」を利用した。http://chizunohikidashi.jimdo.com/
　　5　総話者は 5 年以内の外住歴は不問とし，各自治体の教育委員会や公民館に紹介を依頼した。原則として，各地点 4 世代 1 名ずつ計 4 名を目標に調整を試みたが，地点によっては人数が少ない箇所がある（轟木 3 名，神埼 2 名，日見 3 名）。また，1 地点 4 名を達成しているものの，世代の偏りがある地域もある。このほか今回ご協力頂いた話者のうち矢上の若年層話者（ygm14）は若年層の年齢（15 歳 –29 歳）に満たなかったが，調査年度に 15 歳を迎える方であったため問題ないものとした。
　　6　問 1 を問う段階では形式にシャル形とサル形のどちらを取るか（または併用するのか）については不問としており，いずれを使用する場合も「(1) よく使う」として【図 3】に表示している。内省を得ることができた地点に限定されるが，シャル形をとるかサル形をとるかの形式の別に関しては【図 4】にまとめた通りである。
　　7　今回の調査は話者を男性に限定した調査であることから，シャル敬語を使用する地域の範囲や運用方法に関する意識調査の結果には性差がある可能性があることをここに断っておく。「使わない」「聞いたことがあるが使わない」とされた地点についても，女性を対象に調査を行えば異なった結果がみられるかもしれない。この可能性については今後検証していく必要があるだろう。

引用文献　井上史雄（1981）「敬語の地理学」『國文學　解釈と教材の研究』26 (2), 39–47, 東京：學燈社.
　　　　　井上史雄（1991）『東海道沿線方言の地域差・年齢差（Q グロットグラム）』東京外国語大学語学研究所.

井上史雄（2010）『北陸方言の地理的・年齢的分布（北陸グロットグラム）』平成20年－平成22年度科学研究費補助金基盤研究（C）「北陸新方言の地理的社会的動態の研究」（研究代表者：井上史雄）研究成果報告書.
岡野信子編（1987）『福岡県域言語地図』梅光女学院大学方言研究会.
岡野信子（1988）『福岡県ことば風土記』福岡：葦書房.
上村孝二（1998）『九州方言・南島方言の研究』東京：秋山書店.
神部宏泰（1992）『九州方言の表現論的研究』大阪：和泉書院.
岸江信介（1998）「京阪方言における親愛表現構造の枠組み」『日本語科学』3, 23-46, 東京：国立国語研究所.
九州方言学会（1991）『九州方言の基礎的研究 改訂版』東京：風間書房.
W・A・グロータース（1976）『日本の方言地理学のために』東京：平凡社.
真田信治編著（1998）『九州におけるネオ方言の実態』平成7年－平成9年度科学研究費補助金基盤研究（A）（1）「西日本におけるネオ方言の実態に関する調査研究」研究成果報告書.
陣内正敬（1997）「I 総論」平山輝男編『福岡県のことば』1-39, 東京：明治書院.
辻加代子（2009）『「ハル」敬語考』東京：ひつじ書房.
辻加代子・井上史雄・柳村裕（2016）「岡崎における第三者敬語の位置づけ：「第三者尊敬表現」,「第三者謙譲表現」各場面のデータを中心に」『国立国語研究所論集』11, 147-166, 東京：国立国語研究所.
徳川宗賢（1985）「地域差と年齢差－新潟県糸魚川市早川谷における調査から－」『国立国語研究所報告84 方言の諸相－『日本語地図』検証調査報告－』91-155, 東京：三省堂
藤原与一（1955）「「入らっシャル」などの「～シャル」（「～サッシャル」）敬語法について」『国文学攷』14, 1-16, 広島大学国語国文学会.
藤原与一（1978）『昭和日本語方言の総合的研究 第一巻方言敬語法の研究』東京：春陽堂.

付記　本研究にご協力くださった話者や仲介者の皆様に心より感謝申し上げる。また，本稿の内容は東北文教大学で2016年10月28日に開催された第103回日本方言研究会研究発表会で発表した内容にデータを一部追加し，加筆修正をおこなったものである。査読に際して多くの貴重なご意見を賜り，記して感謝申し上げる。なお，本稿は特別研究員奨励費（DC1）「九州北部地方における地域言語の動態に関する研究」（課題番号：16J07053）の助成を受けた

研究成果の一部である。

(しおかわ・ななみ　徳島大学大学院院生・日本学術振興会特別研究員（DC1））

Geographical and Generational Distribution of the Honorific Word *sharu*
—Based on the Research, Nagasaki-Kaido Glottograms—

Shiokawa, Nanami

This paper deals with the geographical and generational distribution of the honorific word *sharu*, which is a derived form of *nasaru* in the Northern Kyushu area.

The results of the Nagasaki-Kaido Glottograms show that the distribution area of *sharu* is closely related to the geographical and social factors in the Northern Kyushu area, and the tendency has not changed since 1980s. Furthermore, the data suggest that the usage of *sharu* in Fukuoka Prefecture and Saga Prefecture is different.

In addition, there is a unique case of the use of *sharu* in Iizuka dialect taking a cat or rain as grammatical subject. This case indicates that the use of *sharu* is widely accepted as the representation of affection among most of the people in that area except younger generations in a part of Saga Prefecture.

Keywords: , Fukuoka Prefecture, Saga Prefecture, regional honorific expression

日本方言研究会創立50周年記念企画をふり返る

日高貢一郎

　日本方言研究会は平成27年5月に第100回研究発表会を迎えた。発足から50年。

　記念企画として3つのテーマを掲げて実施したその取り組みについて報告する。

キーワード：日本方言研究会，第100回研究発表会，創立50周年記念企画，方言と教育，サマーセミナー：はじめての方言調査，方言を介した地域支援活動

1. はじめに

　日本方言研究会が平成 27 年（2015 年）に第 100 回の研究発表会を迎えるにあたり，これまでの歩みをふり返り，現状を把握し，これからの展望を考えようと，基調講演と，シンポジウム（5 期に分けての研究動向の分析，関連分野の研究者からの提言）を開催した。その概要は本誌第 2 号に報告した。

　併せて，企画展示，スライドショー，ポスター発表を実施した。広報にも努め，一般にも公開したので，当日は 300 名を超える来場者があった。

　また，会の発足から半世紀＝ 50 年を閲し，世話人一同で話しあった結果，それを記念して「全国方言 YEAR　方言研究を未来につなぐ」と銘打って 3 つの企画に取り組むことにし，会員に協力を呼びかけた。

　この稿では，その記念企画の実行委員長を仰せつかった日高を中心に，各企画の担当者が，それぞれのねらいと，どう実施したか，さらに今後の課題などについて報告する。

　　［1］企画（1）方言教材の開発と方言教室の開催
　　　　学校教育や社会教育での「方言」に関する実践活動の紹介と，
　　　　そのデータベースの蓄積（担当：日高水穂／のちに松丸真大）

　　［2］企画（2）サマーセミナー：はじめての方言調査
　　　　「方言」や「方言の調査・研究」に関心を持つ大学生を対象に，
　　　　富山県砺波市をフィールドに夏休みに開催（担当：中井精一）

　　［3］企画（3）方言を介した地域支援活動
　　　　「方言」を介した地域貢献・社会貢献に関する活動をしている
　　　　研究者による，実践と体験の紹介・報告（担当：久野マリ子）

　このうち，［1］は，学校教育で児童・生徒に，また社会教育においては成人を対象に，「方言」について一層の理解促進を図ることをめざしたもので，

特に学校教育では「方言」についてどう取り上げて、どう教えられたかは各人の方言観・言語観の形成に与える影響が大きく、重要な意味を持つ。

[2] は、これからの方言研究を担う若手が増えることを願って、実地に方言調査の体験をしてほしいと、当研究会として初めて取り組んだもので、本誌第2号に中井による詳しい報告が載せられているので、それを参照されたい。

[3] は、私たち方言研究者が、広く社会から期待されている地域貢献や社会貢献にどう応えるかについて考えるもので、日頃、方言の調査や研究でお世話になっている各地域の人たちに、これまでに私たちが得た専門知識や方言に関する情報を提供してサポートするという、"地元還元"の意味あいも大きい。近年重要視されている、研究者が果たすべき役割の一つである。

2. 方言教材の開発と方言教室の開催

2.1 企画の趣旨

企画(1)「方言教材の開発と方言教室の開催」は、学校教育(その中でも特に国語教育)の中で方言をどのように扱ってきたか／扱っていくかを探ることから検討を始めた。

方言教育については、これまでも国語教育の枠組みの中で論じられてきたし、また、小・中・高校の授業で方言を題材にした活動の報告も少なくない。しかし、多くは地域の伝統・文化の一つの事例として方言にふれるものであったり、共通語との使い分けの中で方言を取り上げるものであったりと、言語としての方言を伝えることを目的としたものは意外に少ないと思われる。

現代では、方言学習・方言教育のニーズが高まってきている。このような時代の変化に応じて、方言教材・方言教育のあり方も考え直す時期が来ているのではないか。また、方言研究者は、これまでに蓄積した研究成果を地域社会に還元することが今まで以上に求められている。

このような状況を踏まえ、この企画は、方言研究者が、児童・生徒をはじ

めとする地域の人々の「方言理解」を進めることをめざすものである。

　日本方言研究会でも，2000年代に入ってから方言教材や方言教育に関する発表が続いている。（括弧内は件数）；第80回（1），第84回（2），第86回（1），第94回（2；東日本大震災関係ポスター発表），第97回（1），第100回（1），第102回（1），第103回（2）。

　企画では，このように個々の研究者が取り組んできた活動の成果を集約し，広く共有・活用できるようにしたいと考えた。

2.2 方言教材・方言教育実践に関する情報の収集と公開

　この企画では方言教材・方言教育実践に関する情報を収集し，公開した。

　当初は（1）方言教材の開発，（2）方言教室の開催の2つの活動をめざしていたが，最終的には（1）に重点をおいた。方言教室の開催のためにはそこで用いる具体的な地元の事例に基づく教材の検討が不可欠である。そこで，まずは方言の教材・教育実践に関わる情報を収集し，同時に教員間の情報交換を促すことを目的として，（1）の活動を中心に行うことにした。

　以上の点を第100回（甲南大学）・第101回研究発表会（山口大学）で報告し，情報提供を募った結果，多くの方から情報を寄せていただいた。様々な形で情報提供をいただいた新井小枝子・今村かほる・大橋敦夫・加藤和夫・小林隆・佐藤髙司・杉本妙子・竹田晃子・仲原穣・中本謙・札埜和男・舟橋秀晃・山田敏弘の諸氏，そして方言教育の実践について助言をくださった滋賀大学教育学部附属中学校の井上哲志教諭には記して感謝申し上げたい。

　これまでに集まった関連の情報は，日本方言研究会のウェブサイト（http://dialectology-jp.org/）で公開している。現時点ではトップページの左側にある「50周年記念企画」からたどれるようになっている。ただし，今後の更新によって変更される可能性がある。このページが充実していけば，研究者・学校教員・地域の人々が情報を共有する場になると期待される。

　関連情報は，今後ともさらに蓄積していくことが望まれる。

2.3 第102回研究発表会での報告・話題提供

　第102回研究発表会（学習院大学）ではこの企画の中間報告とともに，

実際に方言教育に携わっている山田敏弘氏・今村かほる氏に話題提供をしてもらった。方言に対する地元の人々の見方や評価は各地域によっても異なり，また，方言の取り上げ方は対象とする校種や学年によっても異なる。

そこで，（岐阜県を中心に）東海地方の大学教育における方言教材の開発（山田）と，（青森県を中心に）東北地方の小・中学校教育における方言教育の実践（今村）という立場から，それぞれの取り組みとそこから見えてきた課題についての話題提供をお願いした。

山田敏弘「方言教材の開発」は，岐阜県方言を扱った方言教材の開発と，大学における教育実践についての話題提供であった。山田敏弘『みんなで使おっけ！　岐阜のことば』（2004年，まつお出版）刊行の背景と作成方針，そして実践を通して明らかになった課題を踏まえ，現在，岐阜大学教育学部で大学生を対象に行われている教育実践が紹介された。教員を養成するという教育学部の目標のもとで，国語やその他の教科の中に地域の方言をどのように位置づけるかという問題につながる話題提供であった。

今村かほる「東北の国語教育における方言と共通語：危機言語としての東北方言」は，国語教育における方言の位置づけ，東日本大震災後の東北地方における方言復興活動の取り組み，そして青森県における方言教育実践についての話題提供であった。東海地方と同様に，地元の人々による地域の方言への評価が低い地域で，どのようにして地域の人々・教員・児童・生徒を巻き込んで方言教育を実践していくかという課題に向けて，様々な実践例が紹介された。児童・生徒からのフィードバックをもとにして，これからの方言教育についての展望が示された話題提供であった。

両氏の発表からは，児童・生徒への方言教育活動と並行して学校教員や地域社会の人々の理解を得ることが不可欠であることが示唆された。方言教育活動を一過性のものとして終わらせないためには，教員・地域社会の人々にまず地域方言を知ってもらうことが必要である。この点は前節で述べたこの企画の活動につながっている。

2.4 第104回研究発表会でのブース発表

近年の方言教材・教育実践に関する研究発表の増加に加え，第100回研

究発表会でこの企画の呼びかけを行ったこともあり，方言教材・教育実践の研究発表応募が増えている。この動向を踏まえ，第 104 回研究発表会（関西大学）では「方言に関する教育活動」をテーマとしたブース発表を企画し募集した。その結果，次の 11 件の発表が行われた（北から地域順に並べる）。

1. 大野眞男・小島聡子・竹田晃子「「おらほ弁で語っぺし」プロジェクトの報告」
2. 小林初夫・半沢康「東日本大震災被災地における方言教育の取り組み」
3. 佐藤髙司「大学での方言教育において授業者及び受講者の制作した方言教材－授業名「群馬の言葉とこども」－」
4. 加藤和夫「一般市民を対象としたマスメディアや生涯教育を通じた方言教育－石川県・福井県における実践事例から－」
5. 札埜和男「25 年間に及ぶ高等学校での方言教育の軌跡」
6. 藤本真理子・西本智子「高等学校生徒による方言教材作成－〈篠山弁〉を事例として－」
7. 村上敬一・田島幹大・吉平綾加「地域方言を題材とした高大連携による教育活動の実践－徳島県立池田高校探究科と徳島大学総合科学部の取組から－」
8. 重野裕美・白田理人「高校生による奄美大島方言調査実践－鹿児島県立大島北高等学校「聞き書きサークル」活動の一環として－」
9. 中本謙・山口栄臣・仲原穣・西岡敏「しまくとぅば教材の作成と実践」
10. 當山奈那「琉球諸語の音声教材作成と展望」
11. 山田真寛・下地賀代子・中川奈津子・山本史・横山（徳永）晶子・浅川友里江「言語復興の港：コミュニティ参加型の地域言語学習コンテンツ制作・利用プロジェクト」

ブース発表では東北から琉球まで各地の活動が紹介された。活動の対象も，小学校～高校の児童・生徒の他に，大学生や生涯学習講座の受講生，そして

地域社会全体に向けたものまで多岐にわたっている。この企画によって各地で個別になされている多様な活動の一端を互いに共有できたのではないか。

また，若手研究者の積極的な参加があったことは，この企画が将来につながるものになったことを感じさせた。そして何よりも，研究者のみならず現役の学校教員による発表があったことは，研究者と学校教員の連携が各地で進んでいることを示すもので，企画に携わった一人としてうれしく思う。

この企画は日本方言研究会創立50周年記念企画の一つとして行われたものであるが，個々の活動は今後とも工夫を重ねながら継続していくはずで，その活動に注目していきたい。　　　　　　　　　　　　（担当，松丸真大）

3. 方言を介した地域支援活動

3.1 企画の経緯

企画（3）「方言を介した地域支援活動」は，平成23年3月11日の東日本大震災と東京電力福島第一原発事故の甚大な被害に対して，「私たち方言研究者も何かしなければ」という強い思いから小林隆世話人（当時）の提案に始まり，創立50周年記念企画に引き継がれた。募金活動も研究発表会のたびに行い，その活動は今も続いている。

東日本大震災から5年が経過し日本全国で震災と原発事故の記憶が薄れかけた平成28年4月に，今度は熊本地震が起きた。未曾有の災害がつづく昨今，もはや災害は他人事ではない。また東日本大震災や原発の被災者に「訴訟，保障，いじめ」等々の多くの問題が起きていることが報じられ，復興への道のりが遠い現状が明らかになっている。克服すべき課題は少なくない。

3.2 第103回研究発表会でのシンポジウム

この企画は，活動内容や成果・結果が多岐にわたるのが特徴である。企画のまとめに当たる発表は，平成26年秋の第103回研究発表会（東北文教大

学）のシンポジウムで行った。そのテーマと概要を紹介する。

　小林隆氏は，東日本大震災に対する東北大学方言研究センターの活動を報告した。東北大学方言研究センターは東日本大震災の発生以来，様々な取り組みを行ってきた。その活動は先駆的であり，「方言を介した被災地の支援」の今後の取り組みのための一つのモデルを提示した。

　具体的には，(1) コミュニケーションギャップの解消，(2) 被災地への精神的支援，(3) 被災地方言の記録・継承，(4) 方言や方言をめぐる活動の周知，といった課題に取り組む。また，教育・研究機関としての大学の立場から，支援を支援として終わらせるのではなく，教育や研究のレベルで考えていくことも重要と考え，そのため，(1) 実践方言学を具現化する，(2) 方言機能論を深化させる，(3) 言語行動・談話の地域差に目を開かせる，(4) 新たな方言記録の方法論を提案する，といった新たな方言学を切り拓く試みを行った。

　東北大学方言研究センターのこれらの取り組みは，方言研究専門の大学院生たちが主体となって展開した。彼らの獅子奮迅の働きがなければ，このような活動は困難だったにちがいない。今後は，その具体的な実践例と洗い出された課題を参考に，各地でいつ起こるかわからない災害のための備えになることを願っている。また，これからも支援活動と教育・研究とが相互に連携することで成果を上げることが望ましい。より充実した取り組みを実施・継続するためには，今後，支援体制を広い範囲で構築していく必要がある。

　大野眞男氏は，「東日本大震災─『被災地における方言の活性化支援事業』から，岩手県を中心に─」と題して，①文化庁による「被災地における方言の活性化支援事業」の経緯説明，②災害と言語研究者の役割，③岩手県での取り組み状況の概要，を報告した。

　②については，防災・減災段階，災害発生現場での支援段階，再興支援段階の支援が連続的に想定されるが，再興支援段階に当たっては，インフラ整備による生活再建と並行して，ことばの問題を含む地域文化やアイデンティティーの喪失回避の支援が求められることを述べた。

　また，具体的な方法論としては，世界の消滅危機言語の復興支援に関する取り組みを踏まえて，東北の被災地方言復興支援策として再興阻害要因を克

服して学校教育へ適応することの必要性を指摘する。前者については，方言に対する否定的態度の転換が必要であり，方言が持つ自己意識の表出機能を重視すること，後者については，学校教育の中で地域の言語文化に関する学びの位置づけを与えることが必要であることを論じた。

③については，岩手での取り組みとして，単なる方言の記録ではなく児童生徒や一般市民が使える学習材の作成，さらには方言を使用する場の設定が必要であり，具体的には，方言談話CDの作成，地域に眠ったままになっている昭和初期方言資料（岩手郷土教育資料）を活用した学習材の作成，方言で昔話を語る地域グループとの連携による市民向けと小学校向けの語りの会の継続的開催について報告した。

半沢康氏は，福島県内被災地域方言の調査と保存・継承活動について報告した。この事業は福島大学が平成24〜26年，28年に文化庁より事業受託し，平成27年度以降は科学研究費助成も受けて実施している。

東日本大震災による東京電力原発事故の影響で，発災から6年が経ってもなお，福島県内の多くの方が避難生活を余儀なくされている。現在は多くの避難指示地域で空間放射線量が低減して避難指示解除が進んでいるが，諸事情により住民の帰還が捗らないという現実も存在する。こうした自治体においては地域活性化の呼び水として交流人口の拡大を模索するところも多い。これら地域の要請を踏まえ，平成28年度は避難指示が解除された田村市都路町，双葉郡川内村，楢葉町，広野町で方言談話収集調査を行った。学生と被災地を訪れて方言調査を実施することが交流人口の増加につながるものとして大いに歓迎され，地域活性化に多少なりとも寄与できた。

ある自治体の担当者は，私たちの活動が高年層の方々の「傾聴支援」につながること，さらに方言の記録・保存が地域文化継承の一環として位置づけうることを認識し，次年度以降も継続的に調査に取り組むための協力体制を構築していくことにつながった。

今なお復興に向けて被災地には多くの課題が山積している。あくまでも地域ニーズを尊重し，その支援につながりうる活動が肝要であると考える。

佐藤和之氏は，平成7年1月の阪神・淡路大震災を契機に始まった「やさしい日本語」を元に報告した。日本で大きな災害が起きたとき様々な母語を

話す外国人住民に「やさしい日本語」で避難情報を伝え，彼らの安全を担保するプラグマティックな言語研究法に言及する。

　この研究法の基層は方言研究にある。1900年代初期，方言調査は国家創設と国民統一に資する国語制定のための資料作りとして始められた。それから100年をかけ方言調査は学として成立するが，現代のプラグマティックな言語研究は，国民，国家統一のためでなく，むしろ方法論を同じにしながら他を受容する研究に活用される。研究は「研究者の知りたいことを明らかにする」知的好奇心を目的にしがちだが，研究にはそのことで「どういう成果が期待されるか」という意義をも含む。現代の言語研究がプラグマティックな研究として成立するには常に他からの評価と共に展開されるべきで，それを支えるのが科学的根拠，公共の有益的意義，社会期待に応える信頼性である。

　このような思想に基づく「やさしい日本語」の活用数は約700例（平成28年末）で，南海トラフ，首都直下型地震への備えとして東京や神奈川，愛知，大阪での普及が著しい。また内閣府，気象庁による『緊急地震速報・津波速報多言辞書』での活用により，速報通知表現としても使われる。

　方言研究は分野の異なる様々な研究者とともに目的を達成する方法も培った。「やさしい日本語」研究にもそれは活かされ，他機関の研究者や行政，民間，医療スタッフ，弘前大学学生たちと協働で行われていることを紹介した。

　<u>今村かほる氏</u>は，「医療・看護・福祉の現場と方言について」報告した。

　高齢者と医療・福祉等を目指す若者との間では，ことばや生活環境の差や地域社会に対する知識不足から生じる問題が多く，それに共通語化や英語教育の影響も重なり，生え抜きの若者であっても世代を超えたディスコミュニケーションが起こりうる。人の健康・命の安全を扱う現場では重要な問題である。

　福祉現場では人間関係・信頼関係の構築なしには患者は安心して身を委ねることができず，医療者は仕事ができないと理解されている。そこでは単なる情報伝達だけではなく，方言はコミュニケーションツールとして機能する。

　医療・福祉の現場における方言差の問題として，①患者・利用者の用いる

俚言への理解，②医療・福祉福関係者の用いる気づかれにくい方言，③患者・利用者と医療・福祉関係者の用いる表現やコミュニケーションの差，が挙げられる。

　方言研究者から研究に裏打ちされた資料に基づく具体的な情報提供をし，それに基づく教育の理論化と教材作成が急がれる。災害時には方言を活用した，医療・福祉関係支援者への支援と，被災者支援を目的とした「方言支援ツール」が有効である。すでに「方言身体語彙図」・「医療・福祉方言語彙」等を開発し web 上に公開している。この「方言支援ツール」は，各県の方言区画ごとに準備する必要があり，災害が発生してから準備したのでは，時間的・人的制約が大きく手遅れになる恐れがあるため，平時から作成に着手して準備しておく必要がある。

　新井小枝子氏は，自治体での村おこしの「方言を介した地域支援活動」の例として，「地域の生業と方言―群馬県中之条町六合(くに)地区を例に―」を取り上げて報告した。

　この活動は群馬県農政部が募集する「やまさと応"縁"隊」事業への企画提案（平成 25 〜 27 年度）と，群馬県吾妻郡中之条町が主催する「六合えむプロジェクト」の企画運営（平成 28 年度）に関するものである。

　群馬県立女子大学国文学科の学生と教員が，方言学や文学の方法を用いて地域と共同で行う活動で，六合地区で行われる生業を中心とした日常生活に注目し，それに関する方言語彙の収集とその活用を試みている。具体的には，「やまさと応"縁"隊」の活動では，〈絹〉文化に関する語彙，〈食〉文化に関する語彙，〈すまう〉文化に関する語彙に注目した。同様に，六合えむプロジェクトの活動では，〈自然〉と〈季節〉に関する語彙に注目した。

　年度ごとに一つの意味分野を設定し，方言語彙の収集を行った。その研究成果を方言ファイル，方言絵はがき，方言ポスターによって公開した。

　方言ファイルには，それぞれの意味分野の語彙を解説した学生によるエッセイが挟み込まれている。方言ポスターは，六合を印象づける写真に六合の方言語彙を織り込んだキャッチコピーを付して作成している。六合地区の方言語彙によって六合の生活や文化を発信し，六合の魅力を知る楽しみを多くの人々と共有することを目的としたものである。六合という地域社会に生活

する人にとっては，生業をとりまく方言語彙によって，自身の住まう地域の魅力を再発見する機会となることをめざしている。

3.3 その他の課題も

シンポジウムで取り上げた他にも，国際化の進展に伴い，例えば，地方に留学してきた留学生とその地域の方言との関係や，また地方に嫁いだ外国人妻の方言に関する言語生活など，切実な悩みや問題を抱えたケースがある。

近年は，全国各地で方言を活用したイベントや，地元 PR の手段として方言の CM や方言のキャッチフレーズを作ることなども盛んに行われている。

方言を介した地域支援にはまだまだ数多くの分野やテーマがあり，研究者の専門的な知識や助言や協力が期待されている。　　　　（担当，久野マリ子）

4. おわりに

4.1 方言研究者に期待される役割

上記の［1］と［3］については，活動を進めていく上で難しい問題がある。

［1］・［3］ともに，日本方言研究会の趣旨に賛同し参加している研究者が中心になって活動していることが多く，このテーマは，方言研究者が日頃から心がけて取り組むべきジャンルの一つであることは言うまでもない。

しかし，研究会自体が独自に企画して，会の主体的で中心的な活動として調査・研究や実行を推進しているわけではない。

日本方言研究会は全国の方言研究者の連携・連帯組織であり，いわば"寄り合い所帯"であって，調査や研究の実行主体となっているわけではないところに，言行を一致させることの難しさがある。

今後とも，私たち方言研究者は，学校教育や社会教育に関しては，これまでに蓄積してきた専門的な知識や情報を活かして協力し，また社会の様々な分野において具体的な助言やサポートを期待され求められている場合には，方言研究者が果たすべき社会的な責務の一つとして，できるだけその要請に

対応できるよう心がけていきたい。

4.2「はじめての方言調査」に関連して

　前号で報告した［2］「はじめての方言調査」についても言及しておきたい。
　この企画（2）は，今後，方言研究を志す学生や大学院生を増やすきっかけの一つにしたいと考えて，その大学の教員に方言研究者がいない大学の学生を中心に募集して日本方言研究会が初めて実施したものであった。
　若手研究者の増加と育成を図ることは，この分野に携わってその面白さと難しさと醍醐味とを実感してきた中堅・ベテラン研究者たちに課せられた重要な使命だと言ってよい。
　第100回研究発表会の際にスライドショー「日本方言研究会の50年」で紹介した，「日本方言学の母」と呼ばれる東条操の希望（昭和36年6月26日，「喜寿の祝い」での氏の挨拶）4項目[1]の第1に，「各地で若い方言研究者の育成を／全国の大学に「方言の講座」を設けたい」という提案があったが，その後の努力で，その願いはかなりの程度実現したかと思われる。
　しかし，近年の全国的な大学改革や学部改組などの中で，方言学を専門とする研究者が定年退職した場合，後任に必ずしも日本語学・方言学の教員スタッフが採用されているとは限らないし，むしろ減員のほうに向かっている傾向さえ見られるのではないか。となると，この分野に関心を持った学生や大学院生が興味深い領域だと思って方言研究を志したとしても，安定した教員や研究職のポストが減少すれば，魅力度にも吸引力にも欠けることになる。
　全国的に方言の衰退が叫ばれ，研究の緊急性が増している今日，方言研究界全体にとって非常に影響の大きな事態だと認識しなければならない。
　現在，そのポストを得て，全国の方言研究に従事している研究者たちは，ますますその研究に精励して成果を蓄積し，方言研究の魅力と奥深さと重要性とを広く社会に公開し発信しつづけていくことが期待されている。

　以上，今回の創立50周年記念企画として掲げた3つの柱の，その後の実施状況について報告した。
　いずれも今回だけの取り組みで終わるものではなく，私たち方言研究者は，

方言に関するその他の分野やテーマについても幅広く目配りをし，今後とも息長く継続していくべきものであることを再確認しておきたい。

注　1　具体的には，次の4点が挙げられていた。
　　　　1. <u>各地で若い方言研究者の育成を</u>
　　　　　　全国の大学に「方言の講座」を設けたい
　　　　2. <u>特に文法と語彙研究の充実を</u>
　　　　　　具体的な地域名とテーマを挙げての指摘あり
　　　　3. <u>方言の歴史的研究に着手したい</u>
　　　　　　語彙では言語地理学的研究と文献調査の併用を
　　　　4. <u>完全な『方言辞典』の編集・刊行を</u>
　　　　　　東京堂『全国方言辞典』の増補・改訂から始めては

（ひだか・こういちろう　創立50周年記念企画実行委員長・大分大学名誉教授）

Looking Back on the Project of the 50th Anniversary of the Founding of Dialectological Circle of Japan

Koichiro, Hidaka

Dialectological Circle of Japan, which was founded 50 years ago, held 100th academic meeting in May, 2015. We will submit some reports of the activities related to three themes as its anniversary project.

Keywords: , Dialectological Circle of Japan, 100th academic meeting, the project of the 50th anniversary, dialect and education, first dialect survey, community-supporting activities through, dialect researches

編集後記

　『方言の研究』第 3 号をお届けする。
　本号の特集は，言語地理学に関わる研究動向に注目し，その成果や方法を紹介することを目的に，「ことばのひろがり」とした。「ことばのひろがり」といった表現をとることで，狭い意味での「言語地理学」にとらわれることなく，新しい視点による言語変化，方言と日本語史，日本語の地域差，方言の東西対立などについて，国内外で活躍する研究者に原稿を依頼し，多角的観点からのアプローチを目指した。また，本号では 2015 年春より実施してきた日本方言研究会創立 50 周年記念事業に関して，実行委員長であった日高貢一郎世話人により報告され，一連の事業の総括をおこなった。
　第 2 号の編集後記でもふれたが，本誌の創刊によって日本方言研究会の活動は，春・秋の発表会に加え『方言の研究』の刊行が加わった。それにともなって世話人会の体制を一部変更し，12 人の世話人は，編集委員会，研究発表会委員会，総務委員会のいずれかに所属することになった。編集委員会は，新井小枝子，岸江信介（副委員長），真田信治，新田哲夫，中井精一（委員長）の各世話人でスタートし，途中，市島佑起子（委員長補佐）が編集委員に加わった。
　編集委員会の業務はおおむね 11 月末の投稿締め切り以降，1 月末の査読結果通知前後に一度目の繁忙期を迎える。査読委員ならびに査読主査を委嘱し，査読担当者は，授業のない年末年始を利用して，投稿された論考が，『方言の研究』に相応しいものであるかを判定する。こ

の作業は,本誌のレベル保持のために必要な作業であるが,同時に日本方言研究会研究発表会に集う人びとの研究意欲を減退させることのないように,また投稿者および査読者相互の秘匿性を保持し,公平性が保たれるよう留意して取り組んだ。特に掲載論文のクオリティ保持には細心の注意を払い,投稿論文のみならず,依頼論文にいたるまで全て原稿を査読し,複数回の修正と査読を経て掲載に至る原稿も少なくなかった。ただ,本研究会は,機関誌を刊行しているような大きな学会や研究会とは異なり,専従の職員もなく,編集委員会を開催する時間も予算も用意されていない。委員長と副委員長は,査読に対する考えや掲載論文のクオリティ保持にむけて編集委員および査読委員との連携を密にするよう努めたが,今後もより一層の充実をはかり投稿者ならびに本誌講読者の負託に応える必要があると考えている。

　創刊号の刊行準備から始まり3年余に及ぶ編集委員会の運営を振り返りあらためて思うのは,岸江副委員長をはじめとする編集委員の方々,研究発表会委員会の日高水穂委員長,松丸真大副委員長,総務委員会の小西いずみ委員長,三井はるみ副委員長のご支援,ならびに査読をお引き受けくださった世話人や査読委員の方々の支援がなければ刊行はできなかったということである。特にこの3カ年の在任中には,創立50周年の記念事業もあって,12人の世話人は,それぞれの委員会業務で多忙ななかその枠を超えて相互に協力支援する体制が維持された。『方言の研究』に関して言えば,投稿論文の査読は,すべての世話人がこれに関わっていただいたし,懸案であった定期購読者の確保についても多くの世話人の支援で目途をつけることができ,安心して編集業務に取り組むことができるようになった。

　また,協力,支援といった観点で見れば,方言研究者として長く本会の発展に尽くされた方々の多くが,特集原稿の執筆や投稿論文の査

読依頼を快く引き受けてくださったことも特筆されるものと考えている。今，3号の編集を終え，委員長の任期を終えるにあたって，本研究会がいかに多くの心ある研究者たちによって維持・運営されているのかということを今更ながら感じるとともに，このような人びとが集う方言研究の世界に身を置くことができたことをしあわせに思っている。

最後になったが，本誌編集に際し，査読をお願いした方々の氏名を記してお礼としたい。

新井小枝子*，市島佑起子，井上文子，今村かほる，大西拓一郎，亀田裕見，真田信治*，高木千恵，都染直也*，鳥谷善史，二階堂整，西尾純二，新田哲夫*，日高貢一郎*，舩木礼子，松田謙次郎，松田真希子，村中淑子，吉田雅子（*日本方言研究会世話人）

平成29年5月

日本方言研究会編集委員会委員長　中井精一

方言の研究 3

Studies in Dialects Volume 3
Edited by Dialectological Circle of Japan

発行	2017年9月30日　初版1刷
定価	5000円＋税
編者	Ⓒ日本方言研究会
発行者	松本功
ブックデザイン	小川順子
印刷・製本所	株式会社 シナノ
発行所	株式会社 ひつじ書房
	〒112-0011 東京都文京区千石2-1-2 大和ビル2階
	Tel.03-5319-4916 Fax.03-5319-4917
	郵便振替 00120-8-142852
	toiawase@hituzi.co.jp　http://www.hituzi.co.jp/
	ISBN978-4-89476-872-7　C3080

造本には充分注意しておりますが、落丁・乱丁などがございましたら、小社かお買上げ書店にておとりかえいたします。ご意見、ご感想など、小社までお寄せ下されば幸いです。